信息管理基础

高翠莲◎主　审

张俊杰　庄德俊　韦兰英◎主　编

闫美娟　岑敏儿　刘彭奕阳　高子涵　蔡理强◎副主编

图书在版编目(CIP)数据

信息管理基础 / 张俊杰，庄德俊，韦兰英主编. ——
上海：立信会计出版社，2023.11
ISBN 978-7-5429-7460-0

Ⅰ. ①信… Ⅱ. ①张… ②庄… ③韦… Ⅲ. ①信息管理 Ⅳ. ①G203

中国国家版本馆 CIP 数据核字(2023)第 214632 号

策划编辑　　王斯龙　王秀宇
责任编辑　　王秀宇
美术编辑　　杨晓燕

信息管理基础
XINXI GUANLI JICHU

出版发行	立信会计出版社
地　　址	上海市中山西路 2230 号　　邮政编码　200235
电　　话	(021)64411389　　传　　真　(021)64411325
网　　址	www.lixinph.com　　电子邮箱　lixinph2019@126.com
网上书店	http://lixin.jd.com　　http://lxkjcbs.tmall.com
经　　销	各地新华书店
印　　刷	常熟市人民印刷有限公司
开　　本	787 毫米×1092 毫米　1/16
印　　张	16.75
字　　数	398 千字
版　　次	2023 年 11 月第 1 版
印　　次	2023 年 11 月第 1 次
书　　号	ISBN 978-7-5429-7460-0/G
定　　价	49.00 元

如有印订差错，请与本社联系调换

前　言

信息管理是一个具有广泛实际应用和理论意义的学科，它涵盖了信息获取、信息整合、信息传递、信息存储和信息利用等方面。在当今信息时代，信息对于企业管理来说已经变得至关重要，而财务信息更是其中的关键部分。财务信息管理的核心目标是通过在线查询、数据可视化和数据分析等手段，帮助企业决策者更好地理解企业财务状况和财务运营情况，以便更加准确地推动企业战略发展。

为贯彻党的二十大精神，帮助各高职院校尽快完成财务会计类专业的转型升级，结合以人工智能为代表的新一代信息技术发展趋势与行业人才最新需求，以培养具有财经专业背景知识的复合型、创新型信息人才为目标，我们全力编写了这本支持数字化时代财务会计类专业教学的《信息管理基础》教材。

本书的主要特点如下。

1. 对标新专业目录，搭建财务数据分析应用场景，内容新颖

本书积极响应《职业教育专业目录（2021年）》对专业的更新调整，支持财务会计类专业的转型升级和数字化改造，在内容上引入融入财务场景的数据库技术和Power BI。

2. 以财务场景为引领，以技术应用为支持，创新适合财经类专业的专业基础课程教材

全书由9个项目组成，涵盖了信息管理概述、数据库基础、数据库创建、数据查询与管理、数据库中的对象操作、数据库管理、基于Power BI的数据分析基础、基于Power BI的数据分析流程、财务信息综合应用案例。其中，前6个项目是基于SQL Server编排的，后3个项目是基于Power BI编排的。本书可培养学生具备基本的编程思维、逻辑思维和数据思维，为其后续更深入地学习财务大数据分析的相关课程提供能力支撑。

3. 配套立体化教学资源，辅助新课程的落地与教学的顺利实施

为方便院校教师教学和学生学习，本书建有在线开放课程，同时特别配套了视频讲解、课程标准、教学课件等丰富的数字化教学资源，形成可学、可练的全方位立体化教学体系。

本书由张俊杰、庄德俊、韦兰英任主编，闫美娟、岑敏儿、刘彭奕阳、高子涵、蔡理强任副主编。本书在讲解信息管理基础知识时使用的大多是与财务会计类专业内容相关的案例,主要目标受众是财务会计类专业的学生,但内容体例设计上仍基本符合管理学各专业的教学要求,因此,本书也可以用于财经商贸大类各专业教学。

我们很荣幸能邀请高翠莲教授为本书主审。本书也得到了厦门网中网软件有限公司蔡理强总裁的大力支持,在此表示感谢!

由于编者学识有限,本书可能存在疏漏和不妥之处,敬请广大读者批评指正。

编者

2023 年 11 月于珠海

目 录

项目一 信息管理概述 ·· 1
    导学 ·· 1
    学习任务 ·· 1
    知识描述 ·· 1
    任务一　信息管理认知 ·· 1
    任务二　信息管理的技术与方法 ······································ 6
    任务三　管理信息系统规划、开发与应用 ·························· 14
    德技并修 ·· 20
    项目训练 ·· 20

项目二 数据库基础 ·· 22
    导学 ·· 22
    学习任务 ·· 22
    知识描述 ·· 22
    任务一　数据库系统认知 ·· 23
    任务二　数据模型与模式认知 ······································ 27
    任务三　SQL Server 2019 安装 ······································ 37
    德技并修 ·· 41
    项目训练 ·· 42

项目三 数据库创建 ·· 43
    导学 ·· 43
    学习任务 ·· 43
    知识描述 ·· 43
    任务一　建库操作 ·· 44
    任务二　建表操作 ·· 55
    任务三　数据库完整性约束 ·· 64
    德技并修 ·· 81
    项目训练 ·· 81

项目四 数据查询与管理 ········· 85
导学 ········· 85
学习任务 ········· 85
知识描述 ········· 85
任务一 数据查询 ········· 86
任务二 数据管理 ········· 112
德技并修 ········· 120
项目训练 ········· 120

项目五 数据库中的对象操作 ········· 123
导学 ········· 123
学习任务 ········· 123
知识描述 ········· 123
任务一 索引 ········· 124
任务二 视图 ········· 132
任务三 存储过程 ········· 137
任务四 触发器 ········· 142
德技并修 ········· 152
项目训练 ········· 152

项目六 数据库管理 ········· 155
导学 ········· 155
学习任务 ········· 155
知识描述 ········· 155
任务一 数据库备份与还原 ········· 156
任务二 数据库安全管理 ········· 161
德技并修 ········· 169
项目训练 ········· 169

项目七 基于 Power BI 的数据分析基础 ········· 171
导学 ········· 171
学习任务 ········· 171
知识描述 ········· 172
任务一 Power BI Desktop 安装与功能使用 ········· 172
任务二 Power BI 快速入门 ········· 180

德技并修 ·· 189
项目训练 ·· 189

项目八　基于 Power BI 的数据分析流程 ·· 190
导学 ··· 190
学习任务 ··· 190
知识描述 ··· 190
任务一　Power BI 数据处理与数据建模 ··· 191
任务二　Power BI 数据可视化 ·· 226
德技并修 ·· 233
项目训练 ·· 233

项目九　财务信息综合应用案例 ··· 234
导学 ··· 234
学习任务 ··· 234
知识描述 ··· 234
任务一　某电子商品销售数据可视化分析 ··· 234
任务二　某上市公司财务报表可视化分析 ··· 240
德技并修 ·· 259
项目训练 ·· 260

项目一

信息管理概述

💡 导学

随着当代信息技术的高度发展和广泛应用,人类真正进入了信息时代。在信息时代,人们大量生产信息,广泛使用信息。信息已渗透到人类社会生活的每一个领域和每一个方面,成为支配和影响社会进步、经济发展、科技创新、文化繁荣的重要因素。信息量指数级增长,需要我们进一步认识信息、研究信息、管理信息。

📚 学习任务

1. 了解信息管理的基本概念
2. 掌握管理信息系统的基本概念
3. 掌握信息管理的技术与方法
4. 理解管理信息系统规划、开发与应用

✏️ 知识描述

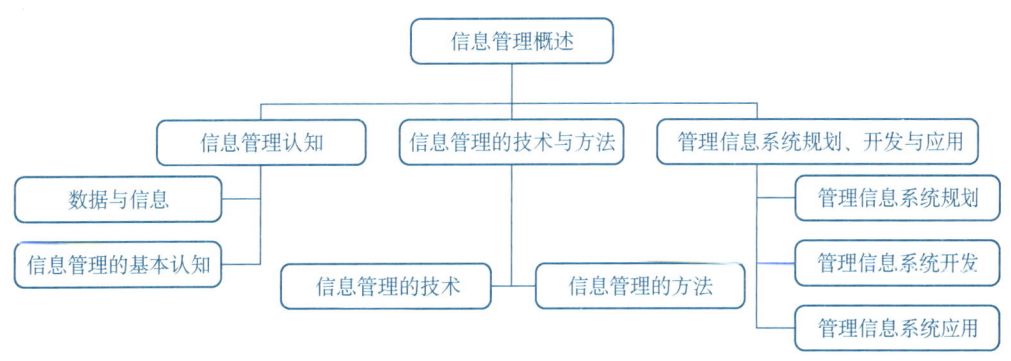

任务一　信息管理认知

📝 任务说明

信息管理是一个跨学科的领域,涵盖了信息科学、计算机科学、图书馆学、档案学、博物馆学、管理学等众多学科的知识。其背景主要是信息技术的迅猛发展、信息资源量的日益增长、信息交流和共享的需求不断增加以及各类组织对信息管理的效率和效果要求的提高。

同时，信息管理也涉及信息的采集、处理、存储、检索、利用和传播等各个环节，与人们的日常生活密切相关。这些技术和概念的应用可帮助各种类型的组织更好地管理信息，提高它们的生产力和竞争力，加速决策和问题解决的过程，并帮助个人更好地组织和管理他们的个人信息。

 任务实施

一、数据与信息

（一）数据与信息的概念

1. 数据的概念

数据是指以某种形式或方式记录的符号或数值集合，通常被视为信息的最基本来源。这些符号或数值可以被处理、分析、转换和存储，以提供对某个行为或对象的描述或分析。

数据可以用来描述或表示各种事物或现象，如人口统计数据、环境数据、物流数据、经济数据等。数据可以来自各种渠道，如传感器、调查、采集的实验数据、个人记录，以及各种互联网内容等。

数据与信息

另外，数据可以是结构化和非结构化的。结构化数据意味着数据被整理成了一定的格式，以便能够有效地处理和查询，如数据库中的表格；非结构数据则可能包括图像、音频、视频、文本等形式的数据。

在现代社会中，随着信息技术的不断发展和数据采集能力的提高，数据的价值越来越大。通过对数据进行技术分析，人们可以更好地了解自己和周围世界的状态，并从中发现新的信息和机会。所以，数据也成为现代社会中最重要的资源之一。

2. 信息的概念

信息是用文字、数字、符号、语言、图像等介质来表示事件、事物、现象等的内容、数量或特征，从而向人们（或系统）提供关于现实世界新的事实和知识，作为生产、建设、经营、管理、分析和决策的依据。

人类通过获得、识别自然界和社会的不同信息来区别不同事物，从而认识和改造世界。在一切通信和控制系统中，信息是一种普遍联系的形式。

一般来说，信息是指与客观事物相联系，反映客观事物的运动状态，通过一定的物质载体被发出、传递和感受，对接受对象的思维产生影响并用来指导接受对象的行为的一种描述。从本质上说，信息是反映现实世界的运动、发展和变化状态及规律的信号与消息。

（二）数据与信息的关系

数据和信息是不同的概念，但它们之间存在着紧密的关系。

在信息系统中，数据是一切信息的基础，它是描述客观事物的离散事实或符号。例如，一张表格中的数字、一个人的年龄、一幅图片的像素等都是数据，但它们本身并不包含意义或价值。

在数据被收集、分类、加工、解释和组合后,它们就可以转化为有用的信息。信息是数据有意义的组合和解释,它能够帮助人们决策和行动。例如,在一家公司中,员工的个人信息可以被组合和解释,形成有用的人力资源报表和决策依据,从而帮助公司作出正确的人事管理决策。

换句话说,数据是构成信息的原材料,而信息是对数据进行加工处理后得到的可以帮助人们决策和行动的有意义的结果。因此,数据和信息之间是一种转化和关联的关系。

需要注意的是,在实际应用中,数据和信息的概念在一定程度上是具有依赖性的。只有当数据具有寓意和意义时,才能称之为信息。而随着信息处理和分析技术的不断发展,信息的价值和重要性也日益凸显。

二、信息管理的基本认知

(一) 信息管理的基本概念

信息管理是人类为了有效地开发和利用信息资源,以现代信息技术为手段,对信息资源进行计划、组织、领导和控制的社会活动。简单地说,信息管理就是人对信息资源和信息活动的管理。信息管理是指在整个信息处理过程中,人们对收集、加工和输入、输出信息进行系统管理的总称。

信息管理的基础认知

具体来讲,信息管理包括以下几个方面:

(1) 信息采集和处理。信息管理需要先对信息进行采集和处理,以获得有用信息并过滤掉无用信息。

(2) 信息存储和传输。信息管理的过程中,需要对信息进行存储和传输,以便将信息传递给需要的人员,并保证信息的完整性和准确性。

(3) 信息安全。信息管理需要确保信息的安全性,以避免信息泄露、被篡改或丢失,从而保障信息的完整性和可靠性。

(4) 信息分析和利用。信息管理需要进行信息分析和利用,以获得有用的信息和知识,从而支持决策和业务运营。

(5) 信息共享和协作。信息管理需要进行信息共享和协作,以提高组织的协调性和协作效率,避免信息孤岛问题。

总之,信息管理的概念就是对信息进行有效的处理、管理和利用,以提高生产力和效率。对信息进行采集、存储、传输、分析和共享,可以满足不同场景下的个人和机构的需求,使信息得到更好的管理和控制。

(二) 信息管理的应用

在当今信息化时代,信息管理已经成为各种组织和企业必备的核心能力之一。其应用范围包括但不限于数字化档案管理、知识管理、电子商务、数据挖掘等领域。有效的信息管理可以提高组织内部的工作效率和决策水平、促进企业的创新和发展、推动社会经济的进步和发展。

下面是一些主要的信息管理应用:

(1) 企业信息管理。企业可以利用信息管理系统来管理其内部和外部的信息资源,包括人员、客户、供应商、财务等方面的信息。

(2) 知识管理。知识管理是指将组织中的知识资产进行有效的收集、分析、组织、存储和共享,以支持创新和决策等活动。

(3) 数据库管理。数据库是一个大型数据存储系统,可以帮助组织管理大量的结构化和非结构化数据,并提供对这些数据的快速访问和分析。

(4) 电子邮件管理。随着电子邮件的广泛使用,电子邮件已成为一种重要的通信方式。电子邮件管理可以帮助组织管理邮件并确保邮件的安全和保密性。

(5) 内容管理。内容管理是指对文档、图像、音频和视频等不同类型的数字内容进行管理,以促进信息共享和协作。

(6) 网络管理。网络管理是指对网络资源进行监控、配置和管理,以确保网络的高效运行和可靠性。

总之,信息管理的应用非常广泛,可以帮助组织更好地管理和利用信息资源,促进组织的高效运作和创新。随着数字化时代和新时代环境的到来,信息管理将会越来越受到重视,并在各个领域发挥更为重要的作用。

(三) 管理信息系统概述

1. 信息系统

信息系统是将计算机技术、通信技术和管理科学等知识综合应用于信息处理和管理的一种系统。通俗地说,信息系统就是一套用于管理和处理数据的工具集,它能够从海量信息中准确地获取、存储、处理、分析并输出有用的信息。

信息系统主要由输入设备、输出设备、处理器、软件应用、储存设备5个组成部分构成,如图1-1所示。

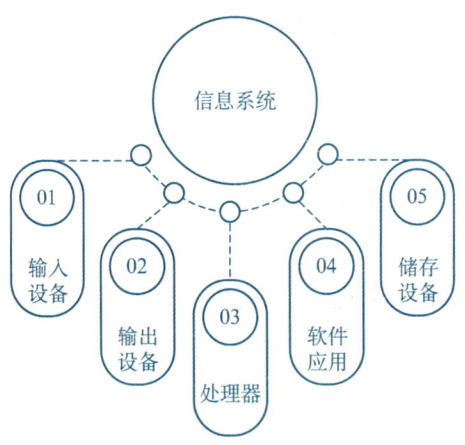

图1-1 信息系统的主要构成

2. 管理信息系统

1) 管理信息系统的基本概念

管理信息系统(management information system,MIS)是一种专门设计和实现的信息系统,用于有效管理和控制组织中的信息和业务活动。MIS主要关注组织中基于信息的决策和管理过程,是为了保证组织内外部信息的流通、增强组织的竞争力、实现组织目的而设计和运用的。管理信息系统概念图如图1-2所示。

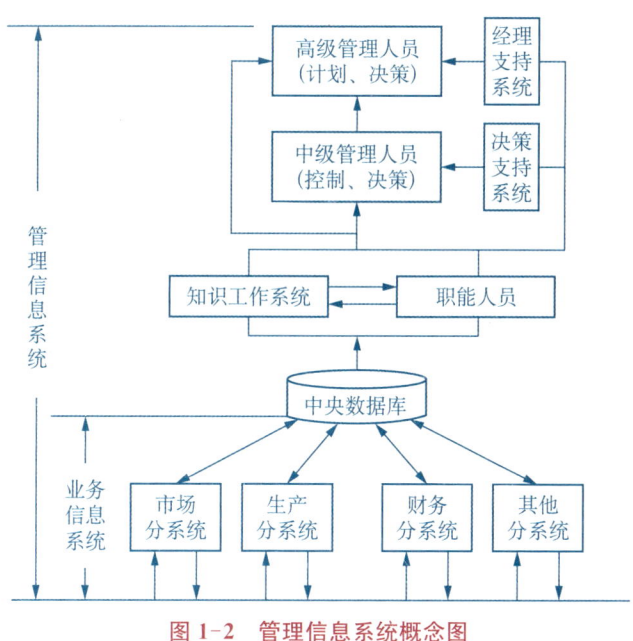

图1-2 管理信息系统概念图

2) 管理信息系统的特点

管理信息系统是一种为管理层提供信息和决策支持的信息系统。其特点包括:

(1) 以管理为导向。MIS主要面向组织内部管理层,为其提供各类管理信息,帮助管理层制定战略、规划、决策等。

(2) 综合性强。MIS涉及组织内的各个方面,如销售、采购、生产、人力资源等,需要整合各项业务数据,形成全局视角。

(3) 框架结构清晰。为了保证信息系统的高效运行,MIS采用严格的框架结构,从而达到相对统一的信息处理结果。

(4) 技术含量高。MIS需要采用最新的计算机技术和信息处理工具,以便更好地支持管理决策。

(5) 周期性强。MIS通常按照一定的时间周期来进行管理信息的收集、整理和输出,如每周、每月、每季度等,使得管理层能够获取实时的管理信息。

(6) 强调信息质量。MIS所提供的信息必须准确、可靠、完整、及时,以保证管理层在决策时不会出现误判或失误。

3) 管理信息系统的常见类型

(1) 决策支持系统。决策支持系统(decision-making support system,DSS)是指一种用于帮助管理者进行决策的信息系统,它通过利用各种数据、模型、方法和工具等,以提高管理者的决策质量和效率。

(2) 企业资源计划系统。企业资源计划(enterprise resource planning system,ERP)系

统是一种综合性的信息系统,主要用于规划、管理和控制企业内外的业务过程和资源使用,如财务、制造、商务和客户服务等。

(3) 客户关系管理系统。客户关系管理(customer relationship management,CRM)系统是一种用于管理组织与客户之间关系的信息系统,它能帮助组织更好地了解客户需求和满足客户需求,从而提高客户满意度和组织业绩。

(4) 知识管理系统。知识管理系统(knowledge management system,KMS)是用于组织、存储和共享知识的信息系统,它通过将组织内外的知识进行整合和共享,来帮助组织更好地应对变化和创新。

(5) 信息安全系统。信息安全系统(information security management system,ISMS)是一种针对信息系统的安全威胁和漏洞进行预防、检测和响应的系统,它主要包括物理安全、网络安全、应用程序安全和数据安全等方面。

管理信息系统作为一种为管理层提供信息和决策支持的信息系统,在现代企业中具有不可替代的重要性。通过MIS,企业能够及时获取各项管理信息,从而更好地制定战略、规划、决策等,提高整体管理水平和竞争力。随着计算机技术的不断发展和应用领域的不断拓展,MIS在未来也将继续发挥重要的作用,并且不断融入更多的新技术和新工具,以更好地服务于企业管理。

任务二　信息管理的技术与方法

任务说明

信息管理理论与方法通过研究和提供各种实践方法,帮助组织在信息化社会中更好地管理和利用信息资源。信息管理涉及多个方面,如信息的获取、存储、处理、传递和利用等,同时也包括知识管理、数字化转型、信息安全管理等重要内容。

信息管理方法则是为了实现科学的信息管理而提供的具体手段和工具,如信息系统的设计开发、信息采集和分析方法、信息决策支持系统的应用等。通过这些方法和工具,信息管理能够帮助组织更好地进行信息化建设,提高组织的效率、竞争力和创新能力。

任务实施

信息管理技术基础是指在信息化时代,为了有效地管理和利用信息资源,需要掌握的一系列基本理论、方法和技能。这些基础知识包括信息科学、计算机科学、通信技术、数据库技术等方面的内容,同时也涉及信息系统开发、信息安全、知识管理、数字化图书馆等实践领域。信息管理技术基础的学习对于从事信息管理、信息系统开发、数据分析等职业的人员具有重要意义。

一、信息管理的技术

1. 计算机网络与互联网

计算机网络是指将多个计算机连接在一起,以便它们之间可以进行通信和资源共享的技术。而互联网是一个全球性的计算机网络系统,由多个局域网和广域网连接而成。本书将详细介绍计算机网络和互联网的基础知识和相关技术。

信息管理的技术

(1) 计算机网络的结构。计算机网络的结构主要包括三个部分:客户端、服务器和传输介质。客户端是用户使用的终端设备,如电脑、手机等;服务器是提供服务的计算机,如 Web 服务器、邮件服务器等;传输介质是数据传输的物理媒介,如光纤、无线电波等。

(2) 计算机网络的协议。为了保证计算机之间的通信,需要制定一些协议规范,以使得数据能够被正确地发送、接收和处理。常见的计算机网络协议有 TCP/IP 协议、HTTP 协议、FTP 协议、SMTP 协议等。

(3) 互联网的结构和架构。互联网是一个由多个计算机网络组成的网络系统,它采用分层架构,主要包括应用层、传输层、网络层和物理层四个部分。应用层主要负责应用程序的交互和通信;传输层主要负责数据的分割和组装;网络层主要负责网络数据包的转发和路由选择;物理层主要负责数据传输的物理媒介。

(4) 互联网的技术。互联网涉及多种技术方法,如域名系统、动态主机配置协议、虚拟专用网络等。其中,域名系统是一种将 IP 地址映射为易于识别的域名的技术,让用户更容易记住网站的名称;动态主机配置协议可以为计算机分配 IP 地址,并使其能够与其他计算机进行通信;虚拟专用网络则是一种通过公共网络连接私有网络的技术,提高了网络的安全性和可靠性。

(5) 互联网的应用。互联网广泛应用于各个领域,如社交、商业、教育、医疗等。在社交方面,人们可以通过社交媒体平台进行在线交流和信息分享;在商业方面,企业可以通过电子商务平台开展线上购物和销售活动;在教育方面,学生可以通过在线教育平台参加远程授课和学习;在医疗方面,医生可以通过远程医疗平台提供诊断和治疗服务。

计算机网络和互联网是计算机科学中的重要组成部分。它们使得人与人之间可以进行更加广泛和便捷的信息交流和资源共享,对现代社会的发展起到了重要作用。

2. 移动通信技术

1) 移动通信技术的基本概念

移动通信技术(mobile communication technology)是一种通过无线网络连接移动终端设备和服务器,实现信息传递和交换的技术。它可以将人们从固定地点的网络连接中解放出来,随时随地都能够与其他人进行联络和信息共享,为人们的生活和工作带来了极大的便利。

移动通信技术的起源可以追溯到 20 世纪 60 年代,当时出现了第一个商用移动电话系统。随着技术的不断进步和应用范围的不断拓展,移动通信技术也不断发展和演变,逐步成为数字化时代和新时代环境下不可或缺的基础设施之一。

随着 5G 和 6G 技术的发展,移动通信技术的应用场景将更加广泛。其中,5G 技术被认为是具有里程碑意义的一项技术,其高速率、低时延、大连接数等特点,为各个行业带来了巨大的发展机遇。例如,在智能制造领域中,5G 技术可以支持工业设备之间的高速数据传输和协同运作,提高生产效率和质量;在智慧交通领域中,6G 技术可以支持更加快速、可靠的车联网服务,实现车辆自动驾驶、智能交通调度等功能。与此同时,移动通信技术也带来了众多的挑战和机遇,在智慧城市建设、医疗健康、智能制造、智慧交通等领域中,移动通信技术都发挥着重要的作用,为各个行业的创新和发展提供了强有力的支撑。

总之,移动通信技术已经成为我们日常生活和工作中必不可少的一部分,我们需要不断地学习和更新相关知识,以适应这个数字时代的发展和变化。同时,我们也需要注意移动通信技术所带来的安全和隐私等问题,在享受便利的同时,保护好自己的信息安全,才能更好地利用移动通信技术为自己的生活和工作带来福祉。

2)移动通信技术的组成部分

(1)移动通信系统。移动通信系统是整个移动通信技术的基础设施,由多个不同的系统组成。其中,最基本的系统是蜂窝网,它可以将整个地理区域分割成许多覆盖区域,并采用无线通信协议和技术实现通信。用户只需要在手机上输入需要联系的人的电话号码,就可以通过无线信道与对方进行通话或短信等信息交换。

(2)移动终端设备。移动终端设备是指可以通过无线网络连接到移动通信系统的设备,如手机、平板电脑、笔记本电脑等。这些设备通常内置有无线芯片和无线天线等组件,可以与基站进行通信,并利用各种移动应用软件完成信息交换和操作。

(3)移动应用软件。移动应用软件是指在终端设备上运行的应用程序,如社交媒体、游戏、在线购物、在线支付等。这些软件提供了丰富多样的功能,为人们的生活和工作带来了极大的便利。

通过学习移动通信技术,我们可以了解无线通信的基本原理、不同系统的特点和应用方法、移动终端设备的构成和使用方法,以及各种移动应用软件的功能和实现原理。此外,还能了解移动通信技术的发展历程和未来趋势。

3. 物联网技术

1)物联网技术的基本概念

物联网技术(internet of things,IoT)起源于传媒领域,是信息科技产业的第三次革命。物联网是指通过信息传感设备,按约定的协议,将任何物体与网络相连接,物体通过信息传播媒介进行信息交换和通信,以实现智能化识别、定位、跟踪、监管等功能。

物联网技术是通过互联网将各种设备和物品连接在一起,实现信息的传递和交换。它可以让我们的手机、电视、智能家居设备、车辆等都能够通过互联网连接在一起,从而实现远程控制、数据传输和共享等功能。

随着 5G 和 6G 技术的发展,物联网技术正进一步升级和拓展,成为新时代环境下不可或缺的一部分。物联网技术可以帮助我们更加智能地管理和利用物品资源。例如,在智慧城市建设中,物联网技术可以应用于城市基础设施的监测和调度,包括道路交通、供水排水、绿化环境等一系列功能,以提高城市的安全性和舒适性。同时,在制造业领域中,物联网技术可以实现设备之间的自动化协同运作,提高了生产效率和质量。

同时,物联网技术的应用场景将更加广泛。例如,在智慧医疗领域中,5G 技术可以支持远程诊疗、云诊疗等服务,同时也可以支持医疗设备之间的数据交流和协同运作;在智能交通方面,6G 技术可以提供更高速率、更低时延的网络连接,支持车辆自动驾驶、智能交通管理等功能。

总之,物联网技术正在不断演进和拓展,成为数字化时代和新时代环境下不可或缺的一部分。它为我们的生活带来了更多便利和效益,同时也为各个行业带来了深远的影响和改变。

2) 物联网技术的基本组成部分

(1) 传感器网络。传感器网络是物联网技术的基础,它由多个传感器节点组成,可以对环境变量进行监测和采集,并将数据传输到中央处理单元或云端存储。

(2) 物联网协议。物联网协议是指为了实现物品之间的通信而开发的协议,如 IPv6、ZigBee、Bluetooth 等。它们可以实现不同设备之间的兼容性,在物联网应用中使用广泛。

(3) 物联网云平台。物联网云平台是一种将物联网设备和网络连接到云端的平台,可以提供数据存储、分析、管理、安全等功能。常见的物联网云平台有阿里云、华为云、微软 Azure 等。

(4) 物联网应用。物联网应用是物联网技术的最终落地应用,涵盖了工业、农业、医疗、智慧城市等多个领域。例如,智能家居、智能交通、智慧农业、远程医疗等都是典型的物联网应用案例。

此外,物联网技术还包括了数据分析、人工智能算法、虚拟现实、增强现实等技术,以及传输协议、安全加密、功耗优化等方面的技术。这些技术共同构成了物联网技术体系的完整框架和生态系统。

总之,物联网技术为多种设备、物品和系统提供了互联互通的可能性,使得越来越多的场景可以通过物联网技术实现自动化、智能化和远程控制,为人们的生活和工作带来了便利和效益。

4. 云计算技术

云计算技术是一种通过互联网为用户提供计算资源和服务的技术,它可以将分散的计算资源集中起来,形成一个可扩展、高可用的虚拟平台,为用户提供按需使用的计算能力和数据存储等服务。

云计算技术的基本原理是将大量的计算资源(包括处理器、存储器、网络等)汇集起来进行统一管理,并通过虚拟化技术将这些资源划分为不同的虚拟机或容器,为用户提供按需使用的资源。在云计算平台中,用户只需要根据实际使用的计算资源和服务进行付费,避免了固定资产的投入和浪费。

云计算技术的应用非常广泛,主要包括以下几个方面:

(1) 企业信息化。企业可以利用云计算平台进行数据存储、应用程序开发、网络安全等方面的工作。

(2) 大数据处理。云计算平台可以处理海量数据,帮助用户进行数据挖掘和分析等工作。

(3) 人工智能。云计算技术为人工智能的发展提供了强有力的支持,包括机器学习、深度学习等方面的应用。

（4）互联网应用。云计算技术为各种互联网应用提供了便捷、快速、灵活的支持，如云游戏、在线视频等。

（5）云计算技术。云计算技术的前景非常广阔，随着数字化时代和新时代环境的发展，云计算技术将会越来越广泛地应用于各个领域，成为推动数字经济和智能化产业升级的重要力量。未来，云计算技术还将与5G、物联网、区块链等技术相结合，进一步拓展其应用范围和市场空间。

总之，云计算技术是一种快速发展的重要技术，在数字化时代和新时代环境下为各个行业的创新和发展提供了强有力的支撑。通过学习云计算技术，我们可以了解其基本概念、原理、应用和前景，从而更好地把握数字时代的机遇，助力自己的职业发展和社会进步。

二、信息管理的方法

信息管理的方法

信息管理是指对组织或企业内部的各种信息资源进行合理的规划、管理和利用，以提高信息资源的使用效率和降低管理成本。以下是信息管理中常用的三种方法。

1. 信息采集

1）信息采集概述

信息采集和处理是现代信息管理的核心内容之一，它涉及信息管理的各个环节和方面。在信息管理领域中，正确地收集、处理并利用信息资源，是企业获得竞争优势、提高效率的关键所在。

信息采集的过程包括确定信息需求、选择信息来源、设计调查方式和工具、实施采集活动以及整理和汇总数据等步骤。有效的信息采集需要灵活运用多种调查方法和技术，同时注意保护受访者隐私和信息的真实性和可靠性。

信息处理则是将采集到的信息进行加工、分类、分析和应用，以达到更好地理解和利用信息资源的目的。信息处理需要运用计算机和其他信息技术工具，如数据挖掘、文本分析、统计学方法等，对大量信息进行快速、准确的处理和分析。

2）信息采集的方法

信息采集可以通过问卷调查、访谈、焦点小组、观察、实验等方法进行。根据数据来源、调查方式、采集目的和数据来源等不同角度，信息采集可以分为不同的类别，每种分类方法都有其独特的优势和适用场景，可以根据具体情况进行选择和使用。

从不同的角度来看，信息采集可以有以下几种分类方式：

（1）根据信息来源分类。根据信息来源的不同，信息采集可以分为内部和外部两类。内部信息采集是指通过组织的内部资源收集信息。例如，企业可以从内部系统、数据库、员工或专家等渠道获取信息。外部信息采集则是指从组织外部获得信息。例如，企业可以通过竞争对手分析、市场研究、社交媒体监测等方式获取有关行业趋势、顾客需求、竞争环境等信息。

（2）根据调查方式分类。根据调查方式的不同，信息采集可以分为定量和定性两类。定量信息采集通常使用问卷调查法、实验研究法等方法，旨在收集数值型数据并进行统计分析。定性信息采集通常使用访谈调查法、焦点小组法、观察调查法等方法，目的是获取非结构化信息以及深入了解受访者的态度、信念、动机等。

(3) 根据采集目的分类。根据采集目的的不同,信息采集可以分为探索性、描述性和验证性三类。探索性信息采集通常用于确定问题和假设,并发现新的概念和模式。描述性信息采集用于描述现象的特征、分布、关系等,通常用于设计市场调研、人口统计等。验证性信息采集旨在验证已有假设或理论,并进行推理和预测。

(4) 根据数据来源分类。根据数据来源的不同,信息采集可以分为主动和被动两类。主动信息采集是指组织或个人通过专门的渠道或方式主动获取所需的信息。例如,企业可以通过电话调查、在线问卷、焦点小组等方式主动获取有关客户、市场、竞争对手等方面的信息。被动信息采集则是指在其他活动或过程中获得的信息。例如,企业从客户反馈、交易记录、社交媒体等渠道获取信息。

以上是信息采集按照不同角度分类的情况,不同的分类方法适用于不同的信息管理场景和目的,选择合适的数据采集方式可以提高数据质量并加速信息处理。

从不同的调查方式来看,信息采集的方法可以有以下几种分类方式:

(1) 问卷调查法。问卷调查法是一种常用的信息采集方法,旨在通过设计问题,向受访者询问相关信息,以收集数据。调查可以通过纸质或在线方式进行,使用的问题类型包括选择题、开放式问题、评分题等。该方法适用于大规模的数据采集和对多个变量之间的关系进行分析。

(2) 访谈调查法。访谈调查法是一种面对面或电话交流的信息采集方法,旨在从受访者那里获得有关主题的信息。访谈可以是结构化的、半结构化的或非结构化的,取决于研究目的和问题类型。该方法适用于深入了解特定问题或主题的情况,并获取详细的描述性数据。

(3) 观察调查法。观察调查法是通过观察人类行为、事件或现象来获得信息的一种方法。这种方法适用于研究不能通过其他方法捕捉到的现象和行为,如消费者购买习惯、儿童游戏行为等。观察可以是直接的或间接的,如通过记录行为或拍摄视频进行观察。

(4) 实验研究法。实验研究法是一种控制变量的信息采集方法,通过在一定条件下进行控制变量,研究不同因素对变量的影响。实验可以是实验室内的或现场的,在实验中,研究人员可以精确地测量因变量和自变量之间的关系,并确定因果关系。

(5) 焦点小组调查法。焦点小组调查法是将小组成员聚集在一起,讨论特定主题,从而获得深入的见解和信息的一种方法。小组通常由 6~10 人组成,其中包括感兴趣的受众。该方法适用于理解消费者、用户和其他群体的态度和行为,以及发现新产品和服务的需求。

这些信息采集方法各有优缺点,应根据研究目的和问题类型选择合适的方法。同时,需要注意保护受访者隐私和确保信息的真实性和可靠性。

2. 信息传输与存储

1) 信息传输

信息传输是将信息从一个地方传输到另一个地方的过程,是现代信息技术中重要的一部分。它使得人们可以快速、准确地获取和分享信息,进而促进了经济、文化、科技等领域的发展。

信息传输的媒介主要包括有线网络、无线网络、移动通信等多种形式。有线网络主要包括电缆、光纤等,无线网络则包括 Wi-Fi、蓝牙、LTE 等,移动通信涉及手机、平板电脑等设备。不同媒介在传输速度、传输距离、传输质量等方面具有各自的特点和优势,在不同场合和需求下需要选择合适的媒介。

信息传输过程主要由发送端、传输路径和接收端三个部分构成,如图1-3所示。发送端将信息通过某种方式编码成数字信号,并将其传输到传输路径上。传输路径由多个节点组成,如路由器、交换机、基站等,它们以特定的协议进行数据交换和转发,确保数据能够顺利传输到目标节点。最后,接收端将数字信号解码并还原成原始信息。

图1-3 信息传输过程

信息传输的速度取决于传输路径的带宽、传输距离、传输媒介的质量等因素。为了提高信息传输的质量和速度,人们使用了各种技术和方法,如数据压缩、信道编码、差错校正等。这些技术可以有效地降低传输成本和提高传输效率,从而更好地满足人们在信息传输过程中的需求。

信息传输被广泛应用于互联网、科学研究、医疗保健、教育培训等多个领域,为人们带来了更多的便利和创新。同时,随着大数据、物联网、人工智能等新兴技术的发展,信息传输的应用场景也越来越广泛。因此,信息传输技术在现代社会中具有重要的意义和作用。

2)信息存储

信息存储是指将信息保存在合适的介质中,以便日后的利用。随着信息技术的不断发展,信息存储技术也得到了很大的改进和提升,包括介质、存储方式、管理技术等多个方面。

信息存储的介质主要包括磁性介质、光学介质、半导体介质等多种形式。其中,磁性介质主要包括硬盘、软盘、磁带等,光学介质主要包括光盘、DVD等,半导体介质则包括内存、闪存等。不同介质在存储容量、读写速度、可靠性、寿命等方面具有各自的特点和优势,在不同场合和需求下需要选择合适的介质。

信息存储的技术主要包括数据压缩、数据加密、数据备份等多个方面。数据压缩可以有效地减少存储空间,提高存储效率;数据加密可以保护数据安全,防止数据泄露;数据备份可以保证数据的可靠性,并防止数据丢失或损坏。

信息存储的应用非常广泛,主要有以下几个方面:

(1)数据库管理。数据库是信息存储的主要形式之一,它可以帮助企业组织和管理海量数据。通过数据库管理系统,企业可以更加高效地存储、查询和分析数据,从而快速获取所需的信息。

(2)文件管理。文件包括各种文档、图片、音频和视频等多种类型,是信息管理中不可或缺的一部分。通过文件管理系统,企业可以更好地组织、共享和保护文件,避免文件的重复创建和损失。

(3)云存储。随着互联网的发展,云存储成为信息存储的新兴形式。通过将数据存储在云端,企业可以更好地管理和共享数据,并且无须担心本地设备的故障和数据丢失。

(4) 大数据。大数据技术可以帮助企业处理海量数据并进行预测和决策。通过大数据存储和管理技术,企业可以更好地发掘数据价值,提高生产效率和质量。

总之,信息存储技术在现代信息管理中扮演着非常重要的角色。通过合适的介质和技术,信息存储技术可以有效地组织和管理信息资源,提高信息管理的效率和水平,从而为企业的发展和创新提供更好的支持。

3. 信息处理

信息处理是指对信息进行收集、存储、传输、分析、加工和应用的过程。它涉及多种技术和方法,包括数据查询、数据挖掘、机器学习、模式识别、数据分析、决策支持系统、模拟仿真、人工智能等。这些方法通过使用各种算法和技术,可以帮助人们更好地理解和利用信息资源,提高工作效率和生产效率,促进科技创新和经济发展。信息处理在商业智能、金融风险评估、医疗健康、智能制造、智能交通、安全监控等领域具有广泛的应用。

以下内容将介绍一些常见的信息处理方法。

1) 数据查询

数据查询在数据处理中具有广泛的应用。通过使用数据库查询语言(SQL)等工具和技术,企业可以对大量数据进行高效快速的查询、过滤和提取,从而帮助它们快速获取所需信息。数据查询可以在商业智能、金融、医疗健康、工程设计等多个领域中得到应用。例如,在商业智能中,数据查询可以提供有价值的市场分析、客户统计等信息,以帮助企业作出更加明智的决策。

2) 数据挖掘

数据挖掘是从大量数据中发现隐藏的规律和趋势的过程。通过使用各种算法和技术,数据挖掘可以帮助人们找到有意义的模式,并将其转化为可操作的信息。数据挖掘在商业智能、金融风险评估、医疗健康等领域具有广泛的应用。

3) 机器学习

机器学习是让计算机自动学习和识别模式的方法,从而改进决策和预测。它是一种人工智能的应用,包括监督学习、无监督学习和强化学习等。机器学习在自然语言处理、图像识别、智能制造、智能财务等领域都有应用。

4) 模式识别

模式识别是通过对数据进行分类、描述和区分,来识别出不同的模式。模式识别技术可以自动识别、分类和标记不同类型的信息,如图像、音频、文本等。它在医疗健康、智能交通、安全监控等领域具有广泛的应用。

5) 数据分析

数据分析是指对数据进行解释和分析,以得出结论和提供支持决策。数据分析包括统计分析、关联分析、分类分析、时间序列分析等方法。它在商业智能、金融风险评估、市场营销等领域都有应用。

6) 决策支持系统

决策支持系统是帮助人们进行决策的软件系统,它通过收集、整理、分析信息来辅助决策者作出最佳决策。决策支持系统包括数据仓库、在线分析处理等技术。它在企业管理、金融风险评估、政府决策等领域都有应用。

7）模拟仿真

模拟仿真是建立数学模型和计算机模拟来预测和分析各种物理过程、工业过程等的技术。通过运行模拟仿真程序，用户可以预测实际操作的结果，从而作出更好的决策。模拟仿真在产品设计、生产流程优化等方面具有广泛的应用。

8）人工智能

人工智能是一种模拟人类思维过程的技术，可以让计算机具有类似于人类思维的能力。它包括自然语言处理、图像识别、智能控制等技术。人工智能在医疗健康、安全监控、智能制造等领域都有应用。

总之，信息处理方法是现代信息管理中非常重要的一环。适当的信息处理方法和技术，可以帮助人们更好地理解和利用信息资源，提高工作效率和生产效率，促进科技创新和经济发展。

任务三　管理信息系统规划、开发与应用

任务说明

管理信息系统规划、开发与应用是企业进行信息化建设的重要环节，其主要包括对企业信息化需求的分析、制定信息系统规划方案、信息系统设计、信息系统开发和实施、信息系统运营和维护等多个方面。这些环节可以为企业提供高效、稳定、安全的信息化服务。

在管理信息系统规划与开发的过程中，企业首先需要对信息化需求进行分析，确定信息化建设目标和需求，并制定信息系统规划方案，确定信息系统的整体架构、模块划分、数据处理方式、技术选型等。其次，需要进行信息系统设计，对系统结构、数据流程、业务逻辑等方面进行详细的设计。再次，需要进行信息系统开发和实施，根据信息系统设计方案进行编码、测试、集成等工作，并将信息系统部署到企业内部或云端服务器上。最后，需要进行信息系统运营和维护，持续监控和维护信息系统，并及时修复故障和改进系统功能。

对于企业来讲，信息是非常重要的一部分，如今企业的各方面的管理都常常依赖管理信息系统的使用，特别是有关于企业在相关决策之前需要注意相关信息系统的信息支持。做好管理信息系统规划与开发，将信息管理系统引入企业，帮助企业掌握相关的智能信息，使企业能够更好地发展，并在后期的企业规划中及时地为企业提供信息依据。

任务实施

一、管理信息系统规划

（一）管理信息系统规划认知

管理信息系统规划（management information system planning）是一个关注组织内部信

息技术系统的设计、实施和维护的过程。它旨在确保组织的信息系统能够支持业务需求,提高生产力和效率。管理信息系统规划通常涉及诸如战略规划、需求分析、系统设计、实施和维护等方面的活动,以确保信息系统与组织的目标和愿景相一致。

管理信息系统规划的发展可以追溯到20世纪60年代。最初,它主要关注如何优化数据处理和信息管理。随着计算机技术的快速发展,对信息系统的需求不断增加,管理信息系统规划逐渐演变为一种更全面的管理方法,涵盖了信息技术的整个生命周期,包括战略规划、需求分析、系统设计、实施和维护等方面。近年来,随着云计算、大数据、人工智能等新技术的出现,管理信息系统规划也需要不断更新和调整,以满足新的需求和挑战。

(二)管理信息系统规划的意义

管理信息系统规划是一个严谨而系统的流程,旨在确保企业的信息系统与业务战略相一致,并为企业提供实现这一战略所需的必要技术和资源。

(1)明确企业目标。通过规划信息系统来确立企业的目标和优先级,企业能够在市场环境中明确方向,做到如履平地。

(2)促进企业内部合作。管理信息系统规划需要企业内部的各个部门和人员的合作,进一步促进企业内部的沟通和协作。

(3)提高管理效率。管理信息系统规划能够提高企业的管理效率和工作流程,简化流程,减少人为失误和时间浪费,降低维护成本,提高响应速度和决策质量。

(4)改进企业管理。管理信息系统规划可以全面审视企业的管理现状,发现问题和缺陷,并通过改进管理制度和流程,提高组织效能。

(5)实现企业战略。管理信息系统规划能够贯穿企业战略的多个维度,为实现企业的战略目标提供支持。

总之,管理信息系统规划有助于企业针对市场竞争,制定更加适合战略的发展道路,通过推动信息系统的科学和有效应用,提升企业整体运营和管理水平。

(三)管理信息系统规划的方法

管理信息系统规划是通过对企业战略规划、业务流程、组织结构、信息系统和技术基础设施等方面进行分析,制定与企业战略规划相协调的信息系统规划的。这可通过企业系统规划法、数据资源管理法、信息资源规划法、技术路线设计法、绩效评估法等多种方法来实现。通过规划,企业可以充分利用和开发信息资源,制定有效的技术路线,优化业务流程,提高信息系统的绩效和效率,在市场竞争中取得优势。

(1)企业系统规划法。企业系统规划法是指通过对企业的整体战略规划、业务流程、组织结构、信息系统和技术基础设施等方面进行分析,制定与企业战略规划相协调的信息系统规划的方法。

(2)数据资源管理法。数据资源管理法是指按照数据资源的全周期管理思想,通过对数据资源进行分类、标准化、共享和安全管理,实现数据的有效管理,为信息系统的规划提供必要的支持的方法。

(3)信息资源规划法。信息资源规划法是指针对企业信息资源的特点和需求,制定其信息资源的发展战略,从而实现信息资源的充分利用和开发的方法。

(4)技术路线设计法。技术路线设计法是指通过对现有技术和未来技术的研究和预测,制定信息系统的技术发展路线和规划的方法。

(5) 绩效评估法。绩效评估法是指通过对信息系统的绩效进行评估,识别其优点和不足,发现改进的空间,并制定相应的规划的方法。

二、管理信息系统开发

管理信息系统开发

(一) 管理信息系统开发认知

管理信息系统开发是指为了支持企业管理决策、提升工作效率和增强市场竞争力而开发信息系统的过程。开发过程涵盖了从需求分析、系统设计、编码实现、测试到上线和维护的整个生命周期。为了确保开发顺利,管理信息系统开发需要有完善的开发流程和项目管理,以及合适的团队和技术支持。

管理信息系统开发的过程中需要考虑企业的业务流程和管理需求。该系统需要支持数据集成、分析和管理等多种功能,同时保证系统安全性和稳定性。开发人员不仅需要具备技术能力,还需要了解业务流程、用户体验和企业需求,并能够清晰地沟通和协作。

同时,管理信息系统开发还需要关注开发成本和效益。即使是最先进的技术,也需要考虑到效益和成本的平衡。为此,开发人员需要不断地优化自己的技术和流程,不断提升效率和质量,并能够将智能化和自动化技术应用到开发中,以降低开发成本并提高系统质量。

(二) 管理信息系统开发的方法

管理信息系统开发的常用方法有以下几种:

(1) 结构化系统开发方法(structured system development method,SSDM)。该方法强调系统分析、设计、编码和测试之间的流程规范化,以达到项目质量和效率的最大化,也是目前最主流的系统开发方法。

(2) 面向对象系统分析与设计(object-oriented system analysis and design,OOAD)方法。该方法通过对象的概念,将系统划分为多个模块,以实现更高的代码复用性和可维护性,提高系统的可重用性和可扩展性。

(3) 快速应用开发(rapid application development,RAD)方法。该方法通过迭代和循序渐进的过程,实现对需求快速响应和原型迭代,以达到更快的项目开发速度和更好的用户满意度。

(4) 面向服务的体系结构(service-oriented architecture,SOA)方法。该方法强调服务的概念,通过组件化、服务化和组织化的方式实现系统的可重用性、可扩展性和灵活性。

(5) 敏捷软件开发(agile software development,ASD)方法。该方法以人为核心,通过快速迭代、自组织式开发、需求变更及时响应等方式,实现更好的客户参与度和敏捷开发过程。

以上方法,均具有各自的特点和适用场景,需要根据项目需求和开发团队的实际情况进行选择,以确保项目质量和效率的最大化。

(三) 结构化系统开发的生命周期

结构化系统开发的生命周期分为系统需求分析与规划、系统设计与建模、系统开发与实施、系统运营与支持、系统维护与更新 5 个阶段。结构化系统开发的生命周期如图 1-4 所示。

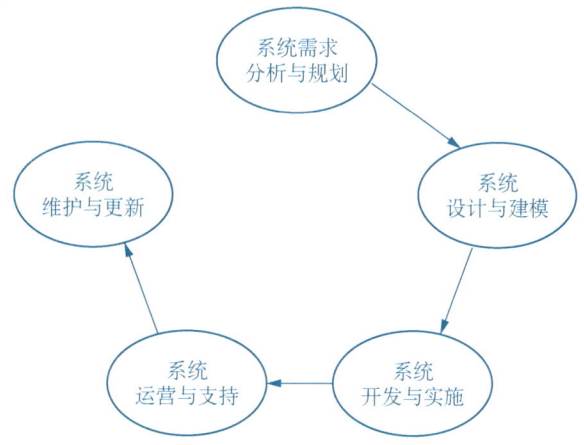

图 1-4　结构化系统开发的生命周期

（1）系统需求分析与规划：收集、分析和确定系统所需的功能，以及制订相应的计划。

（2）系统设计与建模：根据每个阶段所需的功能需求，平衡人、流程、数据等因素，建立系统模型和设计。

（3）系统开发与实施：在设计好的模型和开发计划的基础上，进行系统开发和实施，并定期进行功能测试和质量评估。

（4）系统运营与支持：运营新系统，持续监控和策略管理，发现系统问题并及时解决，并提供技术支持和培训。

（5）系统维护与更新：维护和优化现有的系统，识别和修复错误，周期性地更新和优化系统功能。

此外，开发者还需要进行技术评估、资源调配、团队管理和沟通等多方面的工作。要保证开发过程的协调性和有效性，以及确保软件开发的安全性和稳定性。为了保持与用户的紧密联系，开发者还要进行客户反馈的收集和分析、系统升级计划，保证各项指标满足客户需求、提高性能和响应迅速等方面的工作。

三、管理信息系统应用

（一）企业资源计划系统

企业资源计划系统，即 ERP 系统，是当今企业信息化建设中的一种重要的信息化平台。它是一种通过整合企业内外部资源、工作流程以及业务流程，构建的一个统一而完整的信息系统，以提高企业管理和竞争力的软件应用系统。下面将从三个方面对 ERP 系统进行概述。

1. ERP 系统的核心功能

ERP 系统具有以下核心功能：

（1）采购管理：ERP 系统可以管理企业的采购需求和流程，包括采购计划制订、采购订单管理、供应商信息维护等。

(2) 销售管理:ERP 系统可以协调企业的销售政策,包括客户及订单管理、销售分析等。

(3) 库存管理:ERP 系统可以全面管理企业的库存,包括物料管理、库存统计、出库入库等。

(4) 财务管理:ERP 系统可以协助企业制定财务政策,包括财务核算、费用管理、财务分析等。

(5) 人力资源管理:ERP 系统可以协调企业的人力资源政策,包括员工档案管理、薪资管理、绩效考核等。

2. ERP 系统的优势

ERP 系统的使用可以为企业带来以下优势:

(1) 信息共享和协作:ERP 系统可以将企业各部门数据整合到一个系统中,从而实现信息共享和协作,降低了不同部门之间信息不畅和沟通成本不高效等问题。

(2) 提高企业管理水平:ERP 系统可以将企业资源整体管理起来,对企业进行全面系统的规划、协调和控制,实现资源的优化配置,提高企业管理水平。

(3) 提高业务流程效率:ERP 系统需要合理规划业务流程,提高业务流程效率,从而减少企业管理成本。

3. ERP 系统产品

市面上有许多 ERP 系统品牌和产品,包括 SAP ERP、Oracle ERP、Microsoft Dynamics、用友(yonyou)、金蝶(Kingdee)等,如表 1-1 所示,这些产品都具有可扩展性、可定制性和易于集成的特点,适用于不同规模和类型的企业。企业在选择 ERP 系统产品时需要考虑自身需求,选择适合自己的 ERP 系统产品,开展相关业务的管理。

表 1-1 常见的 ERP 品牌及产品

品牌	品牌简介	代表产品
SAP	全球最大的企业管理软件开发商之一	SAP Business One、SAP ERP
Oracle	业界知名的数据库技术公司	Oracle E-Business Suite
Microsoft	美国跨国科技企业	Dynamics 365、Dynamics GP
用友	中国最大的企业管理软件开发商之一	用友 U8+、用友 U9
金蝶	亚太地区领先的企业管理软件供应商	金蝶 K3、金蝶 EAS

(二) 客户关系管理系统

客户关系管理系统(CRM),即 CRM 系统,是利用信息技术,在企业中建立的一个客户信息管理平台,将搜集整理的客户信息资料进行分析、加工,为企业决策提供高质量的数据支持,同时售后服务、市场营销等业务流程也将在客户关系管理系统中进行处理。简而言之,CRM 系统是一个能够全方位、定量地管理公司客户信息、发掘客户需求并提供专业服务的智能化信息系统。

1. CRM 系统的核心功能

CRM 系统具有以下核心功能:

(1) 销售管理:管理销售流程和销售人员的工作效率,帮助销售人员组织和管理销售工作。

(2) 市场分析和营销:通过分析市场和客户数据,为市场营销决策提供支持,制定营销策略。

(3) 客户服务:提供客户服务管理功能,包括客户问题处理、客户投诉管理、订单跟踪等。

(4) 客户数据管理:完整地管理客户信息和客户资料,包括联系信息、交易历史、交互历史等信息。

(5) 技术支持:提供技术支持,帮助销售人员、客户服务人员更好地完成工作。

2. CRM 系统的优势

CRM 系统的使用可以为企业带来以下优势:

(1) 提高客户满意度:通过收集和分析客户数据,CRM 系统可以更好地了解客户需求和意愿,并为其提供更好的产品和服务。

(2) 提高销售收益和效率:CRM 系统可协调和优化销售流程,提高销售人员的工作效率,从而提高销售收益。

(3) 减少企业成本:CRM 系统可以帮助企业精细化管理客户关系,降低客户维护成本。

(4) 提高企业市场竞争力:CRM 系统可以帮助企业了解市场信息和客户需求,制定更好的市场营销策略,提高企业市场竞争力。

3. CRM 系统产品

通常,大型企业使用 CRM 系统进行客户管理,以便更好地处理大量客户信息,更好地进行客户跟踪和营销。目前,市面上有许多 CRM 系统产品,如 SAP CRM、Salesforce、Oracle CRM、Microsoft Dynamics CRM 等。

(三) 人力资源管理系统

人力资源管理系统(human resource management system,HRM 系统)是一种用于管理企业人力资源的信息系统。它主要通过收集、整理、分析和运用员工相关数据,为企业提供更好的人力资源管理服务,从而实现人力资源方面的优化协调和提高企业价值。下面将从三个方面对 HRM 系统进行概述。

1. HRM 系统的核心功能

HRM 系统具有以下核心功能:

(1) 员工信息管理:HRM 系统可以完整地管理员工资料及相关信息,包括个人信息、教育经历、工作经验、薪资数据等,方便企业进行员工档案维护和管理。

(2) 薪资管理:HRM 系统可以协调管理企业的薪资政策,包括薪资结构设计、考勤管理、福利管理、绩效考核等,方便企业进行薪资数据的管理和分析。

(3) 岗位管理:HRM 系统可以协助企业制定岗位职责和要求,评估员工的绩效表现,为企业提供员工评估的数据支持。

(4) 培训管理:HRM 系统可以帮助企业管理培训计划和培训资源,为企业提供培训数据的管理和分析。

(5) 招聘管理：HRM系统可以帮助企业进行招聘活动的管理，包括岗位发布、简历筛选、面试安排和录用等流程。

2. HRM系统的优势

HRM系统的使用可以为企业带来以下优势：

(1) 提高工作效率：HRM系统可以协助企业进行员工资料的管理和业务流程的规范化，从而提高企业工作效率。

(2) 优化人力资源管理：HRM系统可以为企业提供员工绩效分析、薪资管理、培训管理等服务，优化人力资源管理模式，为企业提供更好的人力资源管理方案。

(3) 降低人力资源管理成本：HRM系统可以协调企业的人力资源管理，为企业降低人力资源管理成本。

(4) 提高企业竞争力：HRM系统可以通过优化人力资源管理流程，提高员工的绩效和工作效率，同时也提高了企业在市场上的竞争力。

3. HRM系统产品

市面上有许多HRM系统产品，包括SAP HR、Oracle HR等专业人力资源管理系统，也有不少综合性的HRM系统产品，如Workday、ADP等。这些产品都具有可扩展性、可定制性和易于集成的特点，适用于不同规模和类型的企业。企业可以根据自身需求选择适合自己的HRM系统产品，实现更好的人力资源管理。

德技并修

天下大事，必作于细

《道德经》有云："图难于其易，为大于其细。天下难事，必作于易；天下大事，必作于细。"即谋划大事难事，要从小处和容易处考虑。天下的难事，都是先从容易的地方做起；天下的大事，都是从细微的小事做起。

在信息系统中，数据是一切信息的基础，是构成信息的原始单位，通过对每一个数据的收集、分类、加工、解释和组合后，它们就可以转化为有用的信息。而信息是对数据进行加工处理后得到的可以帮助人们决策和行动的有意义的结果。我们要建立良好的数据思维，善于捕捉数据，利用数据发现问题，通过数据解决问题，从而搭建完整坚固的信息系统，成就每一个有意义的决策和行动。

项目训练

一、单选题

1. 信息管理的目的是（　　）。
   A. 管理信息资源 B. 保护信息安全
   C. 提高信息利用率 D. 所有选项都正确

2. 下列选项中,属于信息管理中的信息处理活动的是( )。
   A. 信息分析　　　B. 信息采集　　　C. 信息储存　　　D. 信息传输
3. 下列选项中,属于信息管理中的信息技术的是( )。
   A. 数据库技术　　　　　　　　　B. 项目管理技术
   C. 统计分析技术　　　　　　　　D. 人际沟通技巧
4. 管理信息系统(MIS)是指( )。
   A. 管理信息的系统　　　　　　　B. 用来支持管理决策的信息系统
   C. 管理组织的信息系统　　　　　D. 所有选项都正确
5. 下列 MIS 中属于企业资源规划(ERP)系统的是( )。
   A. 人力资源管理系统　　　　　　B. 客户关系管理系统
   C. 财务管理系统　　　　　　　　D. 所有选项都正确

二、多选题
1. 下列选项中,属于信息管理的基本要素的有( )。
   A. 信息资源　　　B. 信息技术　　　C. 信息人员　　　D. 信息环境
2. 下列选项中,属于管理信息系统的主要特点的有( )。
   A. 实时性　　　　B. 面向决策　　　C. 跨学科性　　　D. 依赖网络
3. 下列选项中,属于企业资源规划(ERP)系统的模块的有( )。
   A. 采购模块　　　　　　　　　　B. 销售模块
   C. 人力资源模块　　　　　　　　D. 生产模块
4. 下列选项中,属于信息系统开发的主要方法的有( )。
   A. 结构化方法　　　　　　　　　B. 面向对象方法
   C. 原型方法　　　　　　　　　　D. 数据库方法

三、简答题
1. 什么是信息管理?它有什么特点?
2. 管理信息系统(MIS)有哪些主要功能?
3. 什么是企业资源规划(ERP)系统?它有哪些优势?

项目二 数据库基础

 导学

数据库技术产生于 20 世纪 60 年代末至 70 年代初,它的出现使计算机应用进入了一个新的时期——社会的每一个领域都与计算机应用发生了联系。数据库技术已经成为信息化时代的核心技术之一,而基于数据库技术产生的数据库系统也已经被广泛地应用于各行各业。

数据库的主要作用是存储和管理数据,可以将其看作存储数据的"仓库"。数据库技术的应用是管理数据最有效的手段,在很大程度上促进了计算机应用技术的发展。

本项目将系统地讲解数据库、数据库管理系统、数据库系统的定义及组成、SQL Sever 2019 安装等。

 学习任务

1. 了解数据库技术
2. 掌握数据库的基本概念
3. 理解数据模型
4. 掌握数据模型及模型转换
5. 初识 SQL Server 2019

 知识描述

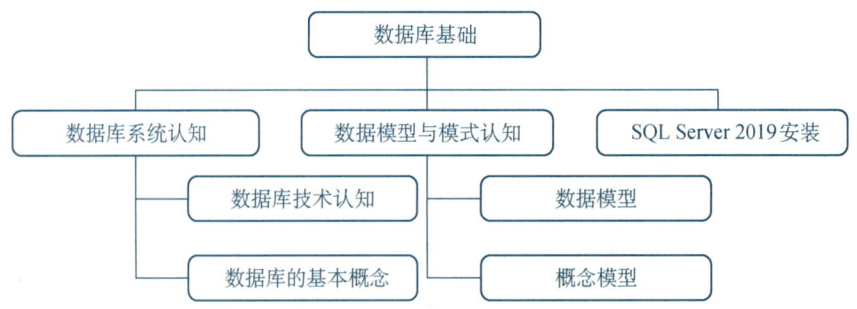

任务一　数据库系统认知

任务说明

数据库技术是计算机科学技术的一个重要分支,是一种计算机辅助管理数据的方法。它研究如何组织和存储数据,如何高效地获取和处理数据。随着大数据、云计算、物联网、移动互联网、人工智能、数字化等信息技术的飞速发展,数据资源量极速增长,如何利用数据库管理系统科学地组织、存储、查询、维护和共享这些海量数据,是本任务的主要教学内容。

任务实施

一、数据库技术认知

（一）数据处理概述

数据处理是应用计算机和信息技术对原始数据进行采集、清洗、转换、存储、分析等多个环节的操作,从而将原始数据变成有意义的信息和知识。这项技术已经成为现今信息时代最重要的基础设施之一,广泛应用于各种领域,如商业、科学、医疗、安全等。掌握数据处理技术可以帮助企业和组织更好地理解和利用数据,发现问题和机会,并作出更明智的决策。

（二）数据处理技术的发展历程

随着计算机技术和信息技术的快速发展,数据处理技术也在不断演化和进步。从传统的批量处理到现代的实时处理,数据处理技术在不断刷新人们对数据处理的认知,并为各个领域的应用带来更高效、更精准和更可靠的解决方案。未来,数据处理技术将会继续向更智能、更自动化和更安全的方向发展。

数据处理技术的发展分为 4 个阶段,如表 2-1 所示。

表 2-1　数据处理技术发展的 4 个阶段

数据处理技术	时间
人工管理阶段	20 世纪 50 年代中期以前
文件系统阶段	20 世纪 50 年代后期至 60 年代中期
数据库系统阶段	20 世纪 60 年代后期至 70 年代中期
高级数据库系统阶段	20 世纪 70 年代中期以后

1. 人工管理阶段

在数据库技术的发展历程中,人工管理阶段是其最初阶段。这个阶段通常指的是 20 世纪 50 年代中期以前,当时计算机存储容量很小,而且管理数据完全是手工操作。在这个阶段,数据通常存储在文件系统中,每个文件包含一个或多个记录,记录可以是文本、数字或其他形式的数据。为了检索某些记录,用户必须执行一系列手动步骤,如打开文件、查找特定记录、修改记录和关闭文件等。这种手动管理方式非常耗时且易于出错,因此随着数据量不断增加,这种方式变得越来越无法胜任。

尽管人工管理阶段的数据库技术非常原始,但它为后来的数据库技术奠定了基础。人们开始思考自动化数据存储和管理的方式,这导致了关系型数据库和其他数据库技术的发展。

2. 文件系统阶段

数据库技术的发展历程可以追溯到计算机诞生之初,当时使用的是文件系统来存储和管理数据。文件系统阶段可以说是数据库技术的起点,诞生在 20 世纪 50 年代后期至 60 年代中期,它是一种基于操作系统的数据管理方式。

在文件系统阶段,数据以文件的形式存储在磁盘上,每个文件包含一个或多个记录,而这些记录则被组织成表格形式的结构。这种方式的优点是简单易用,不需要额外的软件支持。但其同时也存在一些缺点,如数据冗余、数据不一致性、数据安全性等问题。

由于文件系统的局限性越来越明显,数据库技术逐渐取代了文件系统,成为更加高效、安全和可靠的数据管理方式。数据库技术通过将数据以更加复杂和结构化的方式进行组织和存储,提高了数据的访问效率和管理能力,并且减少了数据冗余和不一致性等问题。

3. 数据库系统阶段

数据库系统技术是信息管理领域的一个关键技术,旨在提高数据的存储、检索和处理的效率和质量。其诞生可以追溯到 20 世纪 60 年代后期至 70 年代中期,这时候人们开始使用磁带和磁盘存储数据,并将数据组织成文件,当时大规模的计算机系统开始出现,需要一种更加高效的数据管理方式。

随着计算机技术的进步,数据库系统技术也得到了不断的发展。其主要内容包括数据模型、数据库设计、数据存储和访问方法、数据安全以及数据备份与恢复等。

在这个阶段,关系型数据库是主流,被广泛应用于各种应用场景中。SQL 语言得到了广泛采用,成为操作关系型数据库的标准语言,使得用户可以方便地进行数据的查询和分析。同时,ACID 属性(原子性、一致性、隔离性和持久性)也被引入到数据库中,确保数据的可靠性和一致性。

数据库系统技术的特点之一是数据共享和数据独立性。通过将数据存储在一个中心位置并采用标准化的访问方式,多个应用程序可以共享同一个数据源,从而避免了数据冗余和不一致的问题。

4. 高级数据库系统阶段

高级数据库系统阶段出现在 20 世纪 70 年代中期以后。在这个阶段,数据库技术不仅实现了基本的数据存储和检索功能,还在数据库的安全性、可扩展性、高可用性等方面进行了深入发展。

在这个阶段,出现了许多新型数据库系统,如关系数据库管理系统(RDBMS)、NoSQL 数据库、分布式数据库等。其中,RDBMS 成为企业广泛采用的数据库类型之一。同时,数据库系统也开始向云计算平台转移,以满足大规模数据处理的需求。

此外，在高级数据库系统阶段，还涌现了许多新的数据库应用场景，如数据仓库、数据挖掘、OLTP 和 OLAP 等，促进了数据库技术的迅速发展。另外，随着机器学习和人工智能技术的兴起，数据库系统也开始与这些新兴技术相结合，开发出支持更复杂应用场景的数据库系统。

二、数据库的基本概念

（一）数据库

数据库（database，DB，电子化的文件柜）是长期存放在计算机内的、有组织的、可共享的数据集合。在日常生活中，人们使用语言去描述事物，但在计算机中，为存储和处理这些事物，则需要取出这些事物的特征，组成一个记录来描述。

数据库中的数据按照一定的数据结构来组织、描述和存储，具有较小的冗余度、较高的数据独立性和易扩展性，并可为各种用户共享，可以形象地理解为存储数据的仓库。

数据库是包含一个或多个数据表及相关操作对象的集合，数据表则由一个或多个相关的数据项组成，当中的数据项则是一条条反映具体事物的信息记录。

（二）数据库系统

1. 数据库系统的定义

数据库系统按一定的数据模型组织数据、管理数据库。数据库应用系统（database application system，DBAS）通过数据库管理系统（database management system，DBMS）提供的接口操作数据库，数据库管理员通过数据库管理系统提供的界面管理操作数据库。

2. 数据库系统的组成

数据库系统由多个部分组成，包括数据、数据库、数据库管理系统、应用程序、数据库管理员、用户。数据库系统的组成如图 2-1 所示。

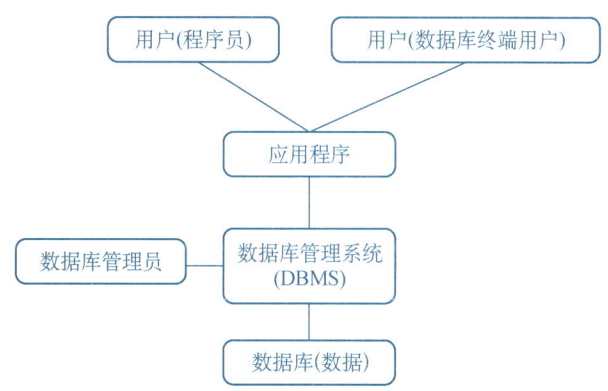

图 2-1　数据库系统的组成

（1）数据是数据库系统的核心组成部分，它们被组织成表格、字段和记录等结构，并存储在磁盘或其他永久性介质中。

（2）数据库是存储数据的地方。它可以看作是一个组织和管理数据的集合，可以被许多应用程序使用。

（3）数据库管理系统（DBMS）是数据库系统的中枢，它为用户提供对数据的访问、管理

数据库系统的组成

和保护等功能。DBMS 还负责执行查询、更新、插入和删除等操作,并确保数据的完整性、一致性和安全性。常见的 DBMS 有 MySQL、Oracle、SQL Server 和 PostgreSQL 等。

(4) 应用程序是与数据库交互的应用程序。它们可以是自定义的应用程序,也可以是商业应用程序,如 ERP、CRM 等。

(5) 数据库管理员是负责管理数据库系统的人员。他们负责配置、备份、恢复和优化数据库系统,以确保其高效稳定地运行。

(6) 用户是使用数据库的人员。他们可以通过应用程序或直接访问数据库来操作和查询数据。用户可以根据其角色和权限级别执行不同的操作。

3. 数据库系统的特点

数据库系统具有以下特点:

(1) 数据共享。多个用户可以同时访问和共享同一个数据库中的数据。

(2) 数据独立性。数据库系统将数据与应用程序分离,使得数据可以独立于应用程序进行管理。

(3) 数据完整性。数据库系统提供了各种机制来保持数据的完整性和一致性,如实体完整性、参照完整性、域完整性等。

(4) 数据安全性。数据库系统提供了安全措施来限制对数据的访问和修改,以确保数据的安全性。

(5) 数据并发控制。数据库系统能够协调多个用户同时访问同一组数据时发生的冲突,以保证数据的正确性和一致性。

(6) 数据备份与恢复。数据库系统提供了备份和恢复机制来防止数据丢失或损坏。

(三) 数据库管理系统

数据库管理系统(DBMS)是位于用户与操作系统之间用于管理数据库及数据的系统软件,为用户或应用程序提供访问数据库的方法及管理数据库的所有操作,包括建立、查询、更新及各种数据控制操作。它允许用户通过使用查询语言和其他功能与数据库进行交互,从而实现对数据的高效管理和处理。

数据库管理系统

DBMS 就像一个大管家,负责数据库中所有的对内、对外的操作。

DBMS 旨在提供一个统一的、易于使用的方式来存储、组织、访问和管理大量的数据。它可以帮助用户快速地找到所需的信息,从而增强了数据的可靠性和可用性。此外,DBMS 还提供了安全控制和完整性保护来确保数据的安全性。

常见的 DBMS 包括关系型数据库管理系统(RDBMS)和非关系型数据库管理系统(NoSQL)。

关系型数据库是指使用关系模型进行数据存储和管理的数据库系统。在关系模型中,数据以表格的形式进行组织,每个表格由一组列和行组成,并且每一行都有一个唯一的标识符(主键)。关系型数据库使用 SQL 语言来查询和操作数据,并且支持 ACID 属性来确保数据的安全性和完整性。常见的关系型数据库系统包括 MySQL、Oracle、Microsoft SQL Server 等。

除了基本的数据管理功能,DBMS 还可以提供额外的功能,如备份和恢复、数据加密、数据分析、事务管理等。这些功能使得 DBMS 成为许多应用程序和企业的核心组成部分。

（四）常见的数据库管理系统

常见的数据库管理系统有以下几种：

（1）Microsoft Access 是一款适用于 Windows 操作系统的桌面数据库应用程序，它采用基于文件的方式存储数据。它支持可视化的用户界面和简单的 SQL 语句，可以轻松地创建、查看和修改数据表、查询、报告和表单。Microsoft Access 还提供了一些强大的功能，如自动化任务、宏和 VBA 编程等功能。此外，Microsoft Access 的学习曲线相对较低，因此对初学者非常友好。

（2）MySQL 是一种开源的、免费的关系型数据库管理系统，它采用客户端/服务器模式的方式存储数据。它支持多线程处理、存储过程、触发器以及多种存储引擎等功能。MySQL 广泛应用于 Web 应用程序和网站开发中，被许多大型网站，如 Facebook、Google、Twitter 等使用。

（3）Oracle 是一种商业化的关系型数据库管理系统，由 Oracle 公司开发和销售。它具有高度可靠性、安全性和性能优化的特点，支持多语言编程和跨平台操作。Oracle 广泛应用于企业级应用程序和大规模数据处理中，如金融、电信、医疗等领域。Oracle 还提供了丰富的工具和技术支持，如备份和恢复、性能调优、高可用性等。

（4）PostgreSQL 是一种强大的开源关系型数据库管理系统，支持复杂的查询操作和高级数据类型。它具有高度灵活性和可扩展性，可在任何规模的企业环境中使用。

（5）Microsoft SQL Server 是一种商业化的关系型数据库管理系统，由微软公司开发和销售。它具有高可靠性、安全性和性能优化的特点，支持多种数据处理方式和存储引擎。它不仅提供了丰富的工具和技术支持，如查询分析器、报表生成器、集成服务等，还与其他微软公司产品无缝集成，如 NET Framework、Visual Studio 等。此外，Microsoft SQL Server 还可以在云端部署，提供灵活的扩展性和弹性。它还支持多语言编程、跨平台操作、高可用性和自动化运维等功能。由于其稳定的性能和出色的兼容性，Microsoft SQL Server 成为世界上最受欢迎的企业级数据库之一。

（6）MongoDB 是一种开源的、面向文档的 NoSQL 数据库管理系统，支持快速的数据查询和高度可扩展性。它采用 BSON（二进制 JSON）格式存储数据，支持自动分片和复制，可以运行在云环境中。MongoDB 广泛应用于 Web 应用程序和大规模数据处理中，如社交网络、电子商务等领域。

任务二　数据模型与模式认知

任务说明

从数据库存放数据的模式来看，正因为有数据模式，才能构造复杂的数据结构来建立数据之间的内在联系与复杂关系，从而构成数据的全局结构模式。

数据模式是基于选定的数据模型对数据进行"型"方面的刻画，而相应的"实例"则是对数据"值"方面的描述。先有数据模型,才能据其讨论相应数据模式,有了数据模式,就能依据该模式得到相应的实例。

相关知识

数据库管理的对象(数据)存在于现实世界中,即现实世界中的事物及各种联系。

从现实世界的事物到存储到计算机的数据库中的数据,要经历现实世界、信息世界和计算机世界三个不同的世界,经历两级抽象和转换完成。

这三个世界的关系如图 2-2 所示。

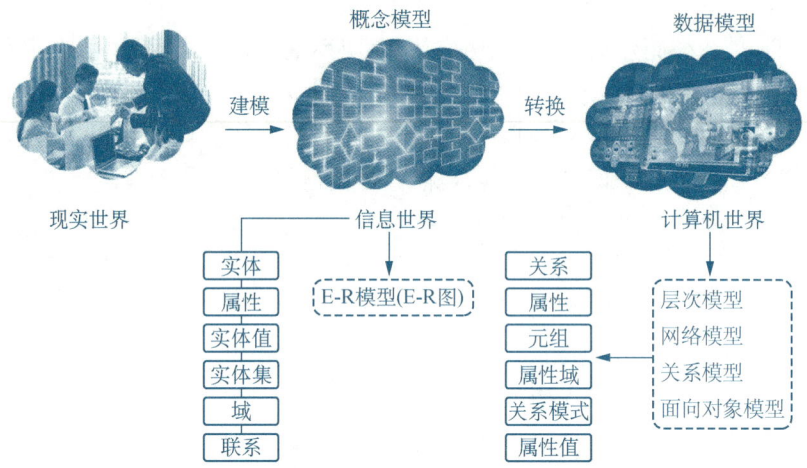

图 2-2　现实世界、信息世界、计算机世界的关系

一、数据模型

1. 层次模型

层次模型是数据库系统最早使用的一种数据模型,它以树形(层次)结构组织数据。在层次模型中,每个结点表示一个记录类型,记录类型之间的联系用结点之间的连线(有向边)表示,这种联系是父子之间的一对多的联系。这就使得层次数据库系统只能处理一对多的实体联系。层次模型结构如图 2-3 所示。

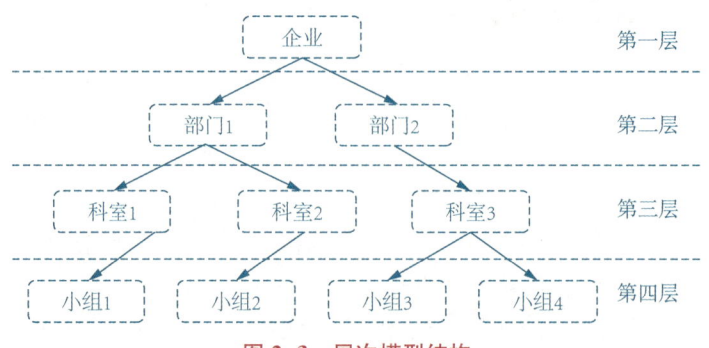

图 2-3　层次模型结构

1) 层次模型的优点

层次模型的优点有以下几方面：

(1) 层次模型的数据结构比较简单清晰。

(2) 层次数据库查询效率高。层次模型中记录之间的联系用有向边表示，这种联系在数据库管理系统中常常用指针来实现。因此，这种联系也就是记录之间的存取路径。当要存取某个结点的记录值，数据库管理系统就沿着这一条路径很快找到该记录值，所以层次数据库的性能优于关系数据库，不低于网状数据库。

(3) 层次数据模型提供了良好的完整性支持。

2) 层次模型的缺点

层次模型的缺点有以下几方面：

(1) 现实世界中很多联系是非层次性的，如结点之间具有多对多联系，不适合用层次模型表示。

(2) 如果一个结点具有多个双亲结点等，用层次模型表示这类联系就很笨拙，只能通过引入冗余数据（易产生不一致性）或创建非自然的数据结构（引入虚拟结点）来解决。

(3) 对数据的插入和删除操作的限制比较多，因此应用程序的编写比较复杂。

(4) 查询子女结点必须通过双亲结点。

(5) 由于结构严密，层次命令趋于程序化。

2. 网络模型

网络模型又称网状模型，可以看作是层次模型的一种扩展。它采用网状结构组织数据，每个结点表示一个记录类型，每个记录类型包含多个字段。结点之间的连线表示记录类型之间是多对多的联系。

1) 网状模型的优点

网状模型的优点包括能够更为直接地描述现实世界、具有良好的性能、存取效率高。

2) 网状模型的缺点

网状模型的缺点在于网状数据结构较复杂，导致数据库的结构随着应用环境的变化而日趋复杂，最终用户不易掌握和使用。同时，使用网状模型存储数据需要更多的链接指针；在检索数据时，需要考虑数据的存储路径；在插入或删除数据时，涉及调整链接指针，这就要求编程人员必须了解系统结构的细节，加重了编程人员的工作负担。

3. 关系模型

1) 关系模型概述

关系模型是目前最重要的一种数据模型。关系数据库系统采用关系模型作为数据的组织方式。目前，大多数数据库系统都采用关系模型。

关系模型

关系模型是用二维表格结构表示实体及实体间的联系。从用户的角度来看，关系模型由一组关系组成。每个关系的数据结构是一张规范的二维表，它由行和列组成。

关系模型中的相关术语介绍如下：

关系：一个二维表就是一个关系，关系名即表名。

属性：表中的一列称为一个属性，也称字段，列名即属性名。

域:属性的取值范围称为域。

元组:表中的一行称为一个元组,也称一条记录。

关键字:可唯一标识元组的属性或属性集称为关键字,也称键或码。例如,"学号"是可以唯一标识一名学生的属性,"学号"就是学生关系的关键字。

关系模式:是对关系的描述,格式为关系名(属性名1,属性名2,……,属性名n)。例如,学生关系的关系模式为学生(学号,姓名,性别,家庭住址)。

2) 关系模型的性质

(1) 关系是一个二维表,表中的每一行对应一个元组,表中的每一列有一个属性名且对应一个域。

(2) 每一列的值来自同一域,是同一类型的数据。

(3) 关系中的每一个属性不可再分解。

(4) 关系中的任意两个元组不能完全相同。

(5) 关系中行的排列顺序、列的排列顺序是无关紧要的。

(6) 每个关系都由关键字的属性集唯一标识各个元组。

3) 关系模型的优点

关系模型的优点有以下几方面:

(1) 在关系模型中,二维表不仅能表示实体集,而且能方便地表示实体集之间的联系。

(2) 关系模型中数据的表示方法统一、简单,便于计算机实现和用户使用。

(3) 关系模型中,存储路径对用户是隐藏的,从而大大提高了数据的独立性。

4) 关系模型的缺点

关系模型的缺点在于由于存取路径对用户透明,查询效率往往很低。为了提高性能,DBMS必须对用户的查询请求进行优化,因此增加了开发的难度。另外,关系模型存在语义信息不足、数据类型过少等缺点。

5) 关系模型的键

键是关系数据库的重要组成部分。键是一个表中的一个或几个属性,用来标识该表的每一行与另一个表的联系。

为了更直观地了解关系模型的键,我们通过一组示例进行解释。假设有3个关系,关系模式分别是:

(1) 学生(学号,班级,姓名,性别,出生日期,家庭住址,联系电话,电子邮箱)。

(2) 课程(课程号,课程名,任课教师)。

(3) 选课(学号,课程号,成绩)。

根据这3个关系模式,我们来学习关系模型的键。

(1) 超键。超键(super key)是指在关系中能唯一标识元组的属性集。一个属性可以作为一个超键,多个属性组合在一起也可以作为一个超键。例如,在学生关系中,学号是唯一的,可以唯一确定一名学生,那么"学号"是一个超键。"学号+姓名+性别"的组合也是唯一的,所以也是一个超键。

(2) 候选键。候选键(candidate key)是指不含有多余属性的超键。候选键属于超键,它具有唯一性和最小性两个特性,是最小的超键。例如,学生关系中的候选键为"学号",选课关系中的候选键为"学号+课程号"。

(3) 主键。主键(primary key)是由用户选择的一个候选键。主键可以由一个字段组成,也可以由多个字段组成。例如,学生关系中的"学号"为主键,课程关系中的课程号为主键,选课关系中的"学号+课程号"为主键。

(4) 外键。某个关系的主键相应的属性在另一关系中出现,此时,该主键就是另一关系的外键(foreign key)。例如,学生关系中的"学号"是选课关系的外键,课程关系中的"课程号"也是选课关系的外键。

二、概念模型

概念模型又称信息模型,用于信息世界的建模,是显示世界到信息世界的第一层抽象,是数据库设计人员进行数据量设计的有力工具,也是数据库设计人员和用户之间进行交流的语言。因此,概念模型一方面具有较强的语义表达能力,能够方便、直接表达应用中的各种语义知识;另一方面还应该简单、清晰、易于用户理解。

1. 实体

实体是客观存在的对象、抽象概念或事件。实体可以是具体实物,如一个人、一棵树;也可以是抽象的概念或联系,如一门课程、一次会议等。

2. 属性

属性是描述实体特征或性质的数据。一个实体可以有多个属性。例如,一个实体学生包括学号、姓名、性别、出生日期、班级等属性。通过属性,我们可以区分各个不同实体。

3. 实体集

实体集是性质相同的同类实体的集合。例如,所有学生、所有课程、一个系的全体教师等都是实体集。

4. 联系

在现实世界中,任何事物都不是孤立存在的,事物内部以及事物之间是有联系的。

5. 实体间的联系

1) 一对一联系

若实体集 A 中的每一个实体,实体集 B 中有且只有一个实体与之联系,反之亦然,则称实体集 A 与实体集 B 具有一对一联系(1∶1 联系)。

例如:一所学校有一个校长,而一个校长也只能在一所学校任职。那么学校与校长之间具有一对一联系,如图 2-4 所示。

2) 一对多联系

若实体集 A 中的每一个实体,实体集 B 中有 n 个实体($n>=0$)与之联系,反之,若对于实体集 B 中的每一个实体,实体集 A 中至多有一个实体与之联系,则称实体集 A 与实体集 B 具有一对多联系(1∶n 联系),如图 2-5 所示。

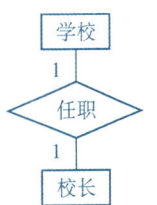

图 2-4 1∶1 联系

3) 多对多联系

若实体集 A 中的每一个实体,实体集 B 中有 n 个实体($n>=0$)与之联系,反之,若对于实体集 B 中的每一个实体,实体集 A 中有 m 个实体($m>=0$)与之联系,则称实体集 A 与实体集 B 具有多对多联系($n:m$ 联系),如图 2-6 所示。

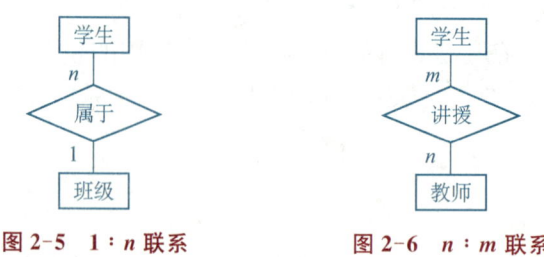

图 2-5　1∶n 联系　　　　图 2-6　n∶m 联系

6. E-R 图

E-R 图也称实体—联系图(entity-relationship diagram),提供了表示实体类型、属性和联系的方法,用来描述现实世界的概念模型。

E-R 图中有如下四个成分:

(1) 矩形框:表示实体,在框中记入实体名。

(2) 菱形框:表示联系,在框中记入联系名。

(3) 椭圆形框:表示实体或联系的属性,将属性名记入框中。对于主属性名,则在其名称下画一条下划线。

(4) 连线:实体与属性之间;实体与联系之间;联系与属性之间用直线相连,并在直线上标注联系的类型(对于一对一联系,要在两个实体连线方向各写 1;对于一对多联系,要在一的一方写 1,多的一方写 n;对于多对多关系,则要在两个实体连线方向分别写 n,m)。实体与属性关系图及对应的 E-R 图分别如图 2-7、图 2-8 所示。

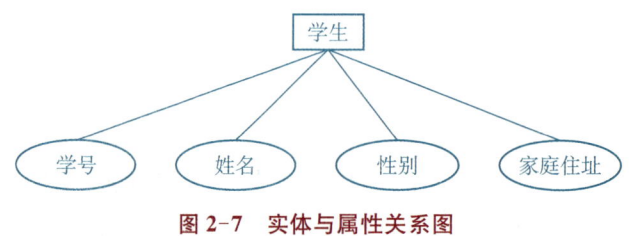

图 2-7　实体与属性关系图

7. 概念模型的建立

概念模型的表示方法有多种,最常用的一种是实体—联系(E-R)方法。该方法使用 E-R 图来描述现实世界的概念模型,又称实体联系模型。

概念模型的建立步骤如下:

(1) 根据需求确定涉及的不同实体。

(2) 确定实体的属性。

(3) 确定实体之间的联系及联系的属性。

（4）确定主键。
（5）根据分析画出 E-R 图。

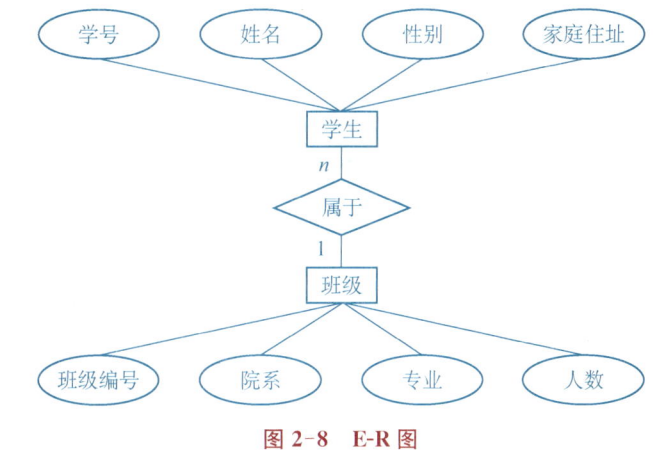

图 2-8　E-R 图

任务实施

一、设计 E-R 图

【例 2.1】 根据某个部门的概念模型，设计 E-R 图。部门涉及的实体如下：
（1）职工：职工号、姓名、性别、家庭住址。
（2）部门：部门编号、部门名称、经理、销售的产品。
（3）产品：产品编号、产品名称、制造商、型号、单价。
（4）制造商：名称、地址、生产的产品名称和价格。

操作步骤：

画出实体与属性关系图，如图 2-9 所示。

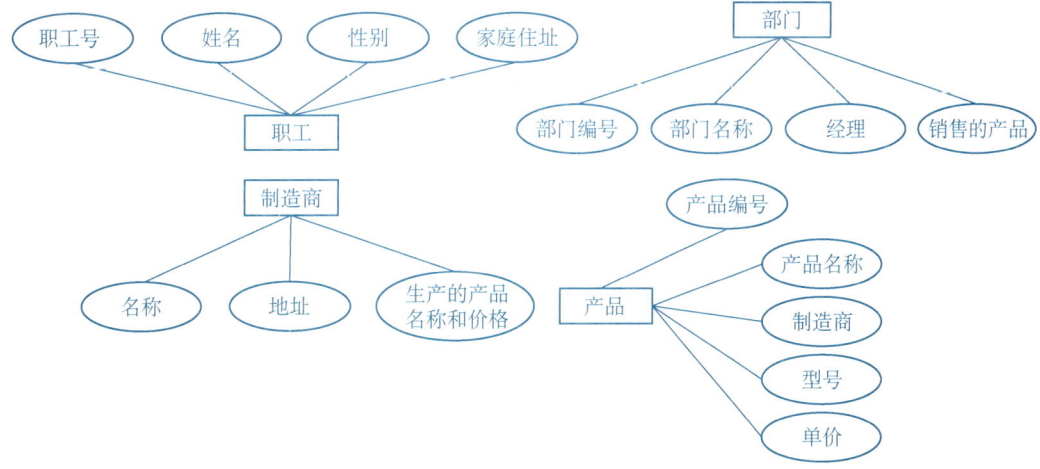

图 2-9　实体与属性关系图

经过仔细分析,各实体间存在的联系如下:
(1) 部门和职工是一对多联系。
(2) 部门和产品之间是多对多联系。
(3) 产品和制造商之间是多对多联系。

用型号和价格表示联系的属性,设计的 E-R 图如图 2-10 所示。

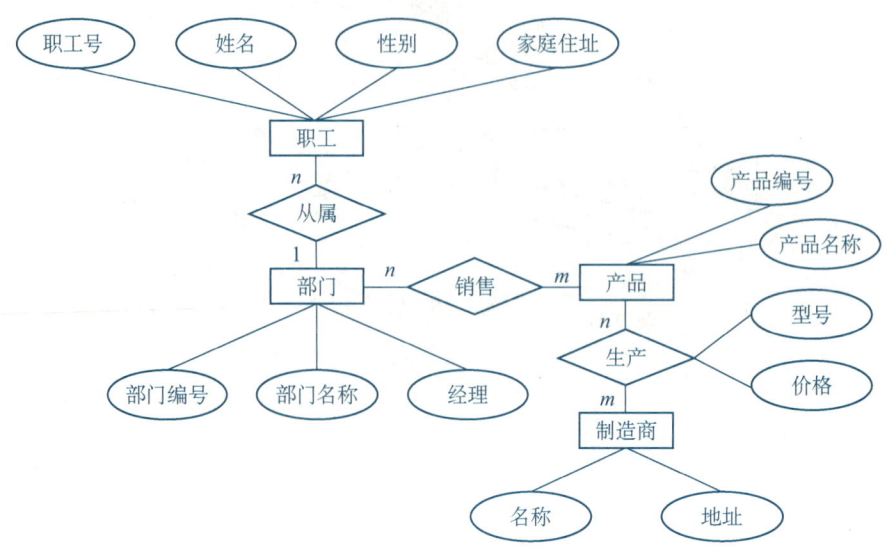

图 2-10　E-R 图(以型号和价格表示联系)

二、E-R 图到关系模型的转换

E-R 模型到关系模型的转换

用 E-R 图描述数据库管理系统中实体集与实体集之间的联系,目的是以 E-R 图为工具,设计出关系模式,即确定应用系统所使用的数据库应包含的表和表的结构。

E-R 图是由实体、实体的属性和实体间的联系组成的。要将 E-R 图转换为关系模型,实质上就是将实体、属性和实体间的联系转换为关系模式。

(一) 独立实体到关系模型的转换

一个实体对应一个关系模型,实体名即为关系模型的名称,实体的属性为关系模型的属性,实体的码就是关系模型的码。

【例 2.2】承[例 2.1],将部门中的职工实体 E-R 图,转换为关系模型。职工部分实体与属性关系图如图 2-11 所示。

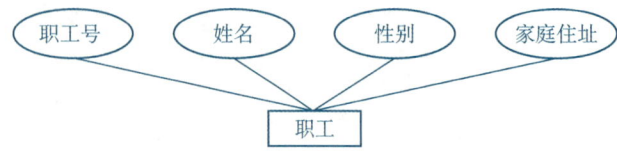

图 2-11　职工部分实体与属性关系图

操作步骤：

根据转换方法，关系模型的名称为职工，关系模型的属性为职工号、姓名、性别、家庭住址，得到以下关系模型：

职工(<u>职工号</u>,姓名,性别,家庭住址)

其中，下划线表示该属性为关键字。

(二) 1∶1 联系的 E-R 图到关系模型的转换

一个 1∶1 联系可以转换为一个独立的关系模型，也可以与任意一端对应的关系合并，转换方法如下。

1. 将 1∶1 联系转换为一个独立的关系模型

与该联系相连的各实体的属性以及联系本身的属性均转换为关系模型的属性，每个实体的码均是该关系模型的码。

2. 将 1∶1 联系与某一端对应的关系模型合并

在该关系模型的属性中加入另一个关系模型的主码和联系本身的属性。为表明关系间的联系，各自增加了对方的关键字作为外部关键字。

【例 2.3】承[例 2.1]，利用不同的方法将部门与部门经理的 1∶1 联系转换为相应的关系模型，如图 2-12 所示。

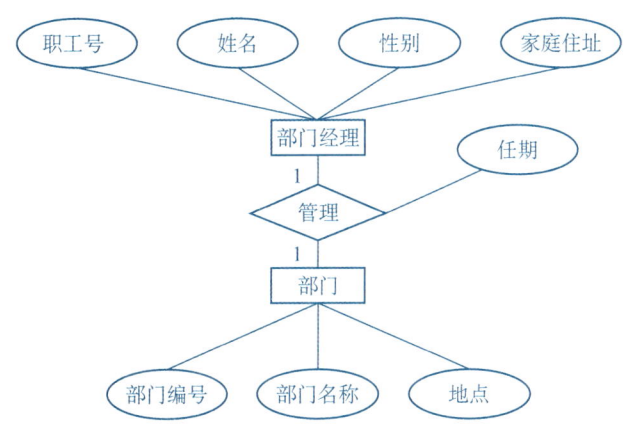

图 2-12　E-R 图(部门与部门经理的 1∶1 联系)

操作步骤：

方法一：将 1∶1 联系转换为一个独立的关系模型，得到以下关系模型：

部门经理(<u>职工号</u>,姓名,性别,家庭住址)

部门(<u>部门编号</u>,部门名称,地点)

管理(<u>部门编号</u>,<u>职工号</u>,任期)

方法二：将 1∶1 联系与某一端对应的关系模型合并。

将联系与"部门"关系模型合并，增加姓名和任期属性，得到以下关系模型：

部门经理(<u>职工号</u>,姓名,性别,家庭住址)

部门(<u>部门编号</u>,部门名称,地点,姓名,任期)

也可以将联系与"经理"关系模型合并,增加部门编号和任期属性,得到以下关系模型:

部门经理(<u>职工号</u>,姓名,性别,家庭住址,部门编号,任期)

部门(<u>部门编号</u>,部门名称,地点)

(三) $1:n$ 联系到关系模型的转换

$1:n$ 联系可以转换为一个独立的关系模型,也可以与 n 端对应的关系模型合并,转换方法如下。

1. 将 $1:n$ 联系转换为一个独立的关系模型

与该联系相连的各实体的主码以及联系本身的属性均转换为关系的属性,而关系的主码为 n 端实体的主码。

2. $1:n$ 联系与 n 端对应的关系模型合并

合并后的关系模式属性为在 n 端关系中加入 1 端关系的码和联系本身的属性。合并后关系的码不变。

【例 2.4】承[例 2.1],利用不同的方法将部门与职工的 $1:n$ 联系转换为相应的关系模型,如图 2-13 所示。

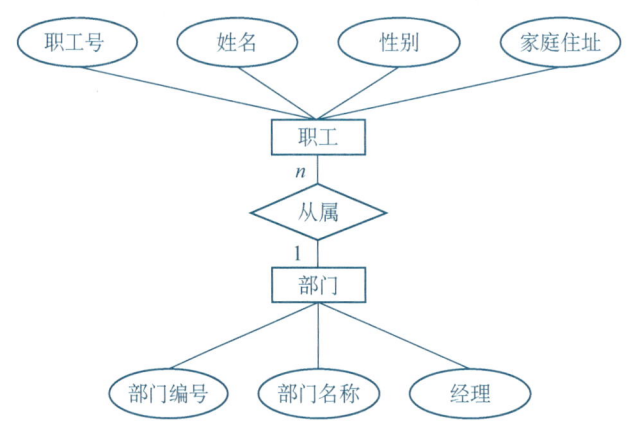

图 2-13　E-R 图(部门与职工的 $1:n$ 联系)

操作步骤:

方法一:将 $1:n$ 联系转换为一个独立的关系模型,转换后的关系模型为:

职工(<u>职工号</u>,姓名,性别,家庭住址)

部门(<u>部门编号</u>,部门名称,地点)

从属(<u>部门编号,职工号</u>)

其中,职工关系和部门关系按照独立实体转换规则进行转换,从属关系为 $1:n$ 联系转换的关系模型。

方法二:将 $1:n$ 联系与 n 端对应的关系模型合并,转换后的关系模型为:

职工(<u>职工号</u>,姓名,性别,家庭住址,部门编号)

部门(<u>部门编号</u>,部门名称,地点)

在职工关系模型中增加"部门"中的关键字"部门编号"作为外部关键字。

（四）$n:m$ 联系到关系模型的转换

$n:m$ 联系不能由一个实体的码唯一标识，必须由所关联实体的码共同标识，必须将联系单独转换为一个独立的关系模型，与该联系相连的各实体的主码以及联系本身的属性均转换为关系模型的属性。关系模型的主码为各实体主码的组合。

【例 2.5】承[例 2.1]，利用不同的方法将产品和制造商的 $n:m$ 联系转换为相应的关系模型，如图 2-14 所示。

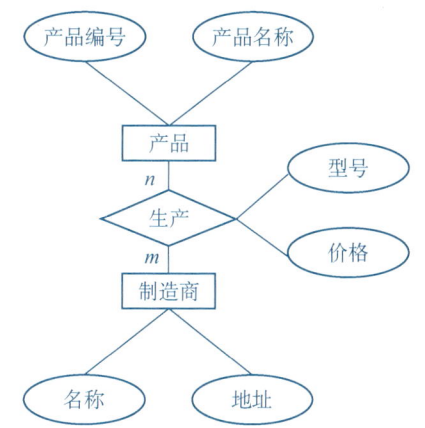

图 2-14　E-R 图（产品和制造商的 $n:m$ 联系）

操作步骤：

将 $n:m$ 联系转换为一个独立的关系模型，转换后的关系模型为：

　　　　产品(<u>产品编号</u>，产品名称)

　　　　制造商(<u>名称</u>，地址)

　　　　生产(<u>名称</u>，<u>产品编号</u>，型号，价格)

任务三　SQL Server 2019 安装

任务说明

数据库的物理设计、实施和运行维护等阶段需要通过数据库管理系统完成。为了保障数据系统开发的顺利进行，数据库管理系统在使用之前必须实现软件的安装与配置。

Microsoft SQL Server（简称 SQL Server）是微软公司研发的一个大型数据库管理系统，是目前流行的数据库应用系统的重要开发工具之一。SQL Server 以其价位低、功能多、界面友好及与 Windwos 系统的全面集成而广泛应用于各个行业。

相关知识

SQL Server 2019 是由微软公司推出的一款数据库管理软件,对于一些数据库行业的专业人员来说,SQL Server 2019 经常是必备软件般的存在,能满足企业各种管理数据的需求。SQL Server 2019 也是一款可以面向数据库执行查询、存储和检索数据,也可以通过 SQL 语句从数据库写入或者是取回数据,还可以更新数据库中的数据的软件。SQL Server 2019 不仅提供了广泛的服务器端功能,还提供了庞大的客户端数据库。并且 SQL Server 2019 充分利用云技术和平台,使用户能够快速构建相应的解决方案,实现私有云企业与公有云企业之间的数据扩展和应用搬家。SQL Server 2019 还能够帮助用户将结构化、半结构化、非结构化的数据在不经过转化的前提下,直接存储到数据库之中,这项功能在当时是革命性的,能够非常有效地提升用户对于数据库数据导入的效率,能够在数据导入方面帮助用户节省大量的时间。

任务实施

安装 SQL Server 2019

一、安装 SQL Server 2019

SQL Server 2019 可以安装在 Windows 或者 Linux 操作系统上。本书以在 Windows 10 上安装 SQL Server 2019 为基础进行学习。

在 Windows 操作系统上安装 SQL Server 2019 的软/硬件需求,如表 2-2 所示。

表 2-2 SQL Server 2019 安装的软/硬件要求

组件	要求
操作系统	Windows 10 TH1 1507 或更高版本 Windows server 2016 或更高版本
内存	最低要求: Express editions:512 MB 所有其他版本:1 GB 建议: Express Editions:1 GB 所有其他版本:至少 4 GB,并且应该随着数据库大小的增加而增加,以确保性能最佳
处理器速度	最低要求:x64 处理器,1.4 GHz 建议:2.0 GHz 或更快
处理器类型	X64 处理器;AMD Opteron 等
硬盘	SQL Server 要求最少 6 GB 的可用硬盘空间
监视器	SQL Server 要求有 Super-VGA(800 * 600)或更高分辨率的显示器
Internet	使用 Internet 功能需要连接 Internet

(续表)

组件	要　求
注意	为了使安装能够顺利进行,建议: (1) 在安装之前彻底卸载以往的 SQL Server 版本 (2) 可以安装 Java 程序 (3) 安装 Office 2016 或者更高版本 建议在使用 NTFS 文件系统的计算机上运行 SQL Server 2019;不要在具有 FAT32 的文件系统的计算机上安装 SQL Server 2019,因为它没有 NTFS 文件系统安全

二、SQL Server 2019 的安装步骤

微软公司官网目前提供了 4 种 SQL Server 版本,即 SQL Server 2019 on-premises(本地安装)SQL Server onAzure(直接在云中运行)、Developer 和 Express。

操作步骤:

(1) 选择下载安装 Developer 版本之后打开 SQL Server 2019-x64-CHS-Dev,选中 setup.exe 文件并运行,打开 SQL Server 安装中心,如图 2-15 所示。

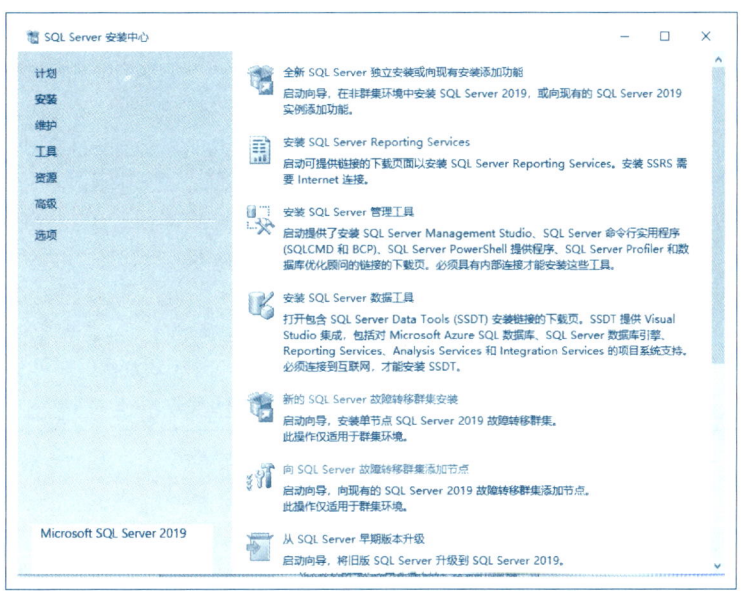

图 2-15　SQL Server 安装中心

(2) 在左侧选项列表中选中"安装"选项。

(3) 在右侧的安装项目列表中单击第一项,即"全新 SQL Server 独立安装或向现有安装添加功能"。之后基本上按照默认设置,选择全选功能安装就可以了。

注意事项:

(1) 在实例配置页等处,需要明确用户、管理员或者用户权限时,一定要单击"添加当前用户"按钮,系统会自动填写用户名称。

(2) 在数据库引擎配置页,会要求配置服务器,为了能够方便地进行数据库项目开发,

一定要选择"混合模式(SQL Server 身份验证和 Windows 身份验证)"而且密码要求设置为安全等级较高的非"sa"字符或者字符混合数字形式。

(3) 因为是安装数据总服务器,所以在安装的时候要注意选择功能更全面的选项。

(4) 在安装中,等待下载.cab 文件的时间会很长,甚至有时会无法下载导致安装失败,所以可以提前到微软公司官网下载 4 个.cab 文件的脱机安装版本。将文件压缩包解压后,在安装进行到等待下载.cab 文件时,将 4 个同名文件夹复制到"C:Windows\Temp"下即可,此后安装会快速顺利完成。

(5) SSMS(SQL Server 管理工具)需要手动安装,打开"SQL Server 安装中心"页面,选中"安装"选项,在右侧单击"安装 SQL Server 管理工具"下载 SSMS18.4 版,如图 2-16 所示。它和组件 SQL Server Reporting Services 及 SQL Server 数据工具最好都提前下载,这样在等待下载.cab 文件的时候就可以直接手动安装。

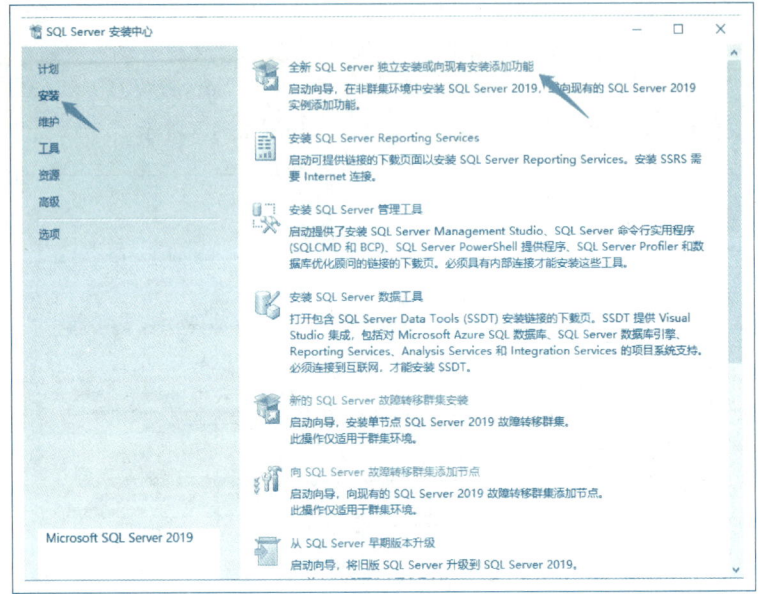

图 2-16 选中点击"安装"选项

当所有功能都成功安装以后,当前机器的 SQL Server 服务会全部呈现启动状态,即 SQL Server 2019 可以正常使用了,如图 2-17 所示。

图 2-17 打开 SSMS

三、访问与管理 SQL Server 2019

我们主要还是使用 SSMS 来访问与管理 SQL Server 2019，单击"开始"按钮，选择"所有程序"Microsoft SQL Server Tools 19-Microsoft SQL Server Management Studio 19，启动 SSMS。服务器类型：选择"数据库引擎"；服务器名称：默认为本机名称，实际使用可选择对应服务器所属的设备名称；身份认证：用户可以选择 Windows 身份验证或者 SQL Server 身份验证方式登录，这里选择后者，输入 sa 账号及密码登录，如图 2-18 所示。用户登录 SQL Server 后，进入数据库对象资源管理器界面，完成启动管理数据库，如图 2-19 所示。

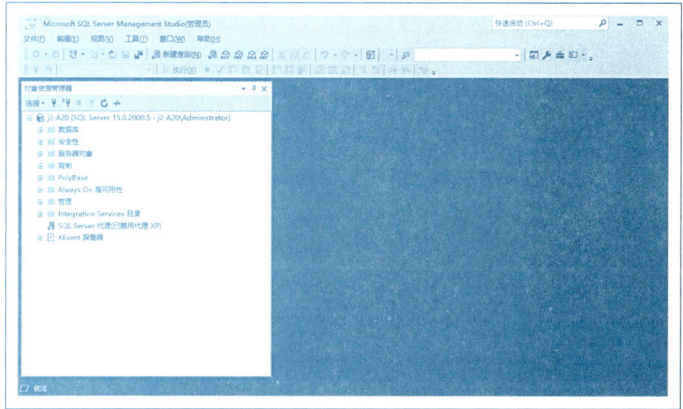

图 2-18　登录数据库

图 2-19　SQL Server 安装中心

德技并修

知己知彼

故知胜有五：知可以战与不可以战者胜，识众寡之用者胜，上下同欲者胜，以虞待不虞者胜,将能而君不御者胜。此五者,知胜之道也。

　　故曰:知彼知己,百战不殆;不知彼而知己,一胜一负;不知彼不知己,每战必败。

——出自《孙子兵法·谋攻篇》

　　数据库是信息社会的重要基础设施,如同操作系统支撑电脑运转一样,数据库管理系统是支撑IT行业的重要软件,是当今人类以互联网为主要载体的数字经济活动的关键核心。放眼全球,遍地以MySQL、Oracle为主的数据库管理系统占有绝对的优势统治着世界的经济命脉。支付宝自研分布式数据库OceanBase和腾讯云数据库TDSQL等就像是在激流中勇敢生长出的耀眼又坚强有力的臂膀,保护着国人的信息安全和高效处理。它们在努力践行着加快构建新发展格局的战略任务。我们要以把握未来发展主动权为己任,学习他人长技以丰富自己羽翼,知己知彼才能长盛不衰。

项目训练

一、单选题

1. 以下关系模型中,最符合常用的数据库设计的是(　　)。
   A. 层级模型　　　　B. 网状模型　　　　C. 关系模型　　　　D. 对象模型
2. 数据库系统的主要组成部分是(　　)。
   A. 数据库管理系统(DBMS)和数据　　B. 应用程序和数据
   C. 操作系统和应用程序　　　　　　　D. 数据库管理员和数据
3. 数据库管理系统(DBMS)的主要功能是(　　)。
   A. 存储和管理数据　　　　　　　　　B. 编写程序代码
   C. 控制网络连接　　　　　　　　　　D. 组织硬件架构
4. 数据库系统的优点是(　　)。
   A. 数据共享,数据独立性,数据安全性,数据完整性
   B. 数据高可用性,数据自动备份,数据集群化,数据容错性
   C. 数据高并发,数据实时处理,数据高速查询,数据机器学习
   D. 数据高可扩展,数据高质量,数据自动转换,数据AI分析
5. 下列关于数据库系统的描述中,正确的是(　　)。
   A. 数据库系统只能存储结构化数据。
   B. 数据库系统只能由专业人员进行管理。
   C. 数据库系统可以同时支持读和写操作。
   D. 数据库系统不需要备份和恢复机制。

二、简答题

1. 什么是数据库、数据库系统、数据库管理系统?
2. 什么是关系数据库?

项目三 数据库创建

💡 导学

数据库与人们的工作、学习和生活密不可分。例如,税务系统、银行系统、商场的收银系统、车票订票系统、医院管理系统、电信计费系统、高考考生录取系统、图书管理系统、网上购物系统等,都需要使用数据库来存储和管理数据。

一个数据库管理系统通常包含多个数据库。数据库用于存储数据之间的联系,那么具体到关系型数据库中,就是存储到二维表里。通常,数据库由多个相互关联的数据表组成,每个表中存储不同的数据。因此,创建数据库之后,还需要建立数据表,而创建数据表需要做两件事:一是创建表结构,二是向表内添加数据。数据表建立后还需要维护,包括对表结构的维护和对表数据的维护。

📚 学习任务

1. 掌握在 SQL Server 中创建数据库的方法及操作
2. 掌握在 SQL Server 中修改、删除、分离、附加、收缩数据库的方法及操作
3. 了解数据表的概念及特点
4. 了解数据类型
5. 掌握在 SQL Server 中创建、修改、删除数据表的方法及操作
6. 掌握主键约束、唯一性约束、默认值约束、非空约束、检查约束、外键约束的创建
7. 掌握默认值对象和规则对象的创建、绑定、查看和删除

✏️ 知识描述

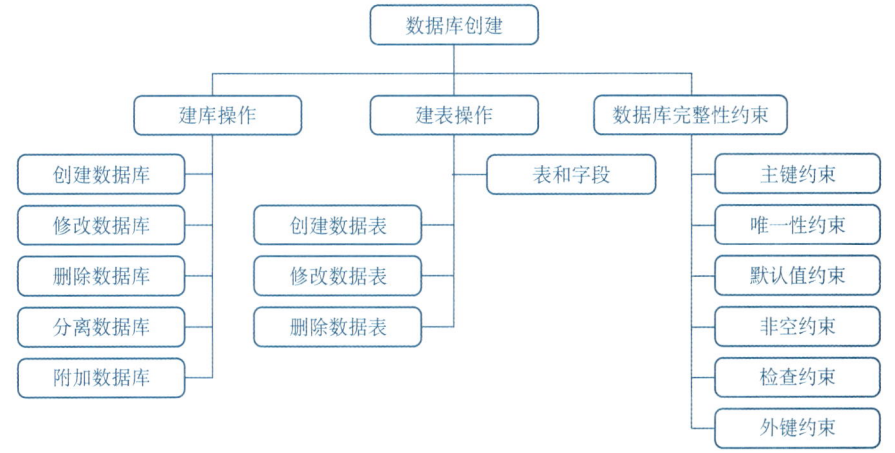

任务一　建 库 操 作

任务说明

本书所采用的实例是电子商品管理系统所使用的数据库,该数据库的名称为 eleproduct,因此,需要先创建一个数据库 eleproduct,然后再对该数据库开展一系列的操作。

相关知识

一、SQL Server 中的数据库

SQL Server 中的数据库分为两种:系统数据库和用户数据库。系统数据库是随安装程序一起安装的,用于提供系统所需要的数据的数据库,是 SQL Server 运行基础,也是本任务将详细介绍的数据库;用户数据库是由用户创建的,用于保存用户应用程序数据的数据库。SQL Server 的系统数据库有 master、model、msdb 和 tempdb 数据库。

(一) 系统数据库

1. master 数据库

master 数据库(主数据库)是 SQL Server 2019 中最重要的系统数据库。如果该数据库被损坏,那么 SQL Server 将无法工作。它主要用于记录 SQL Server 的所有系统级别信息,包括记录所有的登录账户和系统配置设置、数据库文件的位置、SQL Server 的初始化信息。

2. model 数据库

model 数据库(模板数据库)是用户创建新数据库的模板,当创建用户数据库时,系统自动将 model 数据库的内容复制到用户数据库中,所以用户可以通过修改 model 数据库对创建的数据库建立一个自定义的配置。例如,如果在 model 数据库中新增加一个表,则以后创建的所有用户数据库中都会包含这个表。

3. msdb 数据库

msdb 数据库(调度数据库)主要用于计划警报和作业以及备份与恢复等活动。尤其是 SQL Server Agent 需要使用它来执行安排工作和警报、记录操作者等操作。

4. tempdb 数据库

tempdb 数据库(临时数据库)主要用于存储用户的一些临时数据信息。它仅仅存在于 SQL Server 会话期间,一旦会话结束,则将关闭 tempdb 数据库,并且 tempdb 数据库丢失。每次重启服务器之后,tempdb 数据库将被重建。tempdb 数据库作为系统的临时存储空间,其主要用于存储用户建立的临时表、临时存储过程和全局变量值等。

(二) 数据库文件和文件组

SQL Server 数据库的数据库文件包括数据文件和事务日志文件,数据文件又包括主要数据文件和次要数据文件。

1. 主要数据文件

每个数据库都有一个主要数据文件，其扩展名为.mdf。主要数据文件是数据库的起点，用来存储数据库的启动信息以及部分或全部数据。

2. 次要数据文件

次要数据文件的扩展名为.ndf。次要数据文件包含主要数据文件以外的所有数据文件。有些数据库可能没有次要数据文件，而有些数据库则有多个次要数据文件。

3. 事务日志文件

事务日志文件的扩展名为.ldf。事务日志文件包含恢复数据库所需的所有日志信息。每个数据库必须至少有一个事务日志文件，但可以不止一个。

二、创建数据库的 SQL 语法格式

数据库的创建命令主要包括：①定义数据库名；②定义数据库主数据文件和日志文件的逻辑名称；③确定数据库文件的位置和大小；④确定事务日志文件的位置和大小。其中，数据库名称项是必须要有的，其他项目可以有也可以没有。

Create Database 语句的语法格式如下：

`Create Database <数据库名>`
`[on][primary][(name =<逻辑数据文件名>,`
`  filename ='<操作数据文件路径和文件名>'`
`  [,size =<文件初始长度>]`
`  [,maxsize =<最大长度>]`
`  [,filegrowth =<文件增长率>[,…n])]`
`[Log on ([name =<逻辑日志文件名>,]`
`  filename ='<操作日志文件路径和文件名>'`
`  [,size =<文件初始长度>]`
`  [,maxsize =<最大长度>]`
`  [,filegrowth =<文件增长率>[,…n])]`
	数据库在系统中的名称。
	　　一个关键字，指定该文件是否为主数据文件。
	　　指定数据库的逻辑名称。
	　　指定数据库文件及日志文件在操作系统中的文件名称和路径，文件名和 name 的逻辑名称一一对应。
	　　数据库的初始大小。
	　　数据库系统文件可以增长到的最大尺寸。
	　　指定文件每次增加容量的大小。

数据库定义语句中需注意以下内容：

（1）定义数据库名。在 SQL Server 中，数据库名称最多为 128 个字符，每个系统最多可以管理用户数据库 32 767 个。

（2）定义数据文件。数据库文件最小为 3 MB，缺省值为 3 MB；文件增长率的缺省值为 10%。可以定义多个数据文件，缺省第一个为主文件。

（3）定义日志文件。在 log on 子句中，日志文件的长度最小值为 1 MB。可以定义多个日志文件。

（4）修改数据库的 SQL 语法格式。

Alter Database 语句的语法格式如下：

`        <数据库名>`
`{add file < filespec >[,…n]`
`[to filegroup{filegroup_name }]`
`|add log file < filespec >[,…n]`
`|remove file logical_file_name`
	指定要添加的数据文件。
	　　指定将文件添加到哪个文件组中。
	　　指定添加的事务日志文件。
	　　指定从数据库中删除的文件。

|modify file < filespec > |add filegroup filegroup_name |remove filegroup filegroup_name |modify filegroup filegroup_name {filegroup _ property | name = new _ filegroup _ name}	指定添加的文件组。 指定从数据库中删除文件组及其中的所有文件。 指定如何修改给定的文件。 指定将文件组属性应用于该文件组。 指定数据库的新名字。

任务实施

创建数据库

一、创建数据库

（一）SQL 语句方式创建

1. 快速创建

【例 3.1】使用 SQL 语句创建一个新的 eleproduct 数据库。

SQL 语句如下：

```
Create Database eleproduct
```

注意：SQL 语句方式创建或操作数据库对象需通过 SQL 语句编辑窗口实现，要进行以下操作。

（1）在【对象资源管理器】点击选定需要操作的对象。例如，创建数据库，需选定【数据库】结点；同理，在某数据库中创建表或操作表数据时，则需先选定该数据库，再通过窗口输入语句。

（2）点击工具栏中的【新建查询】按钮。

（3）在弹出的 SQL 语句编辑窗口下，输入语句。

（4）点击工具栏中的【执行】按钮，执行语句，通过下方消息栏可得知语句是否执行成功，如图 3-1 所示。

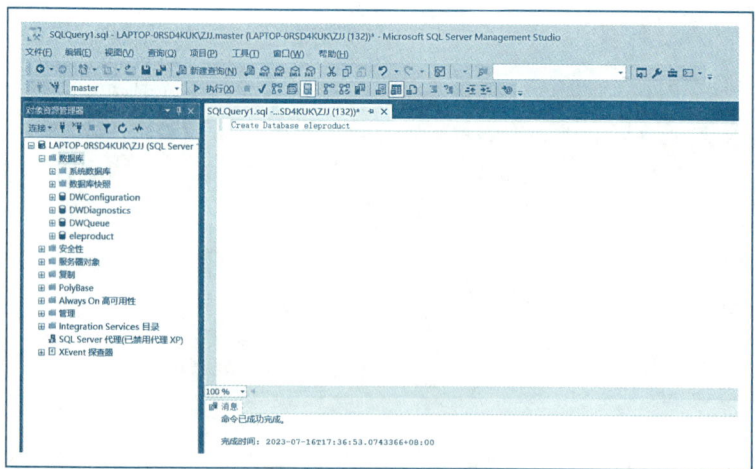

图 3-1 执行 SQL 语句

(5) 执行成功后,在【对象资源管理器】找到并单击右键【数据库】结点,点击"刷新"功能,新创建的数据库便出现在下方列表中。

2. 完整创建

【例 3.2】使用 SQL 语句创建一个新的 eleproduct 数据库,数据文件和日志文件的名称使用默认名称。数据文件的初始大小为 5 MB,每次自动增长 1 MB,最大为 100 MB。日志文件初始值为 1 MB,自动增长 10%,没有大小限制。数据库保存的位置为 D 盘根目录下的"电子商品管理系统"文件夹。

SQL 语句如下:

```
Create Database eleproduct
On
(
name = eleproduct_dat,
filename ="d:\电子商品管理系统\eleproduct_dat.mdf",
size = 5MB,
maxsize = 100MB,
filegrowth = 1MB
)
LOG ON
(
name = eleproduct_log,
filename ="d:\电子商品管理系统\eleproduct_log.ldf",
size = 1MB,
filegrowth = 10%
)
```

(二) 菜单方式创建

【例 3.3】使用菜单方式创建一个新的 eleproduct_1 数据库,数据文件名称为 eleproduct_1_data1、日志文件的名称为默认值。数据文件的初始大小为 8 MB,最大值为 100 MB,文件增长方式为每次增长 10%,将路径设置为 D 盘根目录下的"电子商品管理系统"文件夹。日志文件默认初始值,数据库保存的位置为 D 盘根目录下的"电子商品管理系统"文件夹。

操作步骤:

(1) 启动 Microsoft SQL Server Management Studio,在【对象资源管理器】中右击【数据库】结点,在快捷菜单中选择"新建数据库"命令,打开【新建数据库】窗口,如图 3-2 所示。

(2) 在左侧【常规】选项页的"数据库名称"文本框中输入数据库名字 eleproduct_1,如图 3-3 所示。

(3) 在"所有者"处输入对当前数据库有完全操作权限的用户。默认值是当前登录 Windows 系统的管理员账户,如图 3-4 所示。

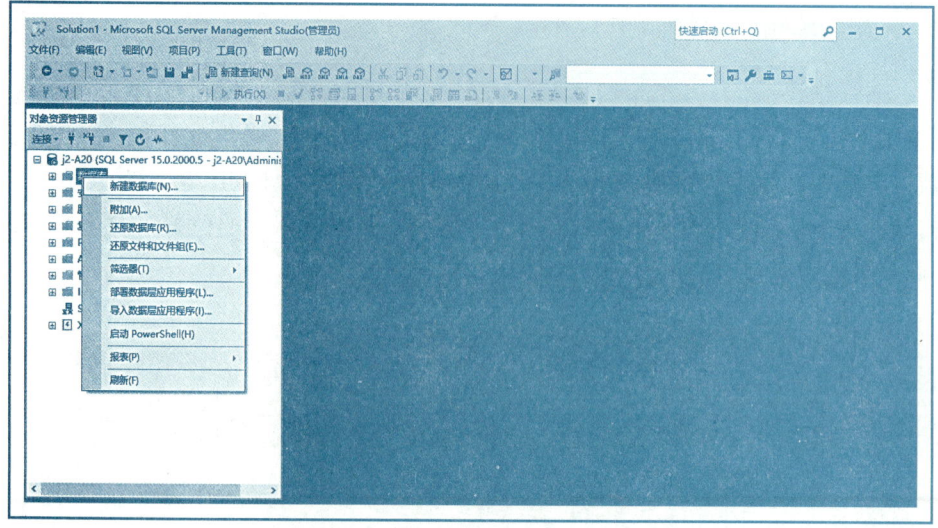

图 3-2　打开【新建数据库】窗口

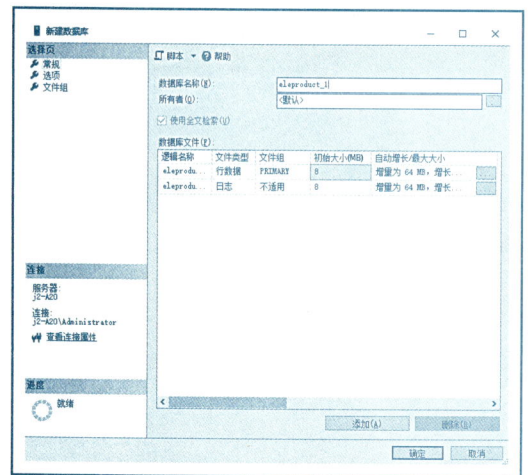

图 3-3　输入数据库名称　　　　　　　　图 3-4　输入所有者

（4）在"数据库文件"列表框中的"逻辑名称"中输入 eleproduct_1，初始大小设置为 8 MB，路径设置为 D 盘根目录下的"电子商品管理系统"文件夹，单击"自动增长/最大大小"后面的按钮，在弹出的对话框中，选中【按百分比】按钮，将后面的数字修改为 10，选中"限制为(MB)(L)"，将后面的数字修改为 100，如图 3-5 所示。

（5）修改日志文件的路径为 D 盘根目录下的"电子商品管理系统"文件夹，然后单击【确定】按钮完成数据库的创建。

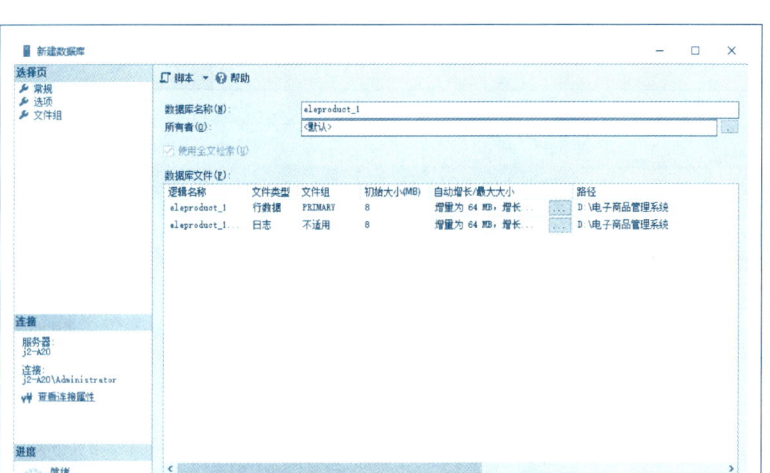

图 3-5 输入数据库文件信息

二、修改数据库

(一) SQL 语句方式修改

【例 3.4】 为 eleproduct_1 数据库添加一个次数据文件,名称列为"eleproduct_1_data2"、大小为 5 MB、最大容量不超过 50 MB。并可按 10% 自动增长。

SQL 语句如下:

```
Alter database eleproduct_1
Add file
(
name= eleproduct_1_data2,
filename ="D:\电子商品管理系统\eleproduct_1_data2.ldf",
size = 5MB,
maxsize = 50MB,
filegrowth = 10%
)
```

(二) 菜单方式修改

【例 3.5】 使用 Microsoft SQL Server Management Studio 方式修改 eleproduct_1 数据库,将数据文件的初始大小修改为 10 MB,最大值不变,文件增长方式修改为每次增长 20%,日志文件的初始大小修改为 10 MB,其他不变。

操作步骤:

(1) 启动 Microsoft SQL Server Management Studio,右击需要修改的数据库 eleproduct_1 结点,选择快捷菜单中的【属性】命令,打开【数据库属性】对话框,切换到【文件】

选项卡,如图 3-6 所示。

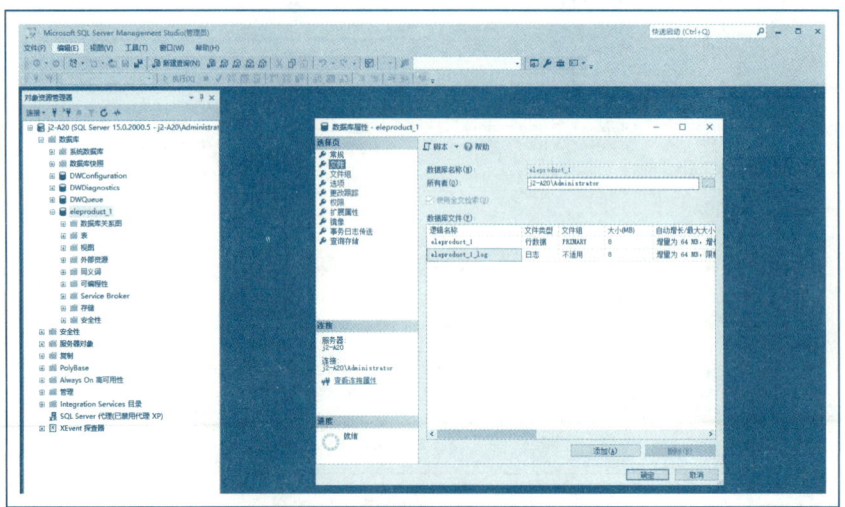

图 3-6 "数据库属性"对话框

(2) 在"数据库文件"列表框中的数据文件运行 eleproduct_1 数据库,修改初始大小设置为 10 MB,单击"自动增长/最大大小"后面的按钮,在弹出的对话框中,选中【按百分比】按钮,将后面的数字改为 20。

(3) 设置"日志文件"的初始大小修改为 10 MB。

(4) 单击【确定】按钮,完成对 eleproduct_1 数据库的修改,如图 3-7 所示。

图 3-7 完成对数据库的修改

注意：

（1）可以修改数据库所有者，默认情况下，数据库的所有者为数据库的创建者，也可以在创建数据库后修改数据库的所有者。

（2）单击【添加】或【删除】按钮，可以新增或删除数据库的数据文件和事务日志文件。

（3）修改数据库文件，不能对文件类型、所属文件组合路径 3 项进行修改，只能修改初始大小和自动增长值。主数据文件不能删除，事务日志文件必须保留一个。

（4）在左侧的【选项】选项页中，用户可以设置与修改数据库的排序规则、恢复模式及兼容缓别。

（5）在左侧的【权限】选项页中，用户可以查看或设置数据库安全对象的权限。

三、删除数据库

删除数据库是指把数据库从 SQL Server 的服务中删除，一起删除的还有其数据文件和日志文件。这属于永久删除，不易恢复，用户需要慎重操作。

（一）SQL 语句方式删除

【语句格式】

```
Drop database　<数据库名>【,...,n】
```

说明： 同时可以删除多个数据库，只要在数据库名中间用逗号隔开即可。

【例 3.6】使用 SQL 语句删除 eleproduct_1 数据库。

```
Drop database eleproduct_1
```

【例 3.7】使用 SQL 语句删除 test1，test2 数据库。

```
Drop database test1,test2
```

提示： 使用 Drop database 删除数据库不会出现确认信息。

（二）菜单方式删除

【例 3.8】使用菜单方式删除 history 数据库。

操作步骤：

（1）启动 Microsoft SQL Server Management Studio，在【对象资源管理器】列表中展开【数据库】结点，右击要删除的数据库，选择【删除】命令。

（2）弹出【删除对象】窗口。

（3）在下方可选【删除数据库备份和还原历史记录信息】复选框，表示在删除数据库的同时，系统会将该数据库的备份和还原历史记录从 master 系统数据库中删除，如图 3-8 所示。

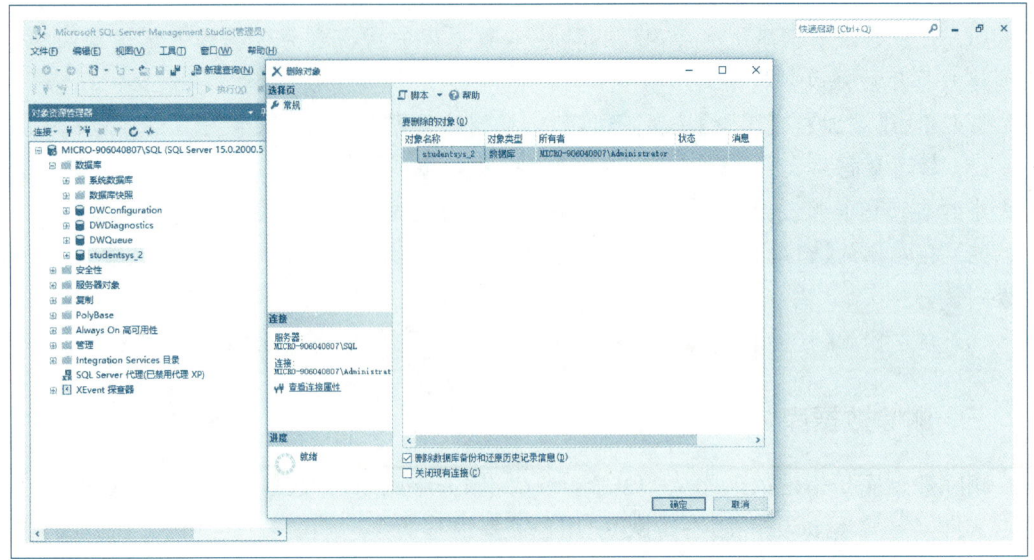

图 3-8 "删除数据库"对话框

四、分离数据库

分离数据库是指将数据库从 SQL Server 2019 列表中删除，使其不再被 SQL Server 管理和使用，但该主要数据文件和事务日志文件保持不变，分离成功后，我们可以把该数据库文件和对应的日志文件拷贝到其他磁盘中作为备份保存。

（一）SQL 语句方式分离

【语句格式】

sp_detach_db'<数据库名>'

【例 3.9】使用系统存储过程分离数据库 eleproduct_1。

Exec sp_detach_db'eleproduct_1'

（二）菜单方式分离

【例 3.10】使用菜单方式在 Microsoft SQL Server Management Studio 中分离数据库 eleproduct_1。

操作步骤：

（1）启动 Microsoft SQL Server Management Studio，在【对象资源管理器】中右击【eleproduct_1】数据库。在弹出的快捷菜单里选择【任务】的下级菜单中【分离】命令，如图 3-9 所示。

（2）弹出【分离数据库】窗口，勾选要分离的数据库，单击【确定】按钮，完成数据库的分离，如图 3-10 所示。

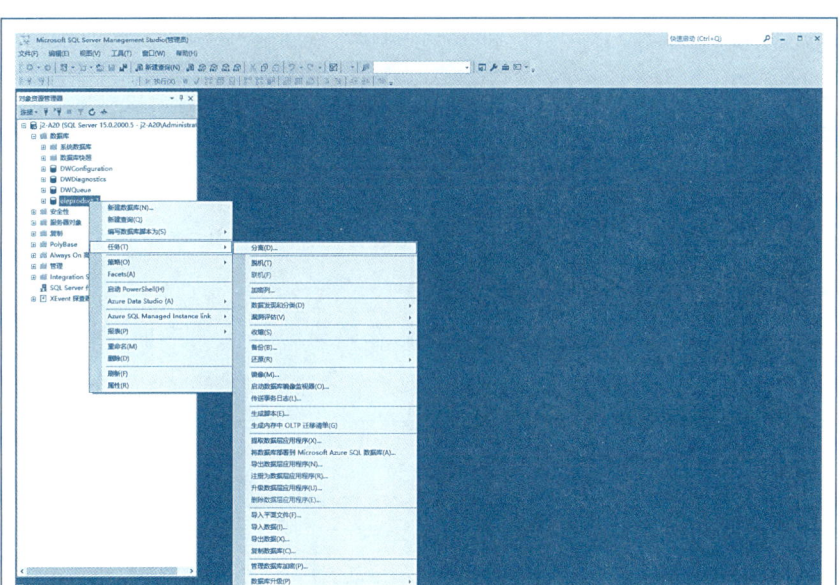

图 3-9 "分离数据库"菜单

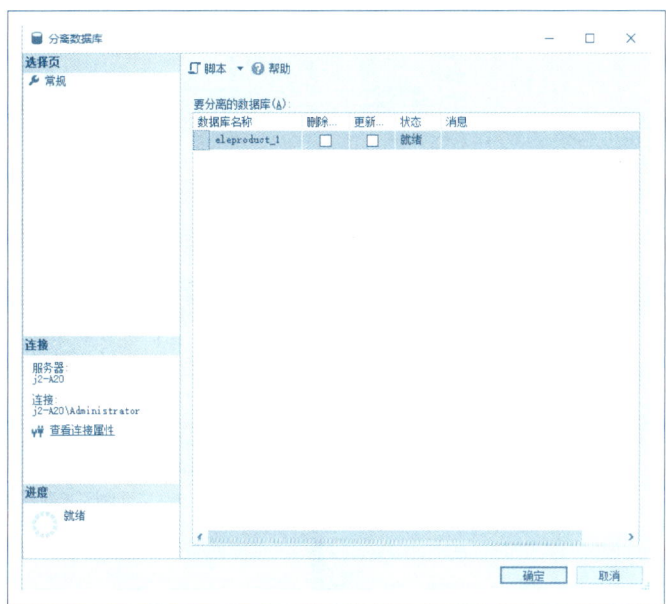

图 3-10 "分离数据库"对话框

五、附加数据库

附加数据库是分离数据库的逆操作,通过附加数据库,用户可以将没有加入 SQL Server 服务器的数据库文件加到服务器中。

(一) SQL 语句方式附加

【例 3.11】使用 SQL 语句附加 eleproduct_1 数据库。

```
Create database eleproduct_1
ON（Filename ='D:\电子商品管理系统\eleproduct_1.mdf'）
For attach
```

（二）使用菜单方式附加

【例3.12】使用菜单方式把数据库 eleproduct_1 附加到 SQL Server 上。

操作步骤：

（1）在【对象资源管理器】中右击【数据库】，在弹出的快捷菜单中选择【附加】命令，如图 3-11 所示。

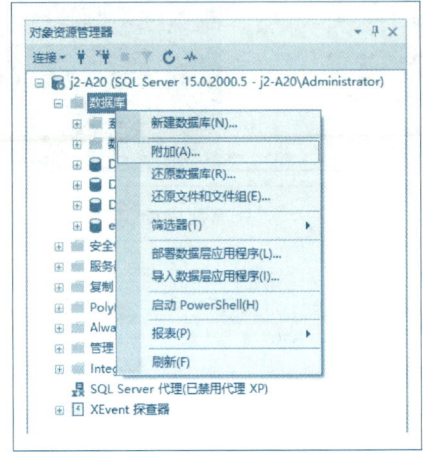

图 3-11 "数据库"快捷菜单

（2）在打开的【附加数据库】窗口，单击"添加"按钮，在弹出的【定位数据文件】对话框中，找到 eleproduct_1 数据库的主数据文件，单击"确定"按钮，如图 3-12 所示。

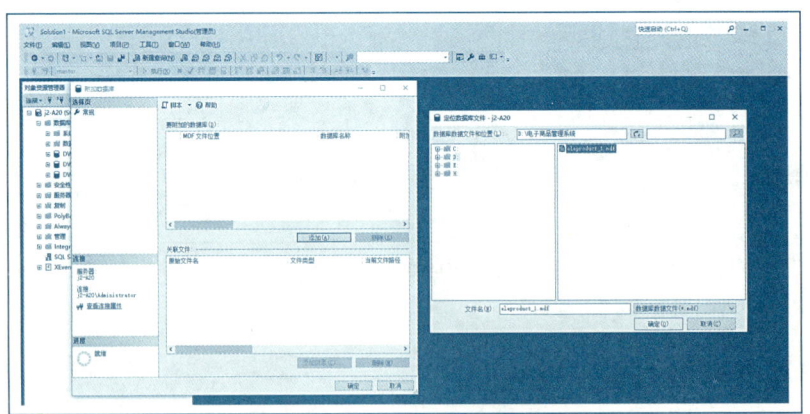

图 3-12 "附加数据库"对话框

（3）回到【附加数据库】对话框，单击"确定"按钮，完成附加操作，可以在【对象资源管理器】窗格里看到新附加的 eleproduct_1 数据库。

任务二　建表操作

任务说明

本项目任务一中我们创建了数据库 eleproduct，接下来需要先为该数据库创建相关的数据表，然后再对该数据表开展一系列的操作。

表是数据库中最基本的也是最重要的数据库对象之一，由行和列组成。列中存储着同一类型的数据，行中记录着具有一定意义的信息集合。

相关知识

一、表和字段

数据表是数据库中存储数据的重要单元，字段名是数据表中每项数据的列名。数据库中表名和字段名的命名不能随心所欲，应当规范命名。因为在数据库的开发和使用过程中涉及很多人员，如果随意命名，不易沟通而且容易出错。

二、选取字段的数据类型

数据类型决定了数据存储的空间和格式，有助于正确、有效地存储数据。SQL Server 2019 支持的常用数据类型有数值型、字符型、日期时间型、二进制、特殊型。用户可以根据表中需要存储的数据值来选择合适的数据类型。

数据类型的介绍

（一）数值型数据类型

数值型数据类型分为整数型、浮点型、定点小数型和货币型数据类型 4 类。定点小数型数据类型能精确指定小数点两边的位数，而浮点型数据类型只能近似地表示数值。货币型数据类型表示货币值，但在实际应用中经常采用 decimal 数据类型代替货币型数据类型。数值型数据类型的具体内容如表 3-1 所示。

表 3-1　数值型数据类型

数据类型	名称	说明	存储
整数型	bright	允许从 -2^{63} 到 $2^{63}-1$ 的所有数字	占用 8 个字节
	int	允许从 -2^{31} 到 $2^{31}-1$ 的所有数字	占用 4 个字节
	smallint	允许从 -2^{15} 到 $2^{15}-1$ 的所有数字	占用 2 个字节
	tinyint	允许从 0 到 255 的所有数字	占用 1 个字节
浮点型	real	从 $-3.40E+38$ 到 $3.40E+38$ 的浮动精度数字数据	占用 4 个字节

（续表）

数据类型	名称	说明	存储
浮点型	float(n)	从 $-1.79E+308$ 到 $1.79E+308$ 的浮动精度数字数据。参数指示该字段保存 4 个字节还是 8 个字节。float(24) 保存 4 个字节，float(53) 保存 8 个字节。n 的默认值是 53	占用 4 或 8 个字节
定点小数型	decimal(p，s)	固定精度和比例的数字。允许从 -10^{38} 到 $10^{38}-1$ 之间的数字 p 参数指示可以存储的最大位数（小数点左侧和右侧）。p 必须是 1 到 38 之间的值，默认是 18。 参数指示小数点右侧存储的最大位数。必须是 0 到 p 之间的值，默认是 0	占用的字节数随精度的不同而不同： 精度 1～9 位占用 5 个字节 精度 10～19 位占用 9 个字节 精度 20～128 位占用 13 个字节 精度 29～138 位占用 17 个字节
	mumeric(p，s)	固定精度和比例的数字。允许从 $-10^{38}+1$ 到 $10^{38}-1$ 之间的数字 p 参数指示可以存储的最大位数（小数点左侧和右侧）。p 必须是 1 到 38 之间的值，默认是 18。 参数指示小数点右侧存储的最大位数必须是 0 到 p 之间的值，默认是 0	
货币型	smallmoney	介于 $-214\,748.364\,8$ 到 $214\,748.364\,7$ 之间的货币数据	占用 4 个字节
	money	介于 -2^{63} 到 $2^{63}-1$ 之间的货币数据	占用 8 个字节

注意：

（1）整数型数据类型按照存储数据范围由大到小排序为 bigint、int、smallint、tinyint。

（2）浮点型数据类型 real 精度可达 6 位，float(n) 精度可达 15 位。

（3）定点小数型数据类型有 decimal(p，s)、numeric(p，s) 两种，几乎没有区别，可以进行互换，其中 p 参数表示小数精度，w 表示小数位数。例如，decimal(4,1) 表示存储的定点小数一共有 4 型，其中小数部分占 1 位，整数部分占 3 位。

（4）货币型数据类型 money 和 smallmoney 被限定到小数点后 4 位。

（二）字符型数据类型

字符型数据类型可以由汉字、英文字母、数字和各种符号组成。字符型数据类型的编码方式有两种，普通字符编码和统一字符编码。

（1）普通字符编码是指不同国家或地区的编码长度不同。例如，英文字母的编码为 1 个字节（8 位）、中文汉字的编码是 2 个字节（16 位）。

（2）统一字符编码是指世界上所有的字符统一进行编码，即不管对哪个国家哪种语言都采用 2 个字节（16 位）编码。

对于用 1 个字节编码每个字符的数据类型，存在的问题是此数据类型只能表示 256 个不同的字符，不可能处理像日文、汉字或韩文等具有数千个字符的字母表。统一字符编码通过采用 2 个字节编码每个字符，能表示 65 536 个不同的字符。建议支持多语言的系统使用统一字符编码，可减少字符转换，同时解决汉字、日文、韩文等多字符等问题。SQL Server

2019 支持的字符型数据类型如表 3-3 所示。

表 3-3 字符型数据类型

编码方式	名称	说明
普通字符编码	char(n)	固定长度的字符串。最多 8 000 个字符
	varchar[(w|max)]	可变长度的字符串。最多 8 000 个字符
	text	可变长度的字符串。最多 2 GB 字符数据
统一字符编码	nchar(n)	固定长度的统一字符数据。最多 4 000 个字符
	nvarchar[(n|max)]	可变长度的统一字符数据。最多 4 000 个字符
	ntext	可变长度的统一字符数据。最多 2 GB 字符数据

注意：
(1) 当存储的是汉字、日文、韩文等语言字符时，建议使用统一字符编码，这样可以避免字符转换问题。
(2) 当使用 char、varchar、nchar、nvarchar 这 4 种数据类型时，要在后面添加小括号，标明能存放的最大字符数。

（三）日期时间型数据类型

日期时间型数据类型在 SQL Server 2019 中包括 7 种，可以根据它们的格式、取值范围和精度进行选择，如表 3-4 所示。

表 3-4 日期时间型数据类型

数据类型	描述	存储
datetime	从 1753 年 1 月 1 日到 9999 年 12 月 31 日，精度为 3.33 毫秒	8 个字节
datetime2	从 1753 年 1 月 1 日到 9999 年 12 月 31 日，精度为 100 纳秒	6~8 个字节
smalldatetime	从 1900 年 1 月 1 日到 2079 年 6 月 6 日，精度为 1 分钟	4 个字节
date	仅存储日期	3 个字节
time	仅存储时间。精度为 100 纳秒	3~5 个字节
datetimeoffset	与 datetime2 相同，外加时区偏移	8~10 个字节
timestamp	存储唯一的数字。每当创建或修改某行时，该数字会更新。基于内部时钟，不对应真实时间。每个表只能有一个 timestamp 变量	

（四）二进制数据类型

二进制数据类型可以用来存储图像、视频和音乐等数据，主要包括 5 种数据类型，如表 3-5 所示。

表 3-5 二进制数据类型

数据类型	描述	存储
bit	允许 0、1 或 NULL	1~2 个字节
binary(n)	固定长度的二进制数据	最多存储 8 000 个字节

(续表)

数据类型	描述	存储
varbinary(n)	可变长度的二进制数据	最多存储 8 000 个字节
varbinay(max)	可变长度的二进制数据	最多存储 2 GB
image	可变长度的二进制数据	最多存储 2 GB

（五）特殊数据类型

SQL Server 2019 支持的特殊数据类型如表 3-6 所示。

表 3-6 特殊数据类型

数据类型	描述
Sql_variant	存储最多 8 000 个字节不同数据类型的数据。除了 test 以及 timestamp 类型
uniqueidentifier	存储全局标识符（GUID）
xml	存储 XML 格式化数据。最多 2 GB
cursor	用于存储过程中对游标的引用
table	用于存储结果集以进行后续处理，通常作为用户定义函数返回，在表的定义中不可作为可用的数据类型

三、创建数据表的 SQL 语句语法格式

使用 Create table 语句创建表的基本语法格式如下：

[< database_name> .][schema_name.]table_name (pk_column data_type PRIMARY KEY, column_1 data_type NOT NULL, column_2 data_type, ..., table_constraints);	必须是现有数据库的名称。如果未指定，则 database_name 默认为当前数据库。schema_name：指定新表所属的模式。 指定新表的名称。 设置主键关键字。 指定的一些约束。

任务实施

一、创建数据表

（一）SQL 语句方式创建

【例 3.13】使用 SQL 语句在 eleproduct 数据库中，创建电子商品信息表 GI、客户信息表 CI、销售情况表 CS，其结构如表 3-7～表 3-9 所示。

创建数据表

表 3-7　电子商品信息表 GI 的结构

字段名	数据类型	长度	约束	说明
gno	char	10	主键	商品编号
gname	char	20	不为空	商品名称
gmodel	char	20	不为空	商品型号
reprice	int			单价
sup	char	20	不为空	供应商
manuf	datetime			生产日期
wrt	tinylint		默认为"1"	质保期

表 3-8　客户信息表 CI 的结构

字段名	数据类型	长度	约束	说明
cno	char	10	主键	客户编号
cname	char	20		客户名称
sname	char	10		销售员
telephone	char	20	不为空	联系电话
area	char	10		客户区域
email	char	30		邮箱

表 3-9　销售情况表 CS 的结构

字段名	数据类型	长度	约束	说明
gno	char	10	主键	商品编号
cno	char	10	不为空	客户编号
svolumes	int			销售数量
samount	int			销售金额

在 Microsoft SQL Server Management Studio 中单击"新建查询",在【查询编辑器】中输入下列 T-SQL 命令(同理创建表 CI、CS)。

```
Use eleproduct    /* 将数据库 eleproduct 指定为当前数据库 */
Create table GI   /* 在数据库 eleproduct 中创建 GI */
(
gno char(10) primary key,
gname char(20) not null,
gmodel char(20) ,
```

```
reprice int,
sup char(20) not null,
manuf datetime ,
wrt tinyint default'1',
)
Go
```

（二）菜单方式创建

【例 3.14】 使用菜单方式创建一个电子商品信息表 GI。

表 GI 的结构如表 3-10 所示。

表 3-10　表 GI 的结构

字段名	数据类型	长度	约束	说明
gno	char	10	主键	
gname	char	20	不为空	
gmodel	char	20		
reprice	int			
sup	char	20	不为空	
manuf	datetime			
wrt	tinyint		默认为"1"	

操作步骤：

（1）启动 Microsoft SQL Server Management Studio，展开指定【数据库】结点，右击【表】，在快捷菜单中选择【新建表】命令。

（2）打开表设计器窗口，依次输入电子商品表【列名】，选择对应列的【数据类型】及【长度】，单击工具栏上的"保存"按钮，将弹出【选择名称】对话框，输入表名"GI"，如图 3-13 所示。

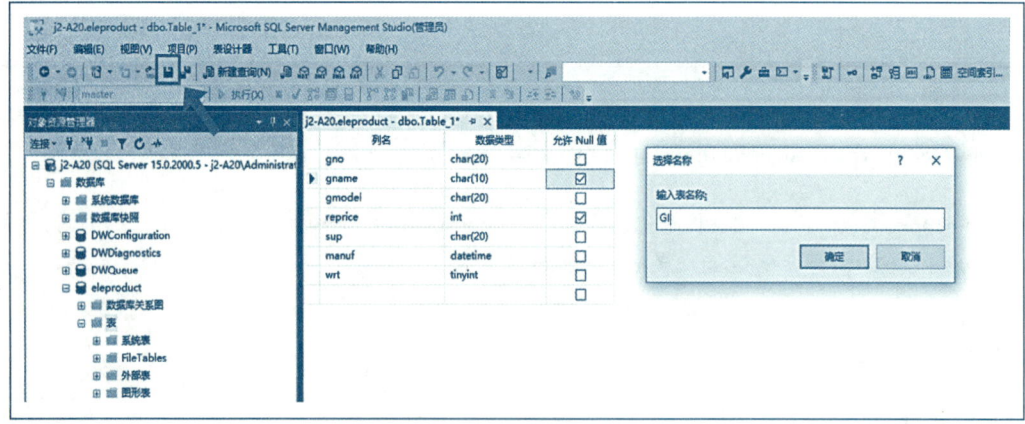

图 3-13　"表设计器"窗口

（3）展开 eleproduct 数据库下的【表】结点，查看表，如图 3-14 所示。

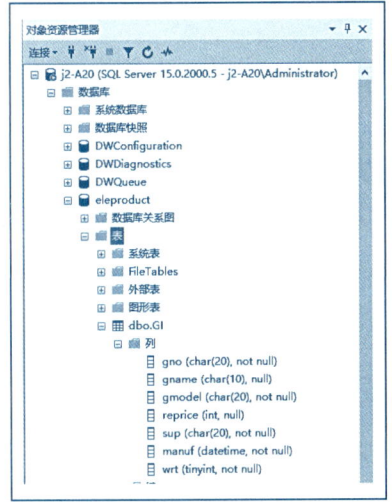

图 3-14 "对象资源管理器"界面

二、修改数据表

（一）SQL 语句方式修改

【例 3.15】修改 eleproduct 数据库的表 GI，添加"invent"（库存）列。

```
Alter table GI
add invent int
```

【例 3.16】修改 eleproduct 数据库的表 GI，添加库存列"inventpd"，要求通过"manuf"列自动计算获取。

```
Alter table GI
add inventpd as datediff(year,manuf,getdate())
```

【例 3.17】修改 eleproduct 数据库的表 GI，将"sup"列的长度设置为 15。

```
Alter table GI
Alter column sup char(15)
```

【例 3.18】删除 eleproduct 数据库的表 GI 的"wrt"列。

```
Alter table GI
Drop column wrt
```

【例 3.19】修改 eleproduct 数据库的表 GI，将表名修改为 GIL。

```
sp_rename GI,GIL
```

(二)菜单方式修改

【例 3.20】 修改 eleproduct 数据库的表 GI,添加"invent"字段。

操作步骤:

(1) 启动 Microsoft SQL Server Management Studio,展开数据库【eleproduct】结点,展开【表】结点,右击需要修改的表 GI,选择【设计】命令。

(2) 打开表设计器窗口,输入"invent",数据类型为"int",保存并关闭表设计器,如图 3-15 所示。

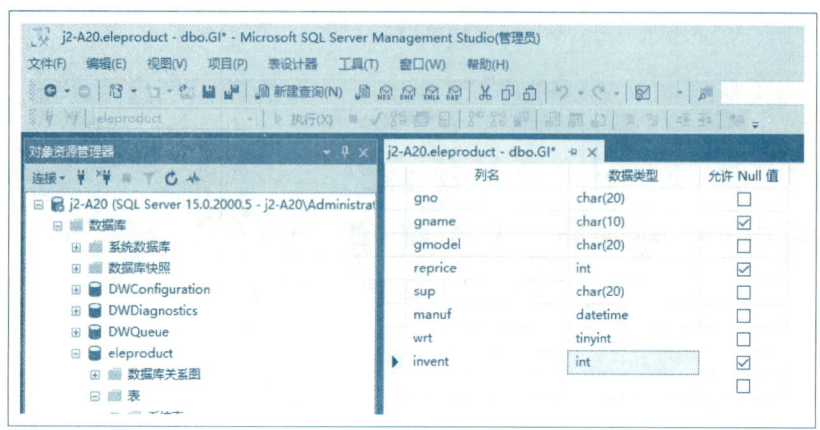

图 3-15　表 GI 设计器(1)

【例 3.21】 修改 eleproduct 数据库的表 GI,修改"invent"字段,使数据类型调整为 smallint。

操作步骤:

(1) 启动 Microsoft SQL Server Management Studio,展开数据库【eleproduct】结点,展开【表】结点,右击需要修改的表 GI,选择【设计】命令。

(2) 打开表设计器窗口,单击"invent"字段的【数据类型】,修改数据类型为"smallint",保存并关闭表设计器,如图 3-16 所示。

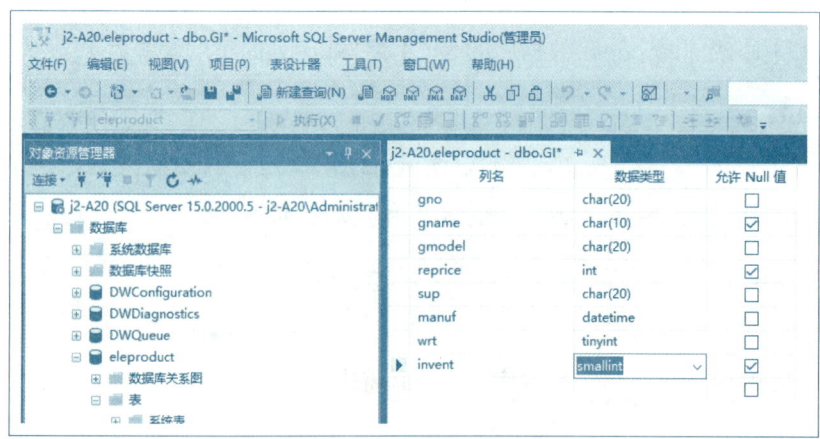

图 3-16　表 GI 设计器(2)

【例 3.22】 修改 eleproduct 数据库的表 GI，删除"invent"字段。

操作步骤：

（1）启动 Microsoft SQL Server Management Studio，展开数据库【eleproduct】结点，展开【表】结点，右击需要修改的表 GI，选择【设计】命令。

（2）打开表设计器窗口，右击"invent"字段，在快捷菜单中选择【删除列】命令，保存关闭表设计器，如图 3-17 所示。

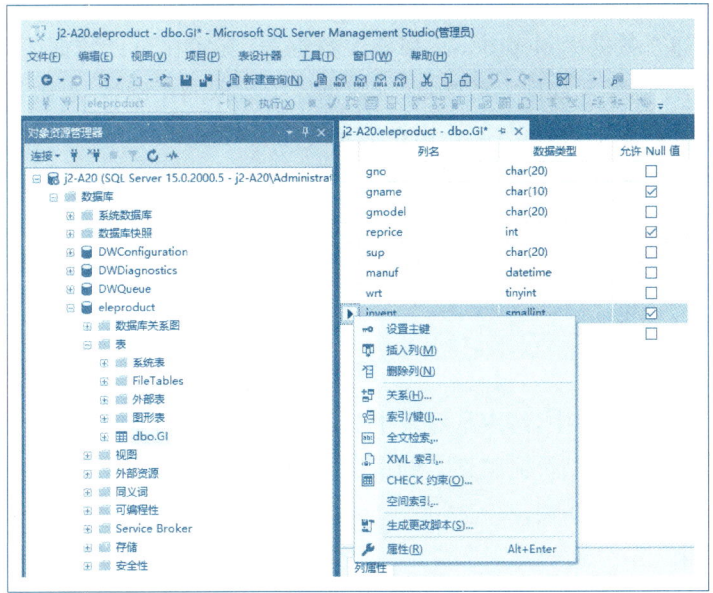

图 3-17 表 GI 的字段快捷菜单

三、删除数据表

（一）SQL 方式删除

【例 3.23】 使用 SQL 语句删除 eleproduct 数据库的表 GI。

```
Use eleproduct
Drop table GI
```

（二）菜单方式删除

【例 3.24】 使用菜单方式删除 eleproduct 数据库的表 GI。

操作步骤：

（1）启动 Microsoft SQL Server Management Studio，展开指定【eleproduct】结点，展开【表】结点，右击需要删除的表名称。

（2）选择【删除】命令，打开【删除对象】窗口，单击"确定"按钮。

提示：在对表进行删除时，应先解除该表与其他表的依赖关系，否则将有可能导致其他表出错。

任务三　数据库完整性约束

任务说明

前面我们创建了数据库 eleproduct 和相关数据表，其实在设计数据表时应该考虑对哪些列进行约束设置，以实现数据完整性，保证数据库中数据的正确性、有效性和相容性，防止数据库中存在不符合规定的数据，防止错误信息的输入与输出。

本任务就是在数据表设计时，学习如何进行约束设置，保证数据表中的数据的准确性。

相关知识

一、约束分类

在 SQL Server 数据库中，约束是对表中数据制约的一种手段。通过约束的帮助，可以增强表中的数据的有效性以及完整性。约束分为主键约束、唯一性约束、默认值约束、非空约束、检查约束、外键约束 6 类。

1．主键约束

一张数据表中只能设置一个主键约束（Primary key constraint）。主键约束主要用来确保列的唯一性，要求主键所在的属性值不能输入 Null 值，同时还约束数据表中不能存在相同的两行数据。

2．唯一性约束

唯一性约束（Unique constraint）确保非主键的一列或多列上数据的唯一性，但允许出现空值。

3．默认值约束

默认值约束（Default constraint）指定在输入操作中没有提供输入值时，系统将自动提供给某列默认值。

4．非空约束

非空约束（Not null constraint）决定了列的属性值是否为空值。一个数据表可以设置多个非空约束。

5．检查约束

检查约束（Check constraint）用于限制列上的值的取值范围。

6．外键约束

外键约束（Foreign key constraint）能够维护两个表之间数据的一致性，用于建立和加强两个表数据之间的连接。

二、约束的实现方法

(一) 创建表时定义约束

一般在创建表的语句中定义表的约束。

语句格式如下:

［数据库名.［表的拥有者.］］ 表名 (＜列名＞＜数据类型＞|AS＜表达式＞ ［Constraint 约束名 ［Null|Not null］ ［Identity（初值,步长）］ Default 默认值 for 列名 ［Check（范围表达式） Primary key clustered|nonclustered（主键所在的列名） |Unique clustered|nonclustered（唯一性所在的列名） |Foreign key（从表外键的列名）References（主表主键的列名）	用于计算字段。 用于定义主键约束,clustered 是默认值,表示聚集索引,nonclustered 表示非聚集索引。 用于定义唯一性约束。 用于定义外键约束。 用于定义检查约束。 用于定义默认值约束。

(二) 修改表时定义约束

修改表时定义约束的语句格式如下:

［with check|with nocheck］ 约束名 约束类型 约束名	用于表示是否使用新建的约束去检验数据表中的原有记录。 表示增加一个约束。 表示删除一个约束。

任务实施

一、主键约束

主键约束不能输入 Null 值,同时在一个表中不能存在主键完全相同的两条记录,通过数据表中一个列或多个列组合的数据来唯一标识表中的每一行数据。应确保每一个数据表都有唯一的主键,从而保证数据的实体完整性。

创建主键约束、唯一性约束

(一) SQL 语句方式创建

1. 创建表时创建主键约束

【例 3.25】使用 SQL 语句在 eleproduct 数据库中,创建客户信息表 CI,同时设置"cno"为主键:

```
Create table CI
(
cno char(10)   primary key,
cname char(20) not null ,
sname char(10),
telephone char(20) not null,
area char(10),
email char(30)
)
```

【例3.26】使用 SQL 语句在 eleproduct 数据库中,创建销售情况表 CS,同时设置"gno" "cno"为主键:

```
Create table CS
(
gno char(10),
cno char(10),
svolumes smallint,
samount int,
Primary key(gno,cno)
)
```

2. 修改表时添加主键约束

【例3.27】使用 SQL 语句在 eleproduct 数据库中,修改表 GI,同时设置 gno 为主键。

```
Alter table GI
Add constraint gno primary key(gno)
```

3. 修改表时删除主键约束

【例3.28】使用 SQL 语句在 eleproduct 数据库中,修改表 GI,删除主键"gno";修改表 CS,删除主键。

```
Alter table GI
Drop constraint gno
Alter table CS
Drop constraint PK__CS__915BD2FAD7A6A7A5
```

(二)菜单方式创建与管理主键约束

1. 创建主键约束

【例3.29】在 eleproduct 数据库的表 GI 中,设置"gno"为主键。

操作步骤：

启动 Microsoft SQL Server Management studio，展开指定数据库【eleproduct】结点，右击表【GI】，选择【设计】命令，在表设置器窗口中右击列【gno】，在弹出的快捷菜单中选择【设置主键】命令，如图 3-18 所示。

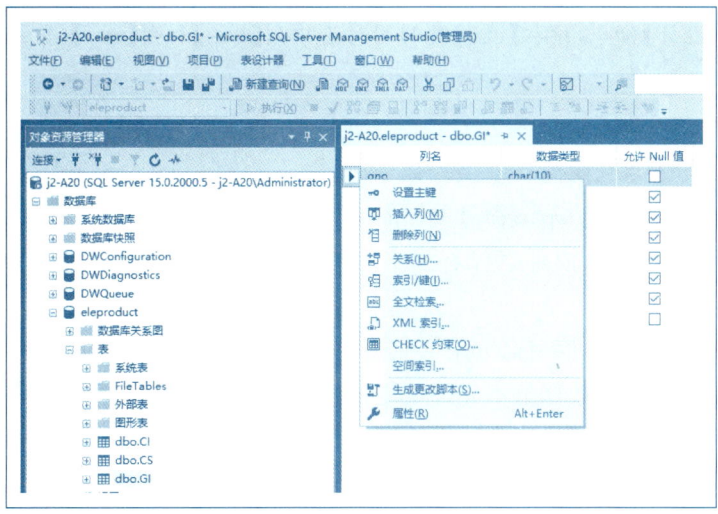

图 3-18　设置"gno"为主键

【例 3.30】在 eleproduct 数据库的表 CS 中，设置"gno""cno"为主键。

操作步骤：

启动 Microsoft SQL Server Management studio，展开指定数据库【eleproduct】结点，右击表【CS】，选择【设计】命令，按住【ctrl】键的同时选中列【gno】和列【cno】，单击工具栏上的"设置主键"按钮，即可设置主键，如图 3-19 所示。

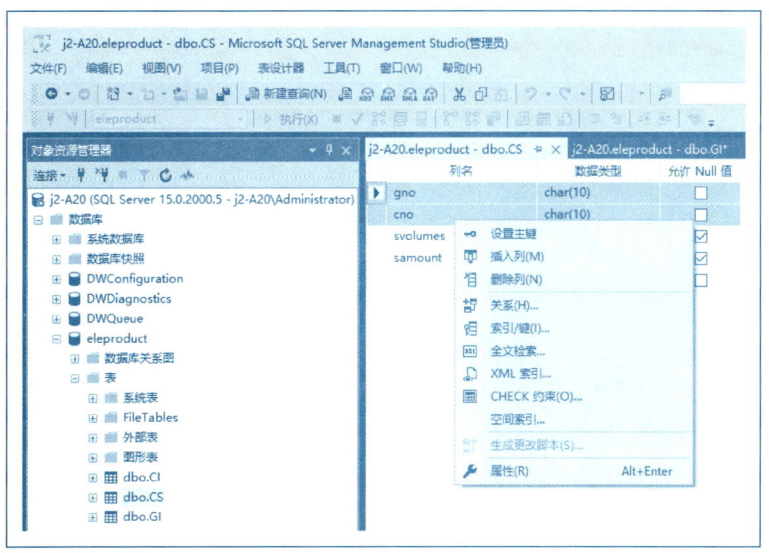

图 3-19　设置"gno""cno"为主键

2. 删除主键约束

【例 3.31】 删除表 CS 的主键。

操作步骤：

启动 Microsoft SQL Server Management studio，展开指定数据库【eleproduct】结点，右击表【CS】选择【设计】命令，按住【ctrl】键的同时选中列【gno】和列【cno】，单击工具栏上的"删除主键"按钮。

二、唯一性约束

唯一性约束用于定义表中一列或多列的值是唯一的，防止表内有相同数据出现的可能。SQL Server 系统中指定数据唯一性有两个办法：用主键约束或者用唯一性约束。其区别如下：

主键约束指定数据的唯一性，要求一张表只能有一个主键，且主键列中不能有 null 值。

唯一性约束指定的列数据值不允许重复，在一张表中可以创建多个唯一性约束，同时可以指定一列或多列存在空值。当唯一性约束允许该列上有 null 值时，则该表中只能有一行数据在该列上为 null。

（一）SQL 方式设置唯一性约束

1. 创建表时创建唯一性约束

【例 3.32】 创建表 CI，同时设置 cname 为唯一性。

```
Create table CI
(
cno char(10)   primary key,
cname char(20)   unique ,
sname char(10),
telephone char(20) not null,
area char(10),
email char(30)
)
```

【例 3.33】 创建表 GI，同时设置 gname、gmodel 为唯一性。

```
Create table GI
(
gno char(10) primary key,
gname char(20) not null,
gmodel char(20) ,
reprice int,
```

```
sup char(20) not null,
manuf datetime,
wrt tinyint default'1',
constraint unique_gg
unique(gname,gmodel)
)
```

2. 删除唯一性约束

【例 3.34】修改表 GI,删除唯一性约束 unique_gg。

```
Alter table GI
Drop constraint unique_gg
```

(二) 菜单方式设置唯一性约束

1. 创建唯一性约束

【例 3.35】在表 GI 中设置 gname 为唯一性约束。

操作步骤:

在对象资源管理器中右击表【GI】,选择【设计】命令,单击工具栏上的"管理索引和键"按钮,或者右击选定列 gname,在弹出的快捷菜单中选择【索引/键】命令,打开【索引/键】对话框,类型设置为"唯一键",如图 3-20 所示。在该对话框中,【列名】选择"gname",单击"确定"按钮,如图 3-21 所示。返回到【索引/键】对话框中单击"关闭"按钮,单击工具栏上的"保存"按钮。

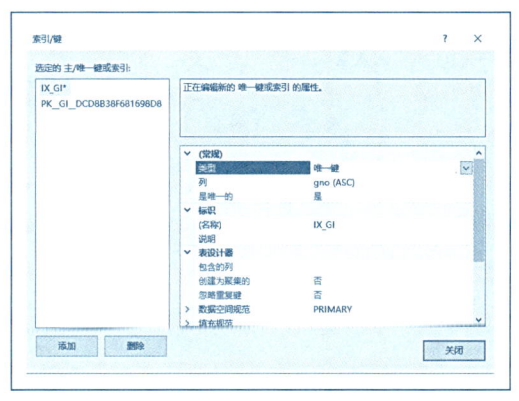

图 3-20 【索引/键】对话框

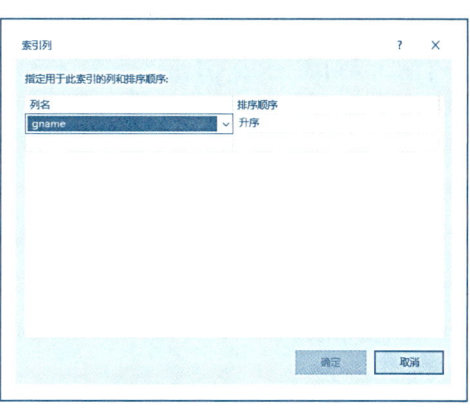

图 3-21 选择列名

完成操作后,展开表 s,刷新【索引】,可以看到非聚集索引 LX_s(不唯一,非聚集)。

2. 删除唯一性约束

【例 3.36】删除表 GI 的唯一性约束。

操作步骤:

启动 Microsoft SQL Server Management Studio,展开要删除索引的数据库的表的【索

引】结点,右击任一索引,选择【删除】命令,打开【删除对象】窗口,如图 3-22 所示,选择后单击"确定"按钮即可。

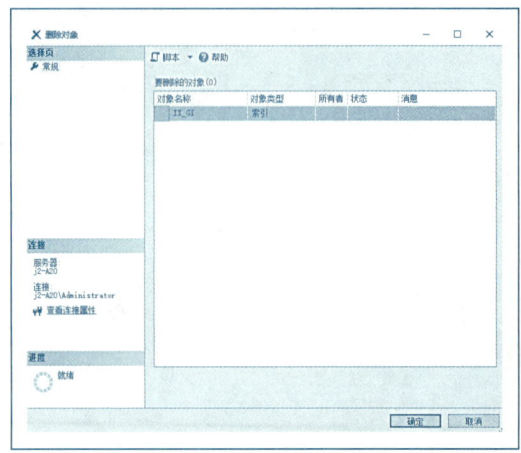

图 3-22　删除唯一性约束

创建默认值约束、非空约束

三、默认值约束

默认值约束指定在输入操作中没有提供输入值时,系统将自动提供给某列的默认值。当某列被设置为非空时,必须为其指定一个值,除非已经为该列定义了默认值约束。

(一) SQL 语句方式设置默认值约束

1. 创建表时创建默认值约束

【例 3.37】创建表 GI,同时设置 gmodel 列默认值为"XXX"。

```
Create table GI
(
gno char(10) primary key,
gname char(20) ,
gmodel char(20) default 'XXX',
reprice int,
sup char(20) ,
manuf datetime,
wrt tinyint
)
```

验证默认值约束:启动 Microsoft SQL Server Management Studio,展开指定数据库【eleproduct】结点,右击【wrt】结点,选择【编辑前 200 行】命令,输入"gl"这条记录,gmodel 字段显示"XXX",如图 3-23 所示。

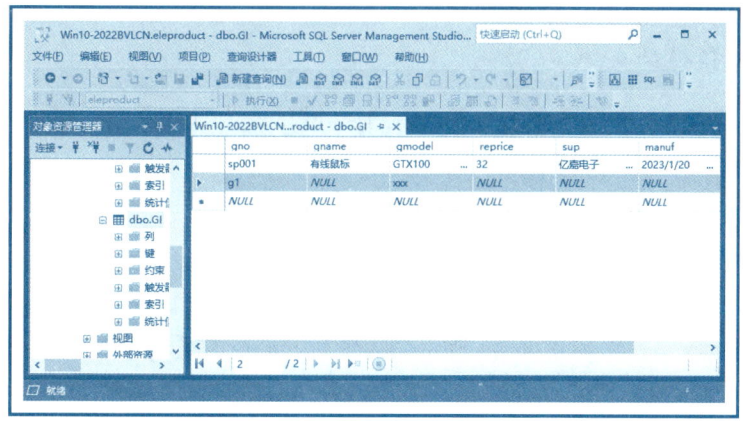

图 3-23　验证默认值约束(1)

2. 修改表时添加默认值约束

【例 3.38】修改表 GI,同时设置 wrt 的默认值为"1"。

```
Alter table GI
Add constraint wrt default '1' for wrt
```

验证默认值约束:启动 Microsoft SQL Server Management Studio,展开指定数据库【eleproduct】结点,右击表【wrt】结点,选择【编辑前 200 行】命令,输入"g2"这条记录,wrt 字段显示"1",如图 3-24 所示。

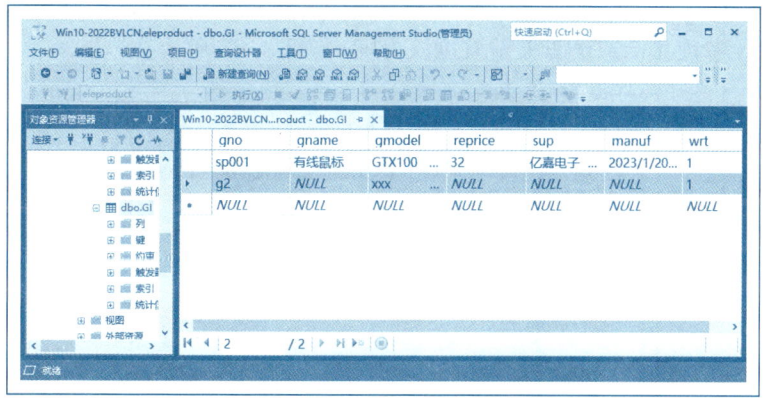

图 3-24　验证默认值约束(2)

3. 删除默认值约束

【例 3.39】修改表 GI,删除默认值约束。

```
Alter table GI
Drop constraint wrt
```

(二) 菜单方式设置默认值约束

1. 创建默认值约束

【例 3.40】 在表 GI 中设置 wrt 为默认值约束，默认值为"1"；设置 manuf 为默认值约束，默认值为当前系统的日期及时间。

提示：getdate()函数功能为获取当前系统的日期及时间。

操作步骤：

在对象资源管理器中右击表【GI】，选择【设计】命令，选定列 wrt，在【列属性】窗格的【默认值或绑定】处输入"'1'"，如图 3-25 所示。选定列 manuf，在【列属性】窗格的【默认值或绑定】处输入"getdate()"，如图 3-26 所示。单击工具栏上的"保存"按钮。

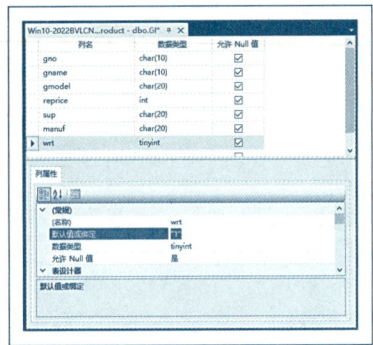 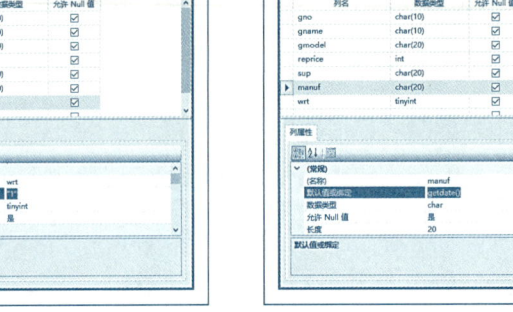

图 3-25　设置 wrt 默认值约束　　　　图 3-26　设置 manuf 默认值约束

验证默认值约束：启动 Microsoft SQL Server Management Studio，展开指定数据库【eleproduct】结点，右击表【GI】结点，选择【编辑前 200 行】命令，输入"gl"这条记录，wrt 字段显示"1"，manuf 字段显示系统当天前日期及时间，如图 3-27 所示。

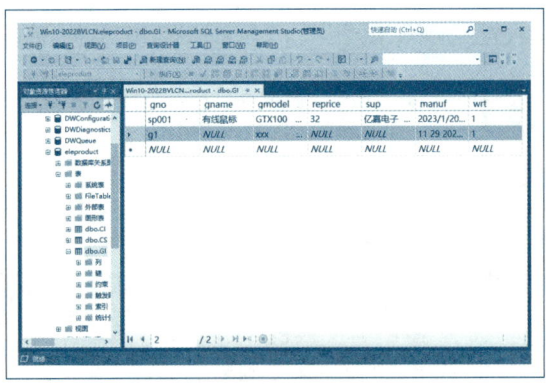

图 3-27　验证默认值约束

2. 删除默认值约束

【例 3.41】 删除表 s 的默认值约束。

操作步骤：

在对象资源管理器中右击表【GI】选择【设计】命令，选定列 wrt，在【列属性】窗格的【默认值或绑定】处删除"'男'"。选定列 manuf,在【列属性】窗格的【默认值或绑定】处删除"getdate()",单击工具栏上的【保存】按钮。

四、非空约束

列的属性值是否为空,决定表中的行是否允许该列包含空值。空值(或 Null)不同于零(0)、空白或长度为零的字符串(如""),Null 的意思是没有输入。出现 Null 通常表示值未知或未定义。Not Null 则是不允许为空值,意味着该列在插入值时必须为该列输入数据。

如果插入了一行,但没有为允许 Null 值的列输入任何值,除非存在 Default 定义或 Default 对象,否则数据库引擎将提供 Null 值。用关键字 Null 定义的列也接收用户的 Null 显示输入,Null 值不应放在引号内,否则会被解释为字符串而不是空值。

(一) SQL 方式设置非空约束

1. 创建表时创建非空约束

【例 3.42】创建表 GI,同时设置 gname、sup 为非空约束。

```
Create table GI
(
gno char(10) primary key,
gname char(20) not null,
gmodel char(20) ,
reprice int,
sup char(20) not null,
manuf datetime,
wrt tinyint
)
```

验证非空约束:启动 Microsoft SQL Server Management Studio,展开指定数据库【eleproduct】结点,右击表【c】选择【编辑前 200 行】命令,输入"g1"这条记录,gname 字段不输入内容,提示出现非空错误,如图 3-28 所示。

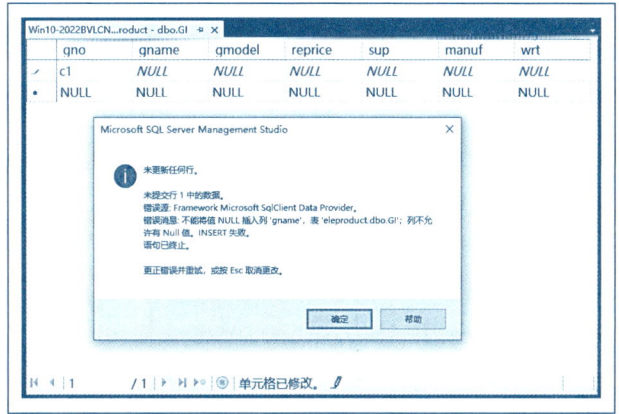

图 3-28 验证非空约束

2. 修改表时添加非空约束

【例3.43】修改表GI,同时设置gmodel为非空。

Alter table GI
Alter column gmodel char(20) not null

3. 删除非空约束

【例3.44】修改表GI,删除gmodel非空约束。

Alter table GI
Alter column gmodel char(20) null

(二) 菜单方式设置非空约束

1. 创建非空约束

【例3.45】在表GI中设置gname、sup为非空约束。

操作步骤:

在对象资源管理器中,右击表【GI】,选择【设计】列gname,取消勾选【允许Null值】复选框。选定列sup,取消勾选【允许Null值】复选框,单击工具栏上的"保存"按钮,如图3-29所示。

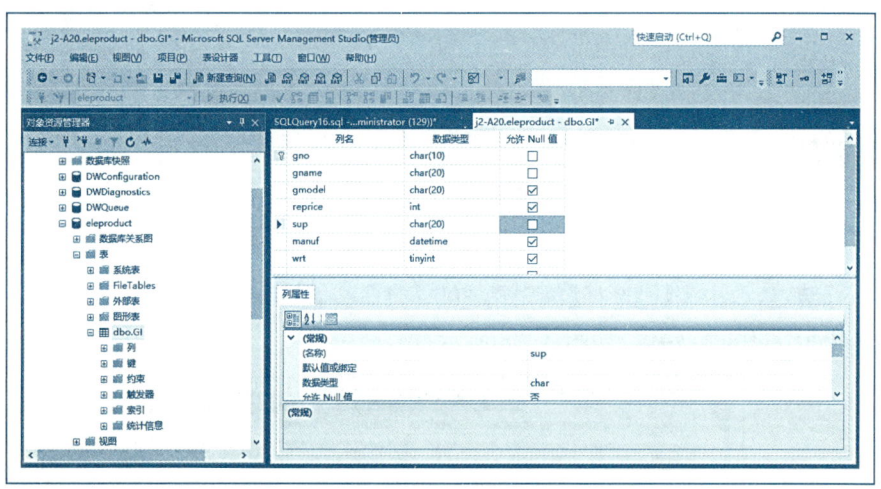

图3-29 设置非空约束

如果表GI中的gname列或sup列已经有空值,则保存时出错,创建失败。需要将原表中的空值处理掉,才能创建非空约束。

验证非空约束:启动Microsoft SQL Server Management Studio,展开指定数据库【eleproduct】结点,右击表【GI】结点,选择【编辑前200行】命令,输入"g1"这条记录,gname字段不输入内容,提示出现非空错误,结果同图3-28所示。

2. 删除非空约束

【例 3.46】删除表 s 的非空约束。

操作步骤：

在对象资源管理器中右击表【GI】,选择【设计】命令,选定列 gname,勾选【允许 Null 值】复选框。选定列 sup,勾选【允许 Null 值】复选框,单击工具栏上的"保存"按钮。

五、检查约束

检查约束用于检查用户提交的数据是否符合完整性约束要求。用户可以在创建表时将检查约束作为表的一部分。如果表已经存在也可以添加检查约束,在表和列中可以包含多个检查约束。

创建检查约束、外健约束

(一) SQL 语句方式设置检查约束

1. 创建检查约束

【例 3.47】创建表 CS,同时设置 svolumes 的取值范围为 0～10 000。

```
Create table CS
(
gno char(10),
cno char(10),
svolumes smallint,
samount int,
Primary key(gno,cno),
Constraint check_svolumes
Check(svolumes >= 0 and svolumes <= 10000)
)
```

或：

```
Create table CS
(
gno char(10),
cno char(10),
svolumes smallint check(svolumes >= 0 and svolumes <= 10000),
samount int,
Primary key(gno,cno)
)
```

验证检查约束：启动 Microsoft SQL Server Management Studio,展开指定数据库【eleproduct】结点,右击表【CS】结点,选择【编辑前 200 行】命令,输入"g1"这条记录,显示错误信息,如图 3-30 所示。

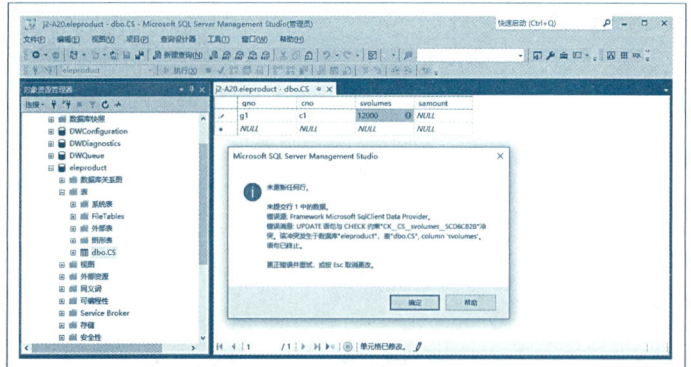

图 3-30　验证检查约束(1)

【例 3.48】修改表 CI，要求 email 值中包括"@"。

```
Alter table CI
Add constraint check_email
Check(email like '% @ %')
```

验证检查约束：启动 Microsoft SQL Server Management Studio，展开指定数据库【eleproduct】结点，右击【CI】结点，选择【编辑前 200 行】命令，输入"c1"这条记录，发生错误，如图 3-31 所示。

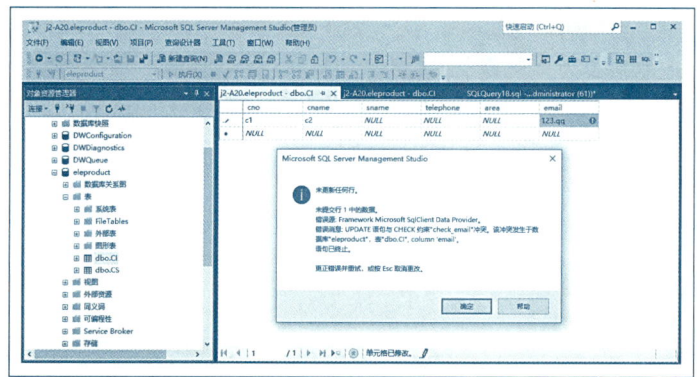

图 3-31　验证检查约束(2)

2. 删除检查约束

【例 3.49】修改表 CI，删除 check_email 检查约束。

```
Alter table CI
Drop constraint check_email
```

(二) 菜单方式设置检查约束

1. 创建检查约束

【例 3.50】在表 GI 中设置列 wrt 为检查约束，取值为"1""3"或"5"。

操作步骤：

（1）在对象资源管理器中右击表【GI】，选择【设计】命令，右击列 wrt，在快捷菜单中选择【CHECK 约束】命令，在打开的【检查约束】对话框中单击"添加"按钮，在【名称】处输入"check_wrt"，在【表达式】处输入"wrt in ('1','3','5')"，单击"关闭"按钮，单击工具栏上的"保存"按钮，如图 3-32 所示。

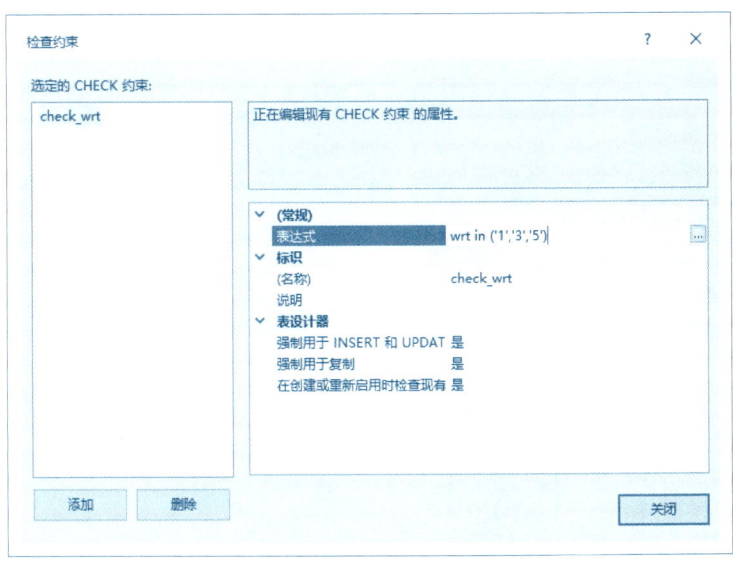

图 3-32　设置检查约束

（2）在对象资源管理器中右击表【s】，选择【设计】命令，右击列，在快捷菜单中选择【CHECK 约束】命令，查看检查约束。

（3）验证检查约束：启动 Microsoft SQL Server Management Studio，展开指定数据库【eleproduct】结点，右击表【GI】结点，选择【编辑前 200 行】命令，输入三条记录，出现错误，如图 3-33 所示。

图 3-33　验证检查约束(3)

2. 删除检查约束

【例 3.51】 删除表 GI 的检查约束。

操作步骤：

在对象资源管理器中右击表【GI】，选择【设计】命令，右击列 wrt，在快捷菜单中选择【CHECK 约束】命令，在【检查约束】对话框中单击 check_wrt 约束，单击"删除"按钮，单击工具栏上的"保存"按钮，如图 3-34 所示。

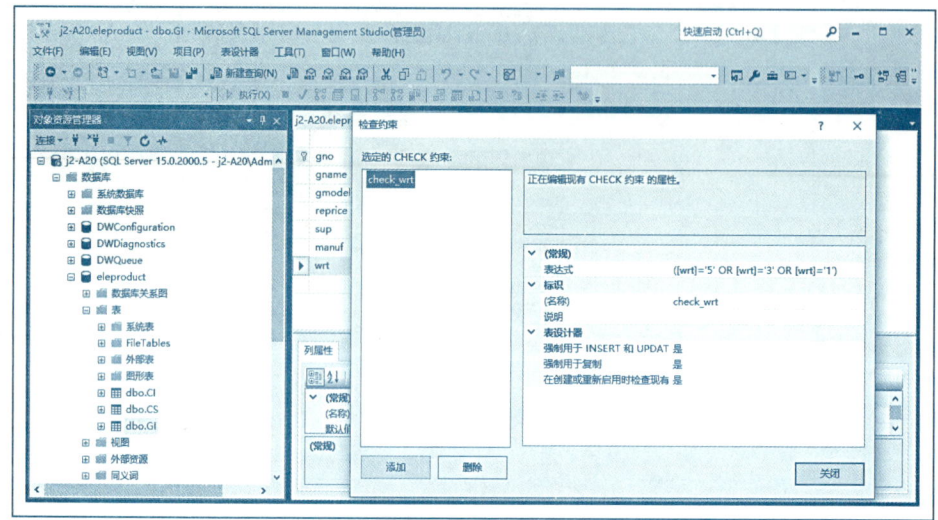

图 3-34 删除检查约束

六、外键约束

外键由表的一个列或多个列组成，用来维护两个表之间数据的一致性。外键约束用来建立和强调两个表之间的关联，一个表的主键属性在另一个表中出现，此时该主键就是另一个表的外键。

（一）SQL 语句方式设置外键约束

1. 创建表时创建外键约束

【例 3.52】 创建表 CS，同时设置 gno、cno 为外键。

```
Create table CS
(
gno char(10),
cno char(10),
svolumes smallint,
samount int,
Primary key(gno,cno),
foreign key (gno) references GI(gno),
```

```
foreign key (cno) references CI(cno)
)
```

验证外键约束:启动 Microsoft SQL Server Management Studio,展开指定数据据库【eleproduct】结点,右击表【CS】结点,选择【编辑前 200 行】命令,输入"g1""c1""120""6000"这条记录,提示错误,如图 3-35 所示。

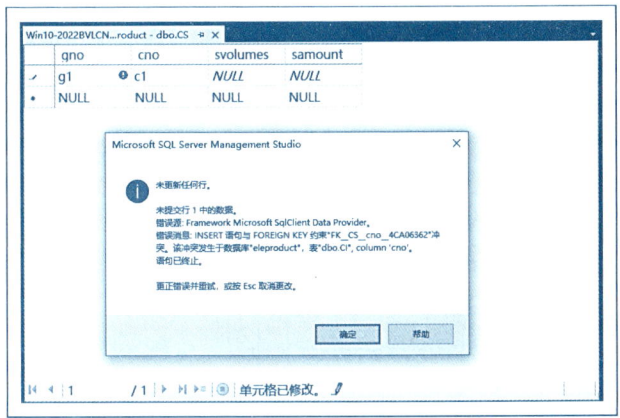

图 3-35　验证外键约束

在此,因为在表 GI 中没有"g1"这个商品,表 CI 中没有"c1"这个客户,违反了外键约束的要求,即外键值必须在主键表中包含才可以,否则插入出错。

2. 修改表时添加外键约束

【例 3.53】修改表 CS,同时设置 gno 为外键。

```
Alter table CS
Add constraint fk_cs_gno foreign key(gno)
References GI(gno)
```

3. 删除外键约束

【例 3.54】修改表 CS,删除外键。

```
Alter table CS
Drop constraint fk_cs_gno
```

(二) 菜单方式设置外键约束

1. 创建外键约束

【例 3.55】在表 CS 中设置 gno、cno 为外键。

操作步骤:

启动 MicrosoftSQL Server Management Studio,展开指定数据【eleproduct】结点,右击

表【CS】,选择【设计】命令,在表设计器窗口中单击工具栏上的"关系"按钮,在打开的【外键关系】对话框中单击"添加"按钮,如图 3-36 所示,在【表和列规范】处单击小按钮。在【表和列】对话框中,主键表选表 GI,列名选择 gno,外键表选 CS,列名选择 gno,如图 3-37 所示。同理,在表 CS 中设置 cno 为外键,如图 3-38 所示。设置完成后的【外键关系】对话框如图 3-39 所示。

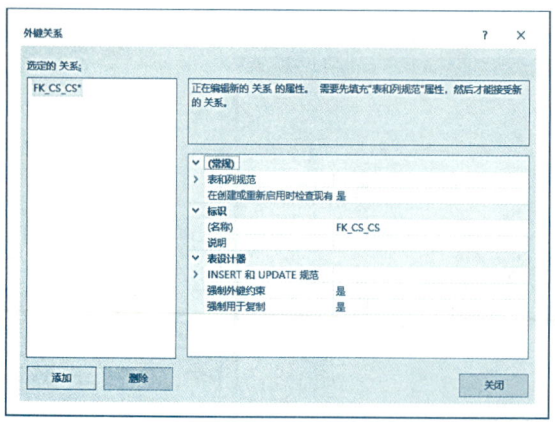

图 3-36 添加外键约束　　　　　　　　图 3-37 设置 gno 外键约束

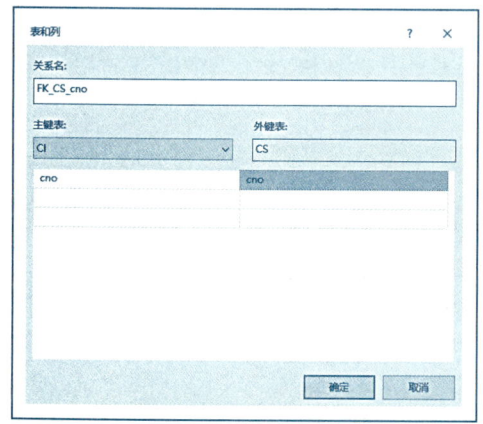 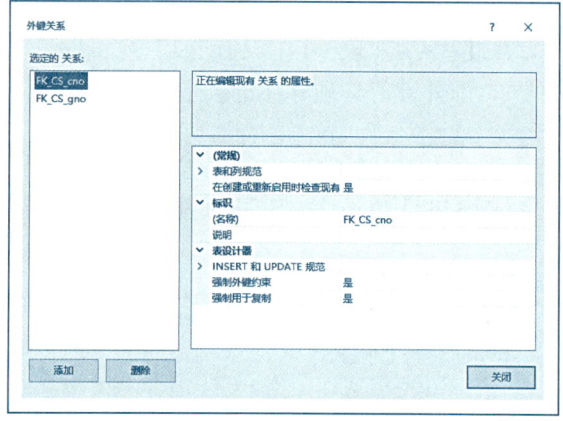

图 3-38 设置 cno 外键约束　　　　　　　图 3-39 【外键关系】对话框

2. 删除外键约束

【例 3.56】删除表 SC 的外键。

操作步骤:

启动 Microsoft SQL Server Management Studio,展开指定数据【eleproduct】结点,右击表【CS】,选择【设计】命令,在表设计器窗口中单击工具栏上的"关系"按钮,选中关系后单击"删除"按钮。

 **德技并修**

天生我材必有用

造纸术,是中国古代四大发明之一,起源于西汉时期、改进于东汉时期。中国是世界上最早养蚕织丝的国家,古代劳动人民以上等蚕茧抽丝织绸,剩下的恶茧、病茧等则用漂絮法制取丝绵。漂絮完毕,篾席上会遗留一些残絮。当漂絮的次数多了,篾席上的残絮便积成一层纤维薄片,经晾干之后剥离下来,可用于书写。东汉和帝时期,经过了蔡伦的改进,形成了一套较为定型的造纸工艺流程,其过程大致可归纳为四个步骤:

一是原料的分离,就是用沤浸或蒸煮的方法让原料在碱液中脱胶,并分散成纤维状。

二是打浆,就是用切割和捶捣的方法切断纤维,并使纤维帚化,而成为纸浆。

三是抄造,即把纸浆渗水制成浆液,然后用捞纸器(篾席)捞浆,使纸浆在捞纸器上交织成薄片状的湿纸。

四是干燥,即把湿纸晒干或晾干,揭下就成为纸张。

看似无用的恶茧、病茧在规范化的操作下可以变废为宝,成为记录历史的重要工具,同样地,看似毫无意义的数据通过规范化的清洗和重组也能成为有价值有意义的决策信息。只要掌握了正确的数据库构建方法,任何数据都有可能成为庞大信息环节中关键的一点。

 项目训练

一、单选题

1. 正确的创建数据库 test,正确的语句是(　　)。
   A. create data test　　　　　　B. create database test
   C. create test　　　　　　　　D. 以上都不对
2. 下列各项中,对数据库的描述正确的是(　　)。
   A. 一个数据库只能有一个数据文件和一个日志文件
   B. 一个数据库只能有一个数据文件和多个日志文件
   C. 一个数据库文件可以有多个数据文件和多个日志文件
   D. 以上都不对
3. 下列各项中,对修改数据库的描述正确的是(　　)。
   A. 不能给数据库改名
   B. 在数据库创建完成后,不能随意更改数据库的大小
   C. 可以使用系统存储过程 sp_renamedb 更改数据库的名称
   D. 以上都不对
4. 在数据表结构中,常用的字段 id 是(　　)数据类型。

A. 浮点型 　　　　　　　　　　　B. 日期时间型
C. 整型　　　　　　　　　　　　D. 字符型

5. 性别字段不宜选择(　　)数据类型。

A. 字符型　　　　　　　　　　　B. 整数型
C. 位型　　　　　　　　　　　　D. 浮点型

6. 数据库完整性保护的约束条件主要是指(　　)

A. 用户操作权限的约束　　　　　B. 用户口令校对
C. 值的约束和主、外键约束　　　D. 并发控制的约束

7. 数据独立性是指(　　)

A. 数据库的数据依赖于用户的应用程序
B. DBMS 与 DB 相互独立
C. 用户应用程序与数据库的数据相互独立
D. 用户应用程序与 DBMS 相互独立

8. 定义列中可以接受的数据值或格式,被称为(　　)

A. 唯一性约束　　　　　　　　　B. 检查约束
C. 主键约束　　　　　　　　　　D. 默认约束

二、实操题

1. 使用 SQL 创建一个名为"teacher"数据库,该数据库的主文件逻辑名称为 teacher_data,物理名称为 teacher.mdf,初始大小为 5 MB,增长方式为每次增长 15%,数据库的日志文件逻辑名称指定为 teacher_log,物理名称为 teacher.ldf,初始大小为 10 MB,最大值为 30 MB,增长速度为 2 MB,所有文件存储在 E:\SQL\下。

2. 创建"图书销售管理系统"数据库,在该数据库中创建如表 3-9 至表 3-12 所示的表结构。

表 3-9　图书分类表

字段名	数据类型	长度(字节)	约束
图书分类号	char	4	主键
图书分类名称	varchar	30	不允许为空

表 3-10　供应商表

字段名	数据类型	长度(字节)	约束
供应商编号	char	4	主键
供应商名称	varchar	30	不允许为空
所在城市	varchar	20	不允许为空
联系人	varchar	10	不允许为空
联系电话	varchar	11	不允许为空

表 3-11　出版社表

字段名	数据类型	长度(字节)	约束
出版社编号	char	6	主键
出版社名称	varchar	30	默认值为:立信会计出版社
出版社地址	varchar	60	不允许为空
所在城市	varchar	30	不允许为空
联系人	varchar	6	
联系电话	varchar	11	不允许为空

表 3-12　图书库存表

字段名	数据类型	长度(字节)	约束
图书编号	char	6	主键
ISBN	char	20	不允许为空
图书名称	char	60	
图书分类号	char	4	外键
作者	varchar	40	
版次	varchar	10	
出版日期	datetime		
库存数量	int		限制在 0～1 000
图书单价	decimal(5,1)		限制在 0～1 000
出版社编号	char	6	外键

3. 使用 SQL 语句创建如表 3-13 至表 3-15 所示的表结构。

表 3-13　客户表

字段名	数据类型	长度(字节)	约束
客户编号	char	6	主键
客户名称	varchar	200	不允许为空
性别	char	2	默认为"男"
地址	varchar	50	
联系电话	char	11	

表 3-14　入库单表

字段名	数据类型	长度(字节)	约束
入库单号	char	6	与图书编号一起作主键

(续表)

字段名	数据类型	长度(字节)	约束
图书编号	char	6	外键
入库日期	datetime		
购入数量	int		限制在1~50
图书单价	decimal(5,1)		
供应商编号	char	4	
经手人	varchar	10	

表 3-15　销售单表

字段名	数据类型	长度(字节)	约束
销售单号	char	6	与图书编号一起作主键
图书编号	char	6	外键
销售日期	char	10	
销售数量	int		
销售单价	decimal(5,1)		限制在0~1 000
客户编号	char	6	外键
经手人	varchar	10	

4. 修改图书库存表,将"图书名称"字段的数据类型改为 varchar,长度不变。

5. 为入库单表的"图书单价"字段添加约束,取值范围限制在 0~1 000。

6. 修改入库单表,将供应商编号设置为外键。

项目四

数据查询与管理

导学

创建数据库和保存数据的主要目的是使用这些数据,使用的主要方法就是查询,查询的数据源可以来自一个或多个基本表及由此形成的数据集,使用的关键字是 Select。要做好数据库查询是一件不容易的事。因此,打好基础是关键,应先从简单查询学起,再逐渐学习复杂的高级查询。

电子商品管理系统数据库和对应的数据表及数据表中的数据都建立完成了,除了数据查询,数据表的管理操作也尤为重要。针对数据表中的数据,用户可以完成相应的插入数据、修改数据和删除数据等操作,为更完善的数据表做好管理工作。

学习任务

1. 掌握 SQL 语言编程基础知识
2. 掌握简单查询和条件查询
3. 理解如何对查询结果进行操作
4. 掌握多表查询
5. 掌握关系运算与查询语句的关系
6. 掌握使用 SQL 语句和菜单方式管理(插入、修改、删除)数据表数据

知识描述

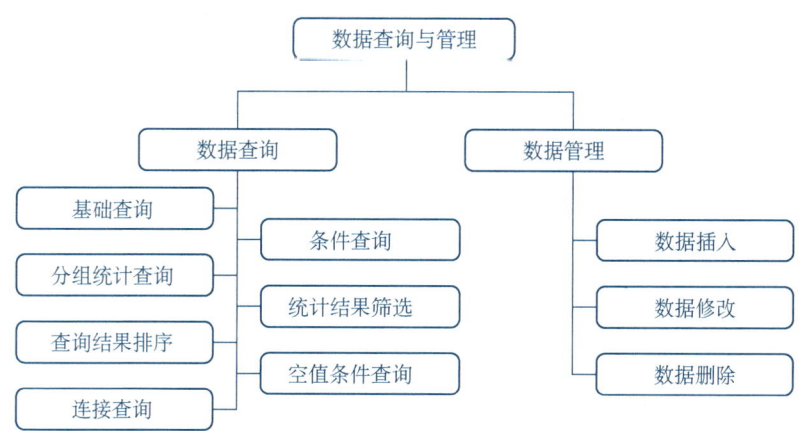

任务一　数据查询

任务说明

执行数据查询前应先检查并打开 eleproduct 数据库以及包含的销售情况表 CS、电子商品信息表 GI、客户信息表 CI，然后再对该数据库开展一系列的查询操作。

相关知识

一、T-SQL 语言简介

SQL 是结构化查询语言（structured query language）的缩写，是 IBM 关系型数据库原理 System R 的原型语言，主要应用于关系型数据库，可以实现关系数据库中的数据检索。

二、T-SQL 的 3 种类型

T-SQL 在关系型数据库管理系统中能实现数据的检索、操作和添加功能，我们可以将 T-SQL 分为 3 种类型，如表 4-1 所示。

表 4-1　T-SQL 的 3 种类型

类型	语句	功能
数据定义语言 （用于创建、修改、删除数据库及数据库对象）	Create 语句	用于创建数据库及数据库对象
	Alter 语句	用于修改数据库及数据库对象
	Drop 语句	用于删除数据库及数据库对象
数据操纵语言 （用于编辑、检索数据库对象）	Select 语句	用于检索表或视图中的数据
	Insert 语句	用于向表或视图中插入数据
	Update 语句	用于更新表或视图中的数据
	Delete 语句	用于删除表或视图中的数据
数据控制语言 （用于数据库安全管理，确定查看、编辑数据的权限）	Grant 语句	用于授予权限
	Revoke 语句	用于删除授予的权限
	Deny 语句	用于拒绝授予权限

三、Select 语句语法

Select 语句是 SQL 的核心语句，Select 语句由一系列灵活的子句组成，这些子句共同确

定查询哪些数据。用户使用 Select 语句除了可以查看普通数据库中的表和视图信息，还可以查看 SQL Server 的系统信息。使用 Select 语句可从数据库中检索行，还可从一个或多个表中选择一个或多个行或列。

Select 语句格式如下：

```
      [all |distinct][top n]<输出列>[as <别名>][into <新表名>]
 from <表或视图名>
[where <检索条件>]
[group by<分组字段>[having<分组条件>]]
[order by<排序字段>[asc|desc]]
```

指定查询结果输出列。
创建新表并将查询的结果插入新表中。
指定语句中使用的表、视图等。
子句指定限制查询的条件。
指定查询结果分组条件。
与 group by 子句组合使用，用来对分组的结果进一步限定搜索条件。
指定子句对记过集按某种条件进行排序，asc 为升序（默认），desc 为降序。

任务实施

一、基础查询

（一）无数据源查询

所谓无数据源查询，是指使用 Select 语句来查询未保存在用户表中的数据。数据未保存在用户表中，因此查询时不需要给出 from 子句。无数据源查询语句主要用来查询全局变量、用户定义变量、表达式的值。

SQL 语句如下：

```
Select<变量或表达式>[,…n]
```

该语句的功能：使用 Select 输出变量或表达式的值。

说明：对程序代码进行说明式暂时禁用，可以使用注释语句。使用两个短线"——"，表示单行注释；使用"/*"和"*/"表示多行注释。用户在书写上一定要注意规范，语句中的所有标点符号必须是英文符号。

1. 查看版本信息

全局变量是 SQL Server 预定义的一些变量，用来返回一些系统信息，全局变量以@@开头。

【例 4.1】用全局变量查看 SQL Server 的版本信息。

操作步骤：

单击"新建查询"按钮，输入语句，执行代码(F5 键)。

SQL 语句如下：

```
Select@ @ version
```

运行结果如图 4-1 所示。

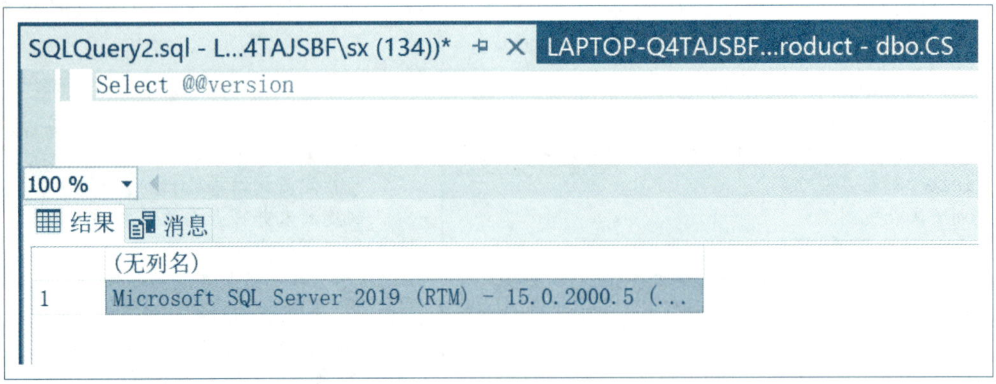

> 图 4-1 用全局变量查看 SQL Server 的版本信息

2. 查询局部变量的值

局部变量以符号@开头，使用 Declare 声明，并在声明后将局部变量的值初始化为 Null。可以使用 Set 和 Selcct 语句输出局部变量的值。

【例 4.2】自定义局部变量，并显示局部变量的值。

操作步骤：

（1）启动 Microsoft SQL Server Management Statio，在【对象资源管理器】中右击【数据库】结点，在快捷菜单中选择【新建数据库】命令，打开【新建数据库】窗口。

SQL 语句如下：

```
Declare @ gname char(8)
Set @ gname ='显示器'
Select @ gname
```

（2）执行结果如图 4-2 所示。

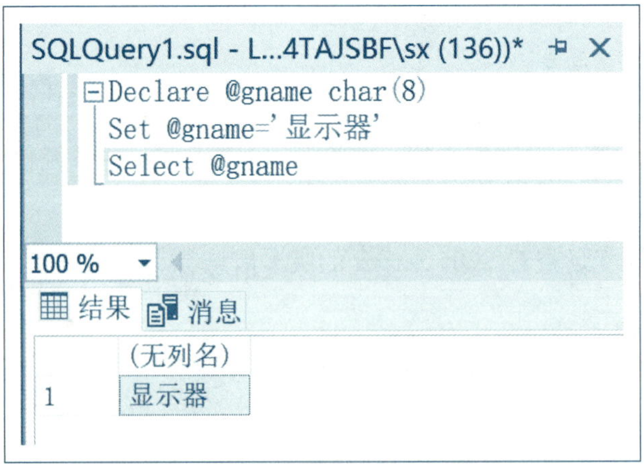

> 图 4-2 查看"显示器"局部变量的值

（二）查询全部列

查询数据表的所有列，只需要 Select 和 from 两个关键词即可，可以使用"*"，也可以依次列出所有字段信息，各字段名称之间用逗号隔开。

SQL 语句如下：

```
Select  *  from <表名>
```

该语句的功能：使用 Select 查询数据库对应表的所有数据。

简单查询

【例 4.3】 从 eleproduct 数据库中查询表 GI 中所有信息。

操作步骤：

（1）在【对象资源管理器】中选择数据库 eleproduct。

（2）单击工具栏中的"新建查询"按钮，在【查询编辑器】中输入以下 SQL 语句。

```
Select  *  from GI
```

（3）单击☑按钮执行语法检查，检查通过后，单击"执行"按钮，在"结果"选项卡中查看执行结果，如图 4-3 所示。

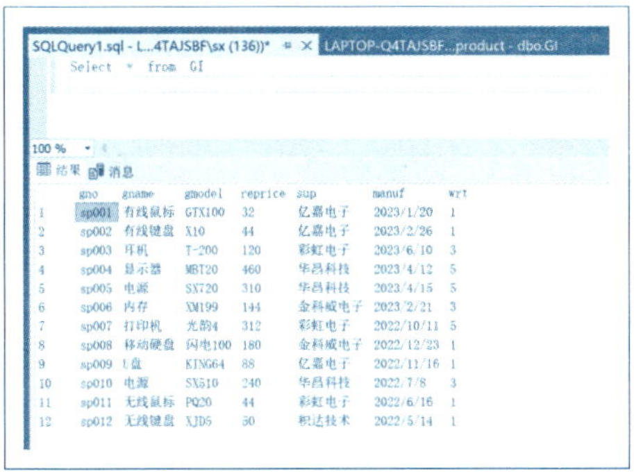

图 4-3　查询表中所有数据

注意：在查询时一定要选择可用数据库，如果不选择数据库，可以在语句前加上"use 数据库名称"。

（三）查询指定列

如果用户只需要查询一个表中的某些列数据，则将 Select 语句中的"*"换成所需要的字段列表即可。

【例 4.4】 从 eleproduct 数据库的表 GI 中查询商品名称、商品型号及单价。

操作步骤：

（1）在【对象资源管理器】中选择数据库 eleproduct。

（2）单击工具栏中的"新建查询"按钮，在【查询编辑器】中输入以下 SQL 语句。

```
Select gname,gmodel,reprice from GI
```

(3) 单击"执行"按钮,在"结果"选项卡中查看执行结果,如图 4-4 所示。

图 4-4 查询表中指定列数据

(四) 给查询列定义别名

查询结果中默认输出列的列标题就是表的列名,输出表达式的列标题默认为"无列名"。若希望查询结果的某些列或所有列显示自己定义的列标题,可以查询时使用 as 子句为其定义别名。

【例 4.5】 从 eleproduct 数据库的表 CS 中查询商品编号、客户编号、销售数量,并将结果列的列名显示为商品编号、客户编号、销售数量。

操作步骤:

在【查询编辑器】中输入以下 SQL 语句,执行结果如图 4-5 所示。

Select gno as 商品编号,cno '客户编号',svolumes= '销售数量' from CS

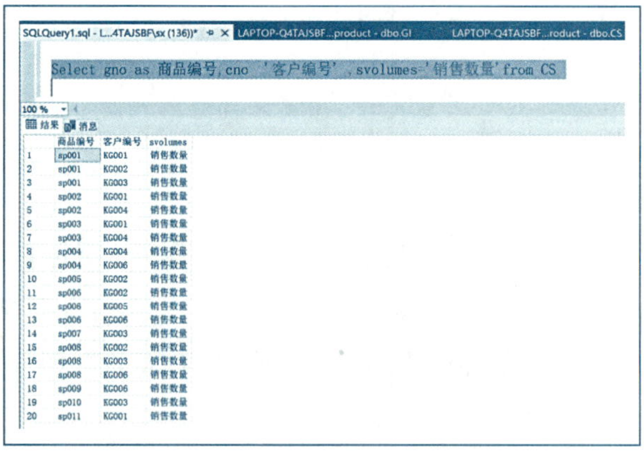

图 4-5 查询定义别名的列数据

说明:

(1) 在定义别名的<表达式>[as]<别名>中,as 可以省略,但要用空格隔开,也可以

项目四 数据查询与管理

写为<别名>=<表达式>形式。在语句中可以同时使用不同格式。

（2）当引用中文别名时，可以不加引号；若引用的英文别名超过两个词，必须用引号将其括起来。

（3）当自定义的列标题中含有空格时，必须使用引号将其括起来。

（4）设置别名只是设置显示查询结果时的列名，而表中的列名并未改变。

（五）去除查询时的重复记录

使用distinct关键字即可去除查询时的重复记录，保证行的唯一性。一般情况下，在数据表中两条完成重复的记录是很少见的，只是某一列或某几列数据可能重复。

【例4.6】查询表CS中客户编号（要求去除重复记录）。

操作步骤：

（1）在【对象资源管理器】中选择数据库eleproduct。

（2）单击工具栏中的"新建查询"按钮，在【查询编辑器】中输入以下SQL语句。

```
Select distinct cno from CS
```

（3）单击"执行"按钮，在"结果"选项卡中查看执行结果，如图4-6所示。

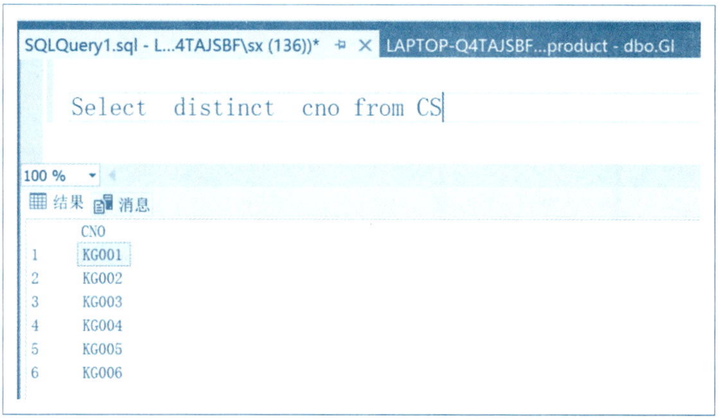

图4-6 查询去除重复值的数据

（六）查询数据表中前n条数据

在查询信息时，有时需要表中前n行的信息，这时就要用到Select子句中的top关键字限制查询的行数。

【例4.7】从eleproduct数据库的表CS中查询前4条数据，并显示商品名称和销售数量。

操作步骤：

（1）在【对象资源管理器】中选择数据库eleproduct。

（2）单击工具栏中的"新建查询"按钮，在【查询编辑器】中输入以下SQL语句。

```
Select top 4 gno, svolumes from CS
```

(3) 单击"执行"按钮,在"结果"选项卡中查看执行结果,如图 4-7 所示。

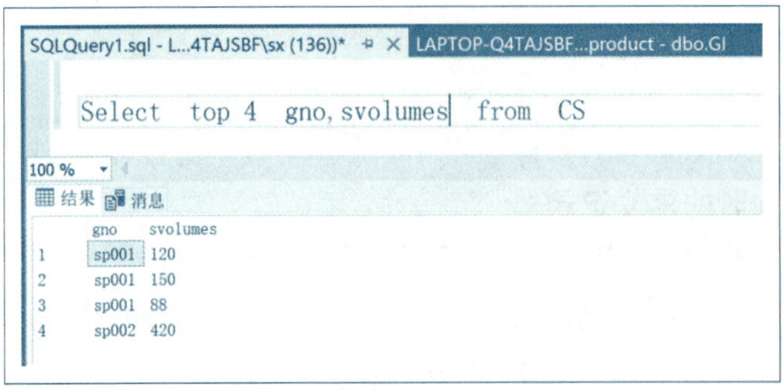

图 4-7　查询前 n 行的数据

【例 4.8】 从 eleproduct 数据库的表 GI 中查询结果集前 50% 的数据。

操作步骤:

(1) 在【对象资源管理器】中选择数据库 eleproduct。
(2) 单击工具栏中的"新建查询"按钮,在【查询编辑器】中输入以下 SQL 语句。

```
Select top 50 percent * from GI
```

(3) 单击"执行"按钮,在"结果"选项卡中查看执行结果,如图 4-8 所示。

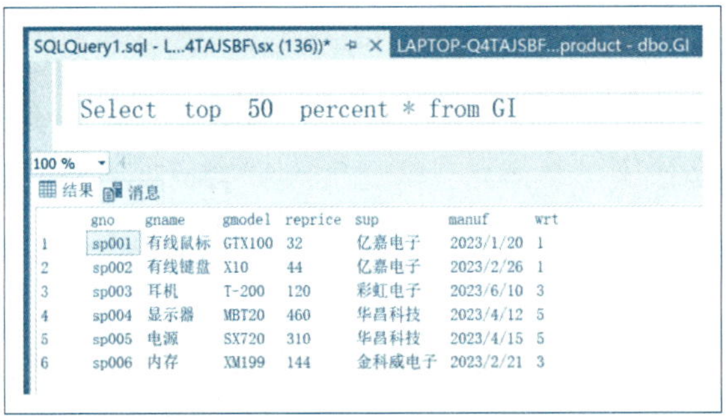

图 4-8　查询前 50% 的行数据

说明: 若 top 后的数值大于数据总行数,则显示所有行。

(六) 计算列值

使用 Select 对列进行查询时,在结果中可以输出列值计算后的值,也可以将多个字符型字段连接。

【例 4.9】 从 eleproduct 数据库的表 GI 中查询商品名称、单价,其中单价按增长 20% 计算。

操作步骤:

(1) 在【对象资源管理器】中选择数据库 eleproduct。
(2) 单击工具栏中的"新建查询"按钮,在【查询编辑器】中输入以下 SQL 语句。

```
Select    gno, reprice= reprice* 1.2   from   GI
```

(3) 单击"执行"按钮,在"结果"选项卡中查看执行结果,如图 4-9 所示。

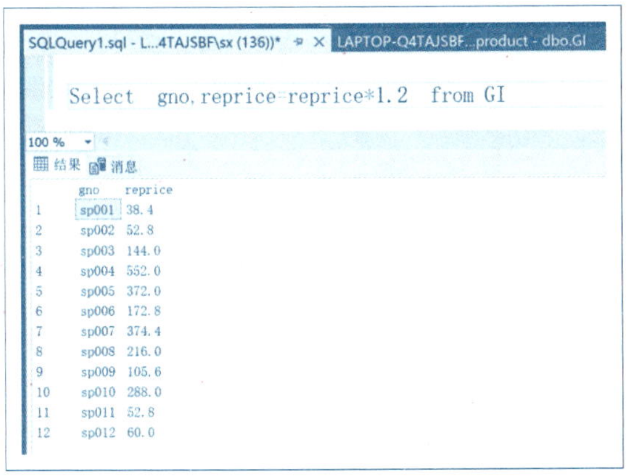

图 4-9　查询计算列值后的数据

【例 4.10】从 eleproduct 数据库的表 CI 中查询客户名称、销售员,还有将销售员和联系电话列进行合并的列,并使用"联系方式"作为列名。

操作步骤:
(1) 在【对象资源管理器】中选择数据库 eleproduct。
(2) 单击工具栏中的"新建查询"按钮,在【查询编辑器】中输入以下 SQL 语句。

```
Select cname,sname+ '.'telephone as 联系方式   fromCI
```

(3) 单击"执行"按钮,在"结果"选项卡中查看执行结果,如图 4-10 所示。

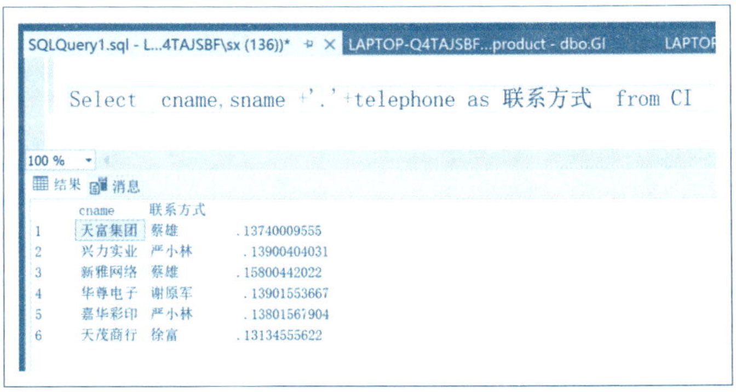

图 4-10　查询合并后的数据

二、条件查询

在数据库中进行查询,有时需要查询满足各项条件的记录,即条件查询。查询时,用户可以通过 where 子句确定查询条件,限制查询的范围。

条件查询

Where 子句的查询条件中都要用到比较运算符、逻辑运算符、范围判断符、集合运算符、模糊匹配符、空值测试符,各类运算符的有关内容如表 4-2 所示。

表 4-2 where 子句查询用到的运算符

运算符类型	运算符	说明
比较运算符	=、>、<、>=、<=、<>、! =、! >、! <	比较两个表达式的大小
逻辑运算符	and、or、not	用于多个条件的连接
范围判断符	between and、not between and	判断表达式的值是否在某范围内
集合运算符	in()、not in()	判断表达式的值是否在列表中
模糊匹配符	like、not like	判断是否与指定的字符串匹配
空值测试符	is null、is not null	判断是否为空

(一) 比较条件查询

比较条件就是用来将个两个数值表达式进行对比,参与对比的表达式可以是具体的值,也可以是函数,但对比的两个参数数据类型要一致。

【例 4.11】 从 eleproduct 数据库的表 GI 中查询亿嘉电子的商品名称、商品型号、供应商。

操作步骤:

(1) 在【对象资源管理器】中选择数据库 eleproduct。

(2) 单击工具栏中的"新建查询"按钮,在【查询编辑器】中输入以下 SQL 语句。

```
Select gname,gmodel,sup from  GI   where sup ='亿嘉电子'
```

(3) 单击"执行"按钮,在"结果"选项卡中查看执行结果,如图 4-11 所示。

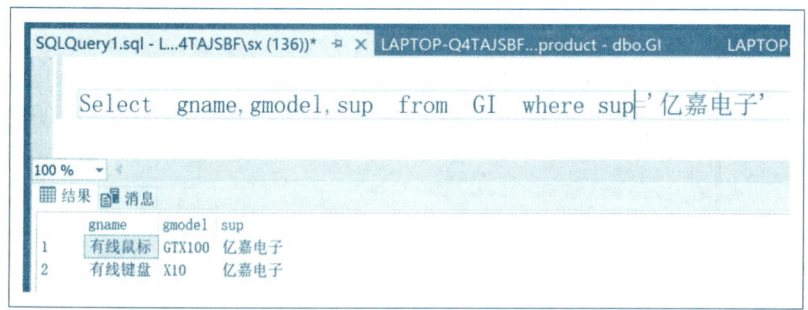

图 4-11 条件查询结果(1)

【例 4.12】 从 eleproduct 数据库的表 GI 中查询单价超过 100 元的商品名称和单价。

操作步骤:

(1) 在【对象资源管理器】中选择数据库 eleproduct。

(2) 单击工具栏中的"新建查询"按钮,在【查询编辑器】中输入以下 SQL 语句。

```
Select  gname,reprice   from   GI   where reprice > = 100
```

(3) 单击"执行"按钮,在"结果"选项卡中查看执行结果,如图 4-12 所示。

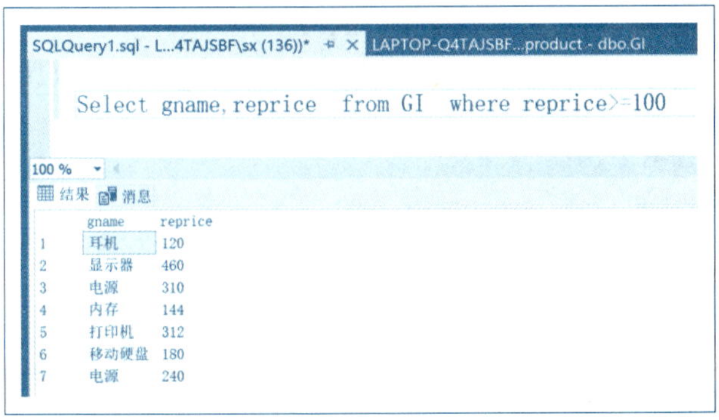

图 4-12　条件查询结果(2)

注意:字符串用单引号引起来,而不是双引号。

(二) 逻辑条件查询

查询时,如果需要复杂的查询条件,用户可以通过逻辑运算符将多个简单查询条件连接起来。

【例 4.13】 从 eleproduct 数据库的表 GI 中查询供货商为"亿嘉电子"同时单价小于 100 元的商品信息。

操作步骤:

(1) 在【对象资源管理器】中选择数据库 eleproduct。
(2) 单击工具栏中的"新建查询"按钮,在【查询编辑器】中输入以下 SQL 语句。

```
Select  *   from  GI
where sup = '亿嘉电子' and reprice < 100
```

(3) 单击"执行"按钮,在"结果"选项卡中查看执行结果,如图 4-13 所示。

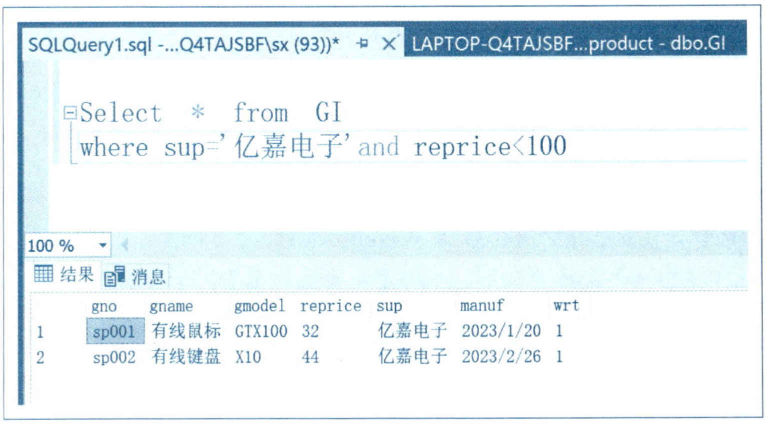

图 4-13　条件查询结果(3)

【例 4.14】 从 eleproduct 数据库的表 CS 中查询所有销售数量在 1 000～2 000 个的商品编号和销售数量。

操作步骤：

（1）在【对象资源管理器】中选择数据库 eleproduct。

（2）单击工具栏中的"新建查询"按钮，在【查询编辑器】中输入以下 SQL 语句。

```
Select  gno ,svolumes fromCS
where  svolumes > 1000  and  svolumes < 2000
```

（3）单击"执行"按钮，在"结果"选项卡中查看执行结果，如图 4-14 所示。

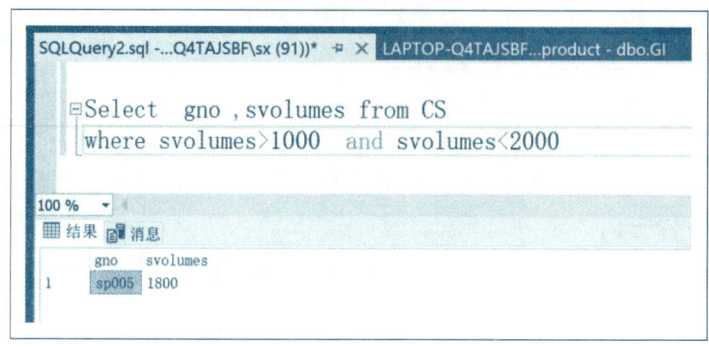

图 4-14　条件查询结果(4)

这里需要说明，在逻辑运算符中：

and：与，当相连接的两个表达式都成立时才成立。

or：或，当相连接的两个表达式中有一个成立时就成立。

not：非，若原表达式成立，则语句不成立；若原表达式不成立，则语句成立。

注意： 逻辑运算符优先级从高到低为 not、and、or，可以使用圆括号改变执行顺序。

（三）集合条件查询

用户有时需要查询某列数据是否在一个离散的数据集内，这时可以使用 in 关键字在此列表中查询相匹配的行，多个值之间用逗号隔开。

【例 4.15】 从 eleproduct 数据库的表 GI 中查询供应商为亿嘉电子和彩虹电子的电子商品信息。

操作步骤：

（1）在【对象资源管理器】中选择数据库 eleproduct。

（2）单击工具栏中的"新建查询"按钮，在【查询编辑器】中输入以下 SQL 语句。

```
Select  *   from  GI
where  sup  in('亿嘉电子','彩虹电子')
```

（3）单击"执行"按钮，在"结果"选项卡中查看执行结果，如图 4-15 所示。

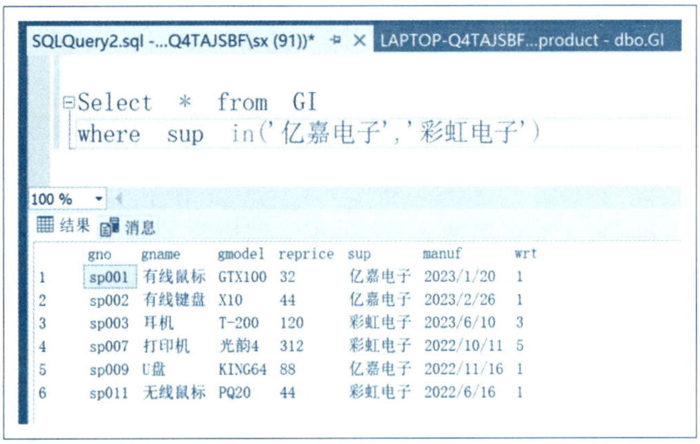

图 4-15　集合条件查询结果

反之，如果要查询不是这两家供应商的电子商品信息，则语句为：

```
Select *  from  GI
where  sup  not  in('亿嘉电子','彩虹电子')
```

（四）范围条件查询

在实际数据查询中，经常需要查询某列的值是否在指定的某个范围内，这时可以使用专门的关键字 between…and，between 后是范围下限，and 后面是范围上限，查询范围包括上下限值。

【例 4.16】从 eleproduct 数据库的表 CS 中查询销售金额在 10 000～50 000 元的商品编号和销售数量、销售金额。

操作步骤：

（1）在【对象资源管理器】中选择数据库 eleproduct。

（2）单击工具栏中的"新建查询"按钮，在【查询编辑器】中输入以下 SQL 语句。

```
Select  gno,svolumes,samount  from CS
Where  samount  between 10000 and 50000
```

（3）单击"执行"按钮，在"结果"选项卡中查看执行结果，如图 4-16 所示。

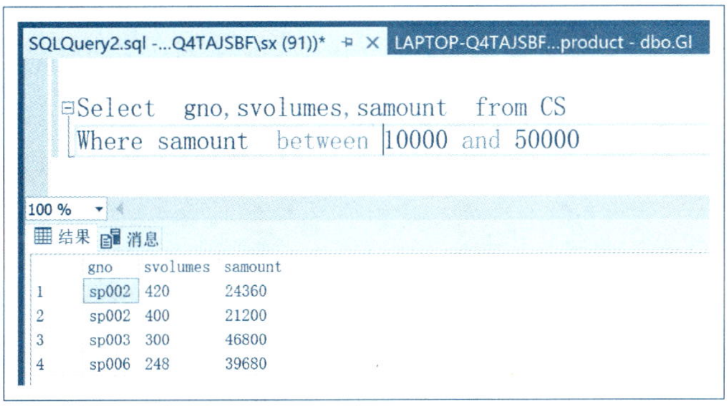

图 4-16　范围条件查询结果

反之,查询不在这个范围内的数据可以使用 not between … and。

(五) 空值条件查询

当需要判断一个表达式的值是否为空值时,可以使用 is null 关键字。空值在数据库中有特殊的含义,它表示暂时是一个不确定的值,不等同于零或空格。

【例 4.17】 从 eleproduct 数据库的表 CS 中查询销售数量为空的所有信息。

操作步骤:

(1) 在【对象资源管理器】中选择数据库 eleproduct。

(2) 单击工具栏中的"新建查询"按钮,在【查询编辑器】中输入以下 SQL 语句。

```
Select * from CS
where svolumes is null
```

(3) 单击"执行"按钮,在"结果"选项卡中查看执行结果,如图 4-17 所示。

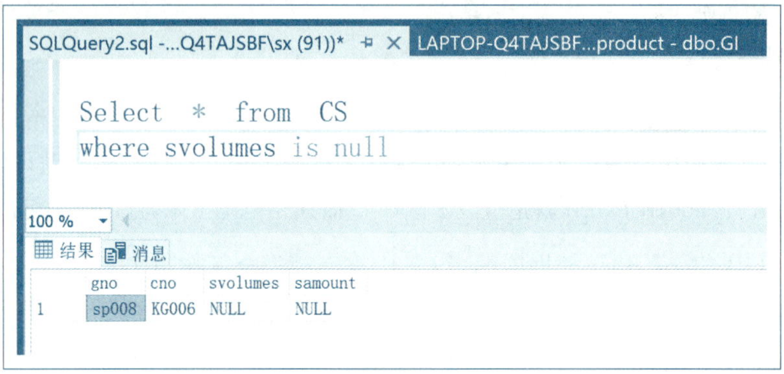

图 4-17 空值条件查询结果

如果查询销售数量非空的所有信息,则使用 is not null 即可实现。

(六) 模糊条件查询

用户在数据库中查询数据,有时需要模糊查询一些数据信息。例如:查询客户信息表中的姓"王"的销售员信息,就可以在 Select 中使用通配符和 like 关键字实现模糊条件查询。

Like 关键字用于查询与指定的字符串表达式相匹配的数据。Like 后面的表达式必须用单引号括起来,在进行模糊匹配时要使用通配符。模糊条件查询常用的通配符如表 4-3 所示。

表 4-3 模糊条件查询常用的通配符

通配符	含 义
%	任意多个字符(包括 0 个)
_	任意一个字符
[ ]	指定范围内的单个字符。如[a—d]表示 a、b、c、d 中任意一个字符
[^]	不在指定范围内的单个字符。[^a—d]表示 a、b、c、d 之外任意一个字符

【例4.18】从 eleproduct 数据库的表 CI 中查询所有姓"严"的销售员信息。

操作步骤:

(1) 在【对象资源管理器】中选择数据库 eleproduct。

(2) 单击工具栏中的"新建查询"按钮,在【查询编辑器】中输入以下 SQL 语句。

```
Select  *  from  CI
where  sname  like  '严%'
```

(3) 单击"执行"按钮,在"结果"选项卡中查看执行结果,如图 4-18 所示。

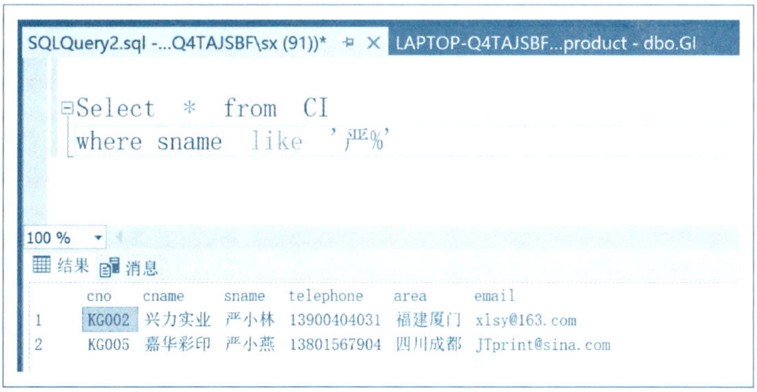

图 4-18　模糊查询结果(1)

【例4.19】从 eleproduct 数据库的表 GI 中,查询所有商品名称中包含"有线"并且供应商包含"电子"字样的商品名称和供应商。

操作步骤:

(1) 在【对象资源管理器】中选择数据库 eleproduct。

(2) 单击工具栏中的"新建查询"按钮,在【查询编辑器】中输入以下 SQL 语句。

```
Select  gname,sup  from GI
where  gname  like  '有线%'  and  sup  like '%电子%'
```

(3) 单击"执行"按钮,在"结果"选项卡中查看执行结果,如图 4-19 所示。

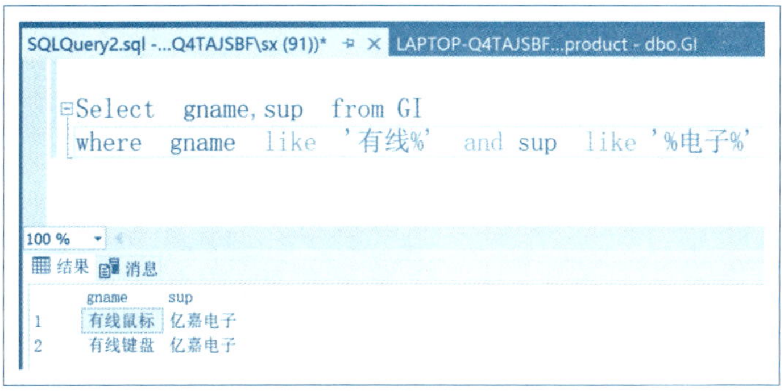

图 4-19　模糊查询结果(2)

三、分组统计查询

分组统计查询

在实际应用中,对数据表的查询不仅需要简单的查询,还需要许多复杂的查询,其中,对数据表某一列数据的值进行分组统计,可以使用 group by 子句实现。

使用 group by 子句时,用户会需要结合使用聚合函数,聚合函数能够基于分组的列进行计算,并返回统计值。常用的聚合函数如表 4-4 所示。

表 4-4 常用的聚合函数

聚合函数名	说　明
sum()	计算列值或表达式中所有值的总和
avg()	计算列值或表达式的平均值
max()	计算列值或表达式的最大值
min()	计算列值或表达式的最小值
count()	统计记录个数

注意:sum()函数和 avg()函数后的列或表达式的值必须为数值型;除了 count()函数,如果没有满足 where 子句的行,则所有聚合函数都将返回一个空值,而 count()函数返回的是 0。

【例 4.20】 从 eleproduct 数据库的表 GI 中查询各个供应商的商品种类数。

操作步骤:

(1) 在【对象资源管理器】中选择数据库 eleproduct。

(2) 单击工具栏中的"新建查询"按钮,在【查询编辑器】中输入以下 SQL 语句。

```
Select sup,count(*) as 商品数 from GI
Group by sup
```

(3) 单击"执行"按钮,在"结果"选项卡中查看执行结果,如图 4-20 所示。

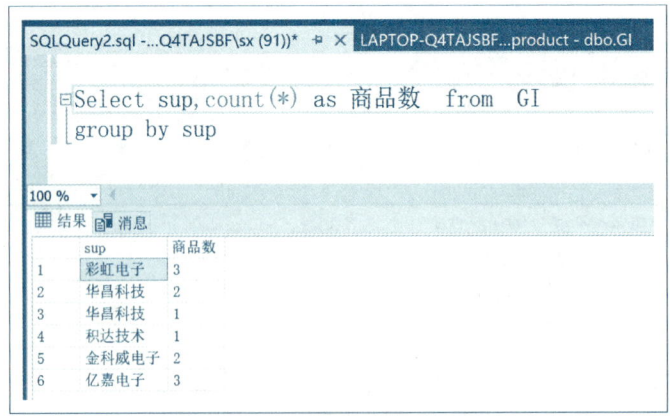

图 4-20 供应商分组查询结果

【例 4.21】 从 eleproduct 数据库的表 GI 中查询商品单价的最高单价和单价总额。

操作步骤：
(1) 在【对象资源管理器】中选择数据库 eleproduct。
(2) 单击工具栏中的"新建查询"按钮，在【查询编辑器】中输入以下 SQL 语句。

```
Select sum(reprice) as 单价总额,max(reprice) as 最高单价 from GI
```

(3) 单击"执行"按钮，在"结果"选项卡中查看执行结果，如图 4-21 所示。

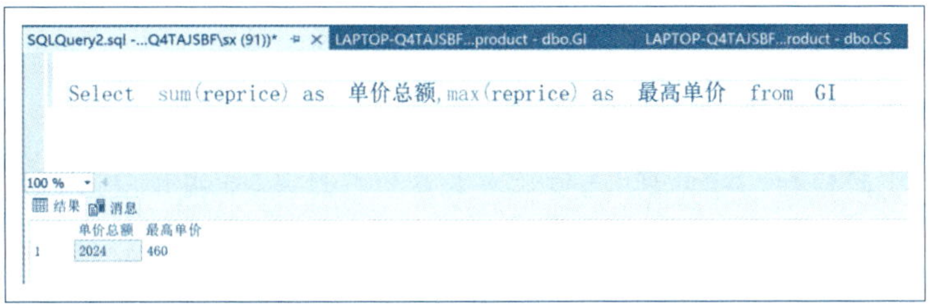

图 4-21　单价总额和最高单价查询结果

【例 4.22】从 eleproduct 数据库的表 CS 中销售数量的平均销售量，结果显示平均销售量。

操作步骤：
(1) 在【对象资源管理器】中选择数据库 eleproduct。
(2) 单击工具栏中的"新建查询"按钮，在【查询编辑器】中输入以下 SQL 语句。

```
Select avg(svolumes) as 平均销售量 from CS
```

(3) 单击"执行"按钮，在"结果"选项卡中查看执行结果，如图 4-22 所示。

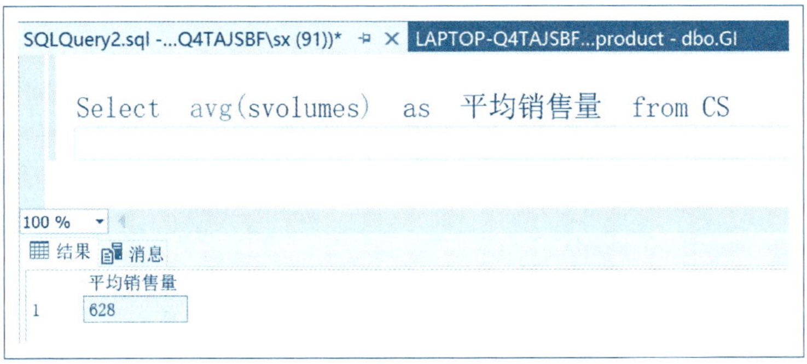

图 4-22　平均销售量查询结果

说明：
(1) Select 后面的检索内容必须是聚合函数或 group by 子句中的分类字段。
(2) 如果 Select 子句中包含聚合函数，则 group by 将计算每组的汇总值。

四、分组统计查询后再筛选

使用 group by 子句和聚合函数对数据进行分组后，还可以使用 having 子句对分组数据

分组结果筛选

进行更进一步的筛选。having 子句用来指定组或聚合的搜索条件。

【例 4.23】从 eleproduct 数据库的表 GI 中查询平均单价在 200 元以上的商品的平均单价。

操作步骤：

(1) 在【对象资源管理器】中选择数据库 eleproduct。

(2) 单击工具栏中的"新建查询"按钮，在【查询编辑器】中输入以下 SQL 语句。

```
Select sup,avg(reprice) as 平均单价 from GI
Group by sup having avg(reprice)> 200
```

(3) 单击"执行"按钮，在"结果"选项卡中查看执行结果，如图 4-23 所示。

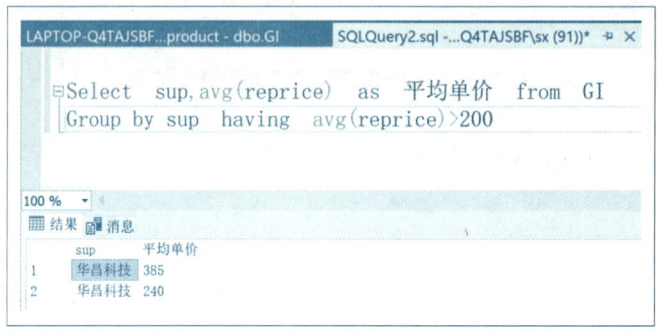

图 4-23　分组平均值查询结果

【例 4.24】从 eleproduct 数据库的表 GI 中查询销售 3 种及以上商品的供应商。

操作步骤：

(1) 在【对象资源管理器】中选择数据库 eleproduct。

(2) 单击工具栏中的"新建查询"按钮，在【查询编辑器】中输入以下 SQL 语句。

```
Select  sup  from GI
Group by  sup  having  count(*)>= 3
```

(3) 单击"执行"按钮，在"结果"选项卡中查看执行结果，如图 4-24 所示。

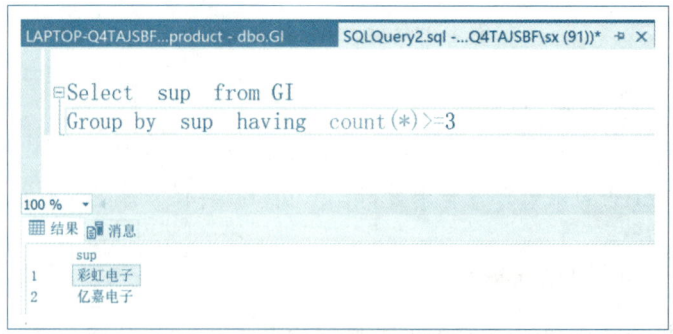

图 4-24　分组平均值查询结果

说明：使用 having 子句查询与 where 关键字类似，都是在关键字后面插入条件表达式来规范查询结果，两者的不同体现在以下几点：

（1） where 关键字针对列的数据，having 子句针对结果组。

（2） where 关键字不能与聚合函数一起使用，而 having 一般都与聚合函数结合使用。

（3） where 关键字在分组前对数据进行过滤，having 语句只过滤分组后的数据。

五、使用排序查询

在数据库的查询结果中，记录的顺序是按照它们在表中的顺序进行排序的，有时需要对查询结果按某几个字段进行重新排序，使用 order by 子句就可以实现。如果还需要将结果保存到另一张表，则用到 into 子句。

查询结果排序

【例 4.25】 从 eleproduct 数据库的表 CS 中查询商品编号、客户编号、销售数量，并按销售数量升序排列。

操作步骤：

（1） 在【对象资源管理器】中选择数据库 eleproduct。

（2） 单击工具栏中的"新建查询"按钮，在【查询编辑器】中输入以下 SQL 语句。

```
Select gno,cno,svolumes from CS
Order by svolumes
```

（3） 单击"执行"按钮，在"结果"选项卡中查看执行结果，如图 4-25 所示。

图 4-25　查询排序结果（1）

【例 4.26】 从 eleproduct 数据库的表 CS 中查询商品的编号、客户编号，查询结果按客户编号升序、销售数量降序排列。

操作步骤：

（1）在【对象资源管理器】中选择数据库 eleproduct。

（2）单击工具栏中的"新建查询"按钮，在【查询编辑器】中输入以下 SQL 语句。

```
Select  gno,cno,svolumes,samount   from  CS
Order by  cno,svolumes desc
```

（3）单击"执行"按钮，在"结果"选项卡中查看执行结果，如图 4-26 所示。

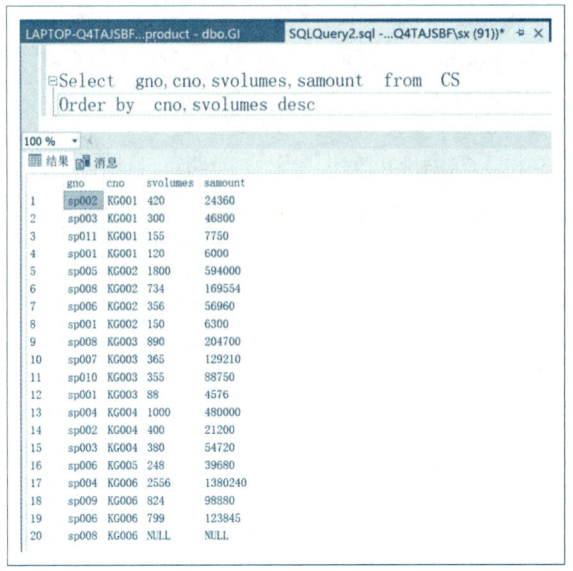

图 4-26　查询排序结果(2)

说明：

（1）order by 子句中的排序字段可以表示排序列或列的别名和表达式，当有多个排序列时，每个排序列之间用逗号隔开，而且各列后都可以跟一个排序要求。

（2）asc 关键字表示升序，desc 关键字表示降序，默认情况为 asc。

【例 4.27】 从 eleproduct 数据库的表 GI 中查询商品的商品编号、商品名称、单价，按照商品单价降序排列，并将查询结果保存到表 GIXB 中。

使用 Select 查询获取的数据可以作为一个新表来使用。在 Select 语句中，可使用 into 关键字将查询结果集生成新表。

操作步骤：

（1）在【对象资源管理器】中选择数据库 eleproduct。

（2）单击工具栏中的"新建查询"按钮，在【查询编辑器】中输入以下 SQL 语句。

```
Select  gno,gname,reprice   into  GIXB  from  GI
Order by  REPRICE  desc
Select *   from  GIXB
```

(3) 单击"执行"按钮,在"结果"选项卡中查看执行结果,如图 4-27 所示。

图 4-27 查询排序结果(3)

六、空值条件查询

如果某列中没有保存数据,则该列的值为空,表示为 null。

【例 4.28】 从 eleproduct 数据库的表 CS 中查询销售数量为空的商品编号、客户编号。

操作步骤:
(1) 在【对象资源管理器】中选择数据库 eleproduct。
(2) 单击工具栏中的"新建查询"按钮,在【查询编辑器】中输入以下 SQL 语句。

```
Select  gno,cno  from CS
Where svolumes is null
```

(3) 单击"执行"按钮,在"结果"选项卡中查看执行结果,如图 4-28 所示。

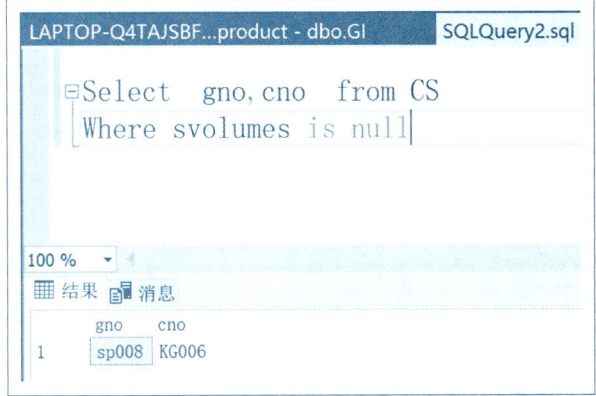

图 4-28 查询空值结果

说明：

（1）要使用关键字"is"，不能使用"="。

（2）可以在 null 前添加一个 not 运算符，表示"非空"。

思考：如果查询销售数量为非空的所有信息，则 SQL 语句该如何写呢？

七、连接查询

连接查询

根据数据表查询的需求，有时需要涉及多个表的查询，如两个表之间的查询，或者两个以上表之间的查询，这样的查询需要通过连接查询实现。

连接查询的基础是清晰各表之间的关联。关联多个表后的查询即为连接查询。连接查询是关系数据中最主要的查询，连接查询可分为内连接查询、交叉连接查询、外连接查询、子查询。

（一）内连接查询

内连接是一种最常用的连接类型，也是 SQL 默认的连接方式。内连接查询是按照多个表间等值列将其内连接，再返回满足条件的记录。其关键字为 inner join。

【例 4.29】 从 eleproduct 数据库的表 GI、表 CS 中查询所有商品的商品名称、单价、销售数量。

操作步骤：

（1）在【对象资源管理器】中选择数据库 eleproduct。

（2）单击工具栏中的"新建查询"按钮，在【查询编辑器】中输入以下 SQL 语句。

```
Select  gname, reprice, svolumes  from  GI, CS
Where  GI.gno = CS.gno
```

或：

```
Select  gname, reprice, svolumes
from  GI  inner  join  CS  on  GI.gno = CS.gno
```

（3）单击"执行"按钮，在"结果"选项卡中查看执行结果，如图 4-29 所示。

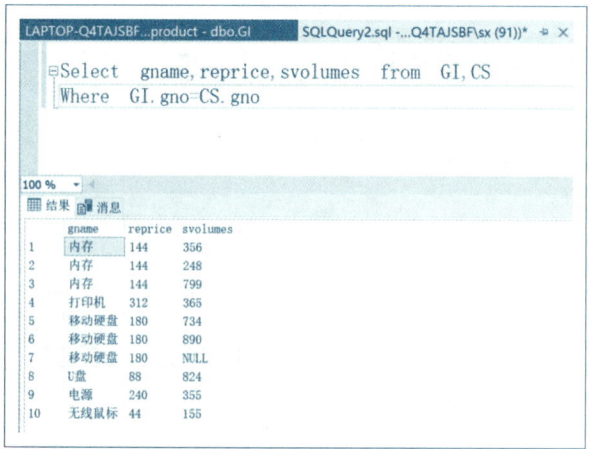

图 4-29 连接查询结果（1）

【例 4.30】从 eleproduct 数据库的表 GI、表 CS 中查询供应商是单价大于 50 元的"亿嘉电子"的商品的商品名称、商品型号、单价、销售数量。

操作步骤：

(1) 在【对象资源管理器】中选择数据库 eleproduct。
(2) 单击工具栏中的"新建查询"按钮，在【查询编辑器】中输入以下 SQL 语句。

```
Select  gname,gmodel,reprice,svolumes from GI,CS
Where GI.gno = CS.gno and(sup = '亿嘉电子' and reprice > 50)
```

(3) 单击"执行"按钮，在"结果"选项卡中查看执行结果，如图 4-30 所示。

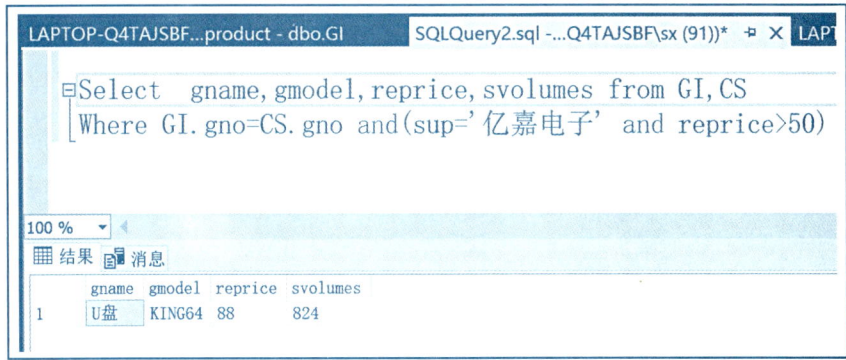

图 4-30　连接查询结果(2)

(二) 交叉连接查询

之前讲述的表联系都要通过两表之间的列将两个表的数据对应在一起，构成有一定条件的表连接查询。交叉连接没有这种限制，它将两个表组合在一起而不限制两个基表列之间的联系。交叉连接生成两个基表中各行的所有可能组合。

所谓交叉连接，是指将一个表中的每一行与另一个表中的每一行分别进行连接。没有 where 子句的交叉连接将两个表不加任何约束地组合在一起，也就是将第一个表的所有记录分别与第二个表的每条记录拼接以组成新纪录。

SQL 语句如下：

```
Select  <列表字段> from <表名 1> cross join <表名 2>
```

说明： 连接后，结果集的行数就是两个表行数的乘积，结果集的列数就是两个表的列数之和。

【例 4.31】在 eleproduct 数据库中，对表 GI、表 CS 进行交叉连接查询，如图 4-31 所示。

```
Select  *   from GI,CS
```

或：

```
Select    *    from GI cross join CS
```

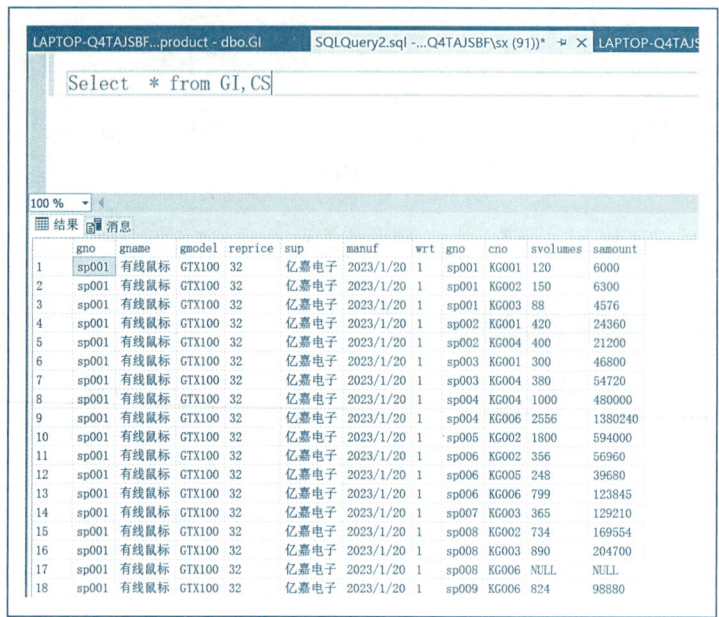

图 4-31　交叉连接查询结果

（三）外连接查询

外连接通常用于相连接的表中至少有一个表需要显示所有数据行的情况。外连接又分为左外连接、右外连接和全外连接 3 种。外连接的结果集中不但包含满足连接条件的记录，还包含相应表中的不满足连接条件的记录。

1. 左外连接查询

左外连接的结果集中包括了左表的所有记录，而不仅仅是满足连接条件的记录，即将位于 left join 关键字左侧表的所有行都输出。如果左表的某条记录在右表中没有匹配行，则该记录在结果集中属于右表的相应列值均为 Null。

SQL 语句如下：

```
Select <列表字段> from <表名 1> left[outer]join <表名 2> on <表名 1.列名=表名 2.列名>
```

【例 4.32】查询所有商品的商品编号、商品名称、销售数量。

（1）使用内连接，只显示有销售数量的商品信息，输入语句如下，查询结果如图 4-32 所示。

```
Select GI.gno,gname,svolumes from GI inner join CS on GI.gno = CS.gno
```

（2）使用左外连接显示所有商品，若没有销售数量，也将其显示出来，输入语句如下，查询结果如图 4-33 所示。

```
Select GI.gno,gname,svolumes   from   GI   left   join CS on GI.gno = CS.gno
```

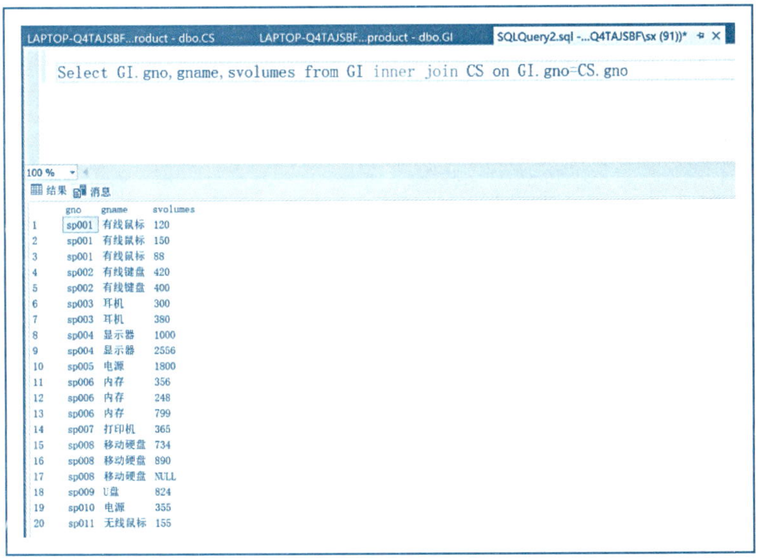

图 4-32　使用内连接查询结果

图 4-33　左外连接查询结果

从查询结果可以看出,使用左外连接查询时,先显示左表 GI 中的所有数据,再到右表查询符合条件的数据,如果不符合则显示 Null。

2. 右外连接查询

右外连接的结果集中包括了右表的所有记录,而不仅仅是满足连接条件的记录,即将位于 right join 关键字右侧表的所有行都输出。如果右表的某条记录在左表中没有匹配行,则该记录在结果集行中属于左表的相应列值均为 Null。

SQL 语句如下：

```
Select〈列表字段〉from <表名 1> full[outer]join <表名 2> on <表名 1.列名=表名 2.列名>
```

【例 4.33】 使用右外连接查询显示商品编号、商品名称及销售数量(将表 GI 作为右表)。

使用右外连接显示所有商品，若没有销售数量，也将其显示出来，输入语句如下，查询结果如图 4-34 所示。

```
Select GI.gno,gname,svolumes  from  CS right outer join GI on GI.gno = CS.gno
```

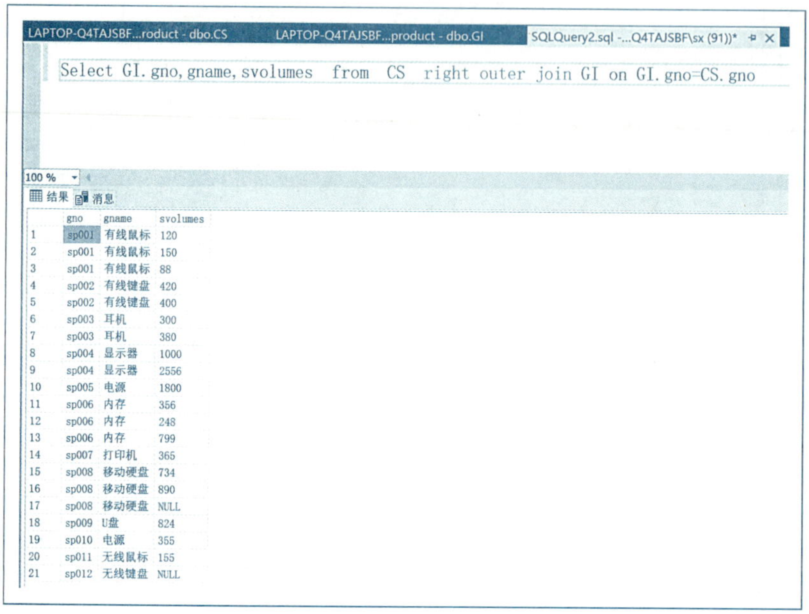

	gno	gname	svolumes
1	sp001	有线鼠标	120
2	sp001	有线鼠标	150
3	sp001	有线鼠标	88
4	sp002	有线键盘	420
5	sp002	有线键盘	400
6	sp003	耳机	300
7	sp003	耳机	380
8	sp004	显示器	1000
9	sp004	显示器	2556
10	sp005	电源	1800
11	sp006	内存	356
12	sp006	内存	248
13	sp006	内存	799
14	sp007	打印机	365
15	sp008	移动硬盘	734
16	sp008	移动硬盘	890
17	sp008	移动硬盘	NULL
18	sp009	U盘	824
19	sp010	电源	355
20	sp011	无线鼠标	155
21	sp012	无线键盘	NULL

图 4-34　右外连接查询结果

从查询结果可以看出，使用右外连接查询时，先显示右表 GI 中的所有数据，再到左表中查询符合条件的数据，如果不符合则显示 Null。

3. 全外连接查询

全外连接的结果集中包括了左表和右表的所有记录。当某条记录在另一个表中没有匹配记录时，则该表的相应列值为 Null。

SQL 语句如下：

```
Select〈列表字段〉from〈表名 1〉 full [outer] join〈表名 2〉 on〈表名 1 .列名= 表名 2.列名〉
```

【例 4.34】 使用全外连接显示商品编号、商品名称及销售数量，输入语句如下，查询结果如图 4-35 所示。

```
Select *  from GI full join CS on GI.gno = CS.gno
```

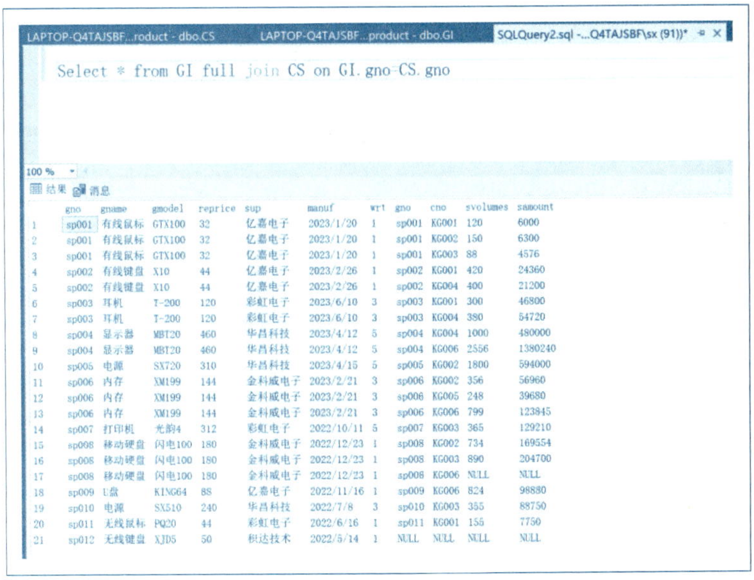

	gno	gname	gmodel	reprice	sup	manuf	wrt	gno	cno	svolumes	samount
1	sp001	有线鼠标	GTX100	32	亿嘉电子	2023/1/20	1	sp001	KG001	120	6000
2	sp001	有线鼠标	GTX100	32	亿嘉电子	2023/1/20	1	sp001	KG002	150	6300
3	sp001	有线鼠标	GTX100	32	亿嘉电子	2023/1/20	1	sp001	KG003	88	4576
4	sp002	有线键盘	X10	44	亿嘉电子	2023/2/26	1	sp002	KG001	420	24360
5	sp002	有线键盘	X10	44	亿嘉电子	2023/2/26	1	sp002	KG004	400	21200
6	sp003	耳机	T-200	120	彩虹电子	2023/6/10	3	sp003	KG001	300	46800
7	sp003	耳机	T-200	120	彩虹电子	2023/6/10	3	sp003	KG004	380	54720
8	sp004	显示器	MBT20	460	华昌科技	2023/4/12	5	sp004	KG004	1000	480000
9	sp004	显示器	MBT20	460	华昌科技	2023/4/12	5	sp004	KG006	2556	1380240
10	sp005	电源	SX720	310	华昌科技	2023/4/15	5	sp005	KG002	1800	594000
11	sp006	内存	XM199	144	金科威电子	2023/2/21	3	sp006	KG002	356	56960
12	sp006	内存	XM199	144	金科威电子	2023/2/21	3	sp006	KG005	248	39680
13	sp006	内存	XM199	144	金科威电子	2023/2/21	3	sp006	KG006	799	123845
14	sp007	打印机	光韵4	312	彩虹电子	2022/10/11	5	sp007	KG003	365	129210
15	sp008	移动硬盘	闪电100	180	金科威电子	2022/12/23	1	sp008	KG002	734	169554
16	sp008	移动硬盘	闪电100	180	金科威电子	2022/12/23	1	sp008	KG003	890	204700
17	sp008	移动硬盘	闪电100	180	金科威电子	2022/12/23	1	sp008	KG006	NULL	NULL
18	sp009	U盘	KING64	88	亿嘉电子	2022/11/16	1	sp009	KG006	824	98880
19	sp010	电源	SX510	240	华昌科技	2022/7/8	3	sp010	KG003	355	88750
20	sp011	无线鼠标	PQ20	44	彩虹电子	2022/6/16	1	sp011	KG001	155	7750
21	sp012	无线键盘	XJD5	50	枳达技术	2022/5/14	1	NULL	NULL	NULL	NULL

图 4-35　全外连接查询结果

(四) 子查询

在 SQL 查询中，一个 Select-from-where 语句又称一个查询块，将一个查询块嵌套在另一个查询块中的查询就是嵌套查询。被包含的查询语句就是子查询，包含子查询的语句就是父查询或者外查询，子查询可以用在允许使用表达式或表的任何地方，如 Select、from、where、having 子句中，以及 Insert、Delete、Update 语句中。这里以单值子查询为例介绍。

单值子查询是指子查询的查询结果只返回一个值，然后将某一列值与这个返回的值进行比较。在 where、having 子句中可以直接使用比较运算符连接子查询。为了区分父查询和子查询，子查询应加入小括号标示。

SQL 语句如下：

```
Select <列表字段> from <表名> where <列名或表达式> 比较运算符(子查询)
```

说明：常见的比较运算符参见表 4-2。

有些子查询可以转换成连接查询，并且此时连接查询的效率高于子查询，因为连接查询有优化算法，所以应尽量使用连接查询。

【例 4.35】查询销售“有线键盘”的商品的商品编号、销售数量，输入语句如下，查询结果如图 4-36 所示。

```
Select gno,svolumes from CS
where gno =(Select gno from GI where gname = '有线键盘')
```

【例 4.36】在表 GI 中查询与“无线鼠标”同一供应商的商品名称、商品型号、供应商，输入语句如下，查询结果如图 4-37 所示。

```
Select gname,gmodel,sup from GI
Where sup =(Select sup from GI where gname ='无线鼠标')
```

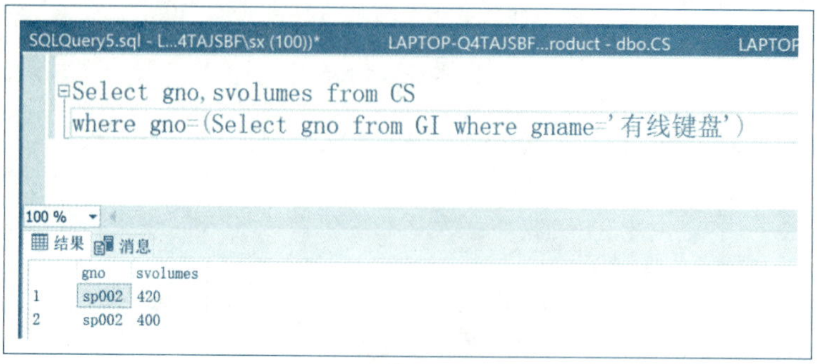

图 4-36　单值子查询结果(1)

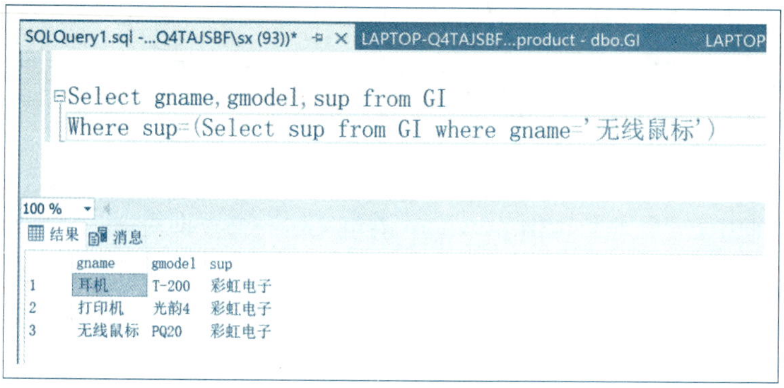

图 4-37　单值子查询结果(2)

任务二　数据管理

任务说明

数据库与存储数据的数据表都已经建立完成了,数据表在进行初始化后,可以对已有数据表中的数据进行数据管理,具体包括数据插入、数据修改、数据删除。

相关知识

一、Insert 语句格式

Insert 语句格式如下:

项目四　数据查询与管理　113

［into］表名称　［（列名称列表）］ Values（值列表）	插入数据的关键字。 创建新表并将插入数据的结果插入新表中。 在该表中插入数据。 需要插入数据的列名，如果没有指定列，意味着向所有列插入数据。 值。向数据表中指定列插入值，值与表中的列一一对应。其中，数据类型要一致。 指定各列对应的数据值，各值之间用逗号隔开，值要与列名称相对应。

二、Update 语句格式

Update 语句格式如下：

表名称 列名称=新值 ［where　条件］	修改数据的关键字。 在该表中修改数据。通常要打开该数据表所在的数据库。 需要修改的列名及设置的新值。 按条件有选择地修改数据表中的数据。如果省略该条件，也就省略了 where 语句，就代表修改数据表中的全部记录。

三、Delete 语句格式

Delete 语句格式如下：

表名称 ［where　条件］	删除数据的关键字。 要删除数据的数据表名称 按条件有选择地删除数据表中的数据。如果省略该条件，也就省略了 where 语句，就代表删除数据表中的全部数据。

任务实施

一、数据插入

（一）SQL 语句方式插入
1. 向表中插入 1 条记录

【例 4.37】使用 SQL 语句为表 CI 插入一条新记录（包括所有字段）。

数据插入

操作步骤：

（1）在【对象资源管理器】中选择数据库 eleproduct。

（2）单击工具栏中的"新建查询"按钮，在【查询编辑器】中输入以下 SQL 语句。

```
Insert into CI
Values('KG007','嘉乐实业','张华强','13296785431','广东广州','42135@qq.com')
Select * from CI
```

（3）单击"执行"按钮，在"结果"选项卡中查看执行结果，如图 4-38 所示。

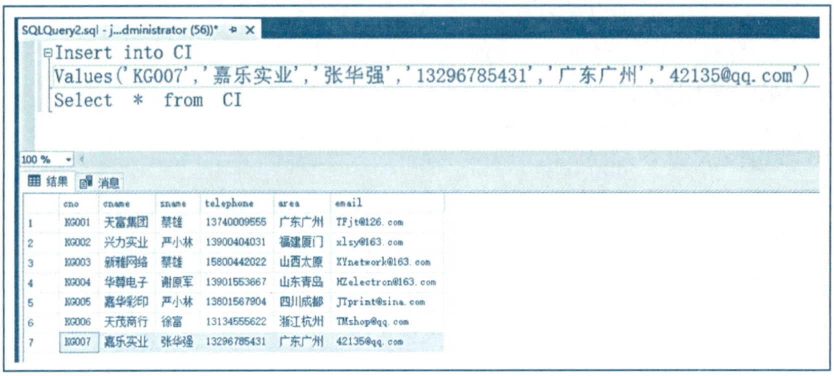

图 4-38　插入单条记录结果

2．表中插入部分字段值

【例 4.38】使用 SQL 语句为表 CI 插入一条新记录，插入的字段名为 cno、cname、sname，字段值为：KG008，华谊电子，赵乐君。

操作步骤：

（1）在【对象资源管理器】中选择数据库 eleproduct。

（2）单击工具栏中的"新建查询"按钮，在【查询编辑器】中输入以下 SQL 语句。

```
Insert CI(cno,cname,sname)
Values('KG008','华谊电子','赵乐君')
Select * from CI
```

（3）单击"执行"按钮，在"结果"选项卡中查看执行结果，如图 4-39 所示。

3．表中插入多条记录

【例 4.39】使用 SQL 语句为表 CI 插入 3 条新记录，新记录的字段值分别为：KG009，京利网络，李军宝，12382392374，广东深圳，76543@qq.com；KG010，天成电子，吴俊祥，15234562171，广东佛山，45732@qq.com；KG011，恒丰商行，郝俊宇，13597658643，广东珠海，832345@qq.com。

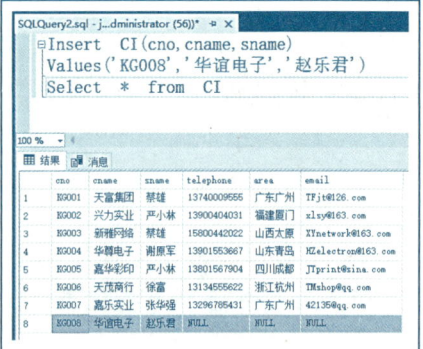

图 4-39　插入部分字段值结果

操作步骤：

(1) 在【对象资源管理器】中选择数据库 eleproduct。

(2) 单击工具栏中的"新建查询"按钮，在【查询编辑器】中输入以下 SQL 语句。

```
Insert  CI
Values('KG009','京利网络','李军宝','12382392374','广东深圳','76543@qq.com'),
('KG010','天成电子','吴俊祥','15234562171','广东佛山','45732@qq.com'),
('KG011','恒丰商行','郝俊宇','13597658643','广东珠海','832345@qq.com')
Select  *  from CI
```

(3) 单击"执行"按钮，在"结果"选项卡中查看执行结果，如图 4-40 所示。

图 4-40 插入多条记录结果

（二）菜单方式插入数据

【例 4.40】利用菜单方式为表 CI 插入 1 条记录。

操作步骤：

(1) 启动 Microsoft SQL Server Management Studio，在【对象资源管理器】中选择数据库 eleproduct。

(2) 在对象资源管理器中右击表【CI】，选择【编辑前 200 条】命令，弹出【数据编辑】窗口。

(3) 在表中最后一条记录后，单击各个字段文本框，输入新记录的所有字段内容即可，如图 4-41 所示。

图 4-41　插入单条记录

数据修改与
删除

二、数据修改

(一) SQL 语句方式修改

1. 表中单值修改

【例 4.41】 使用 SQL 语句修改表 CI 中"嘉乐实业"为"永佳网络"。

操作步骤：

(1) 在【对象资源管理器】中选择数据库 eleproduct。

(2) 单击工具栏中的"新建查询"按钮，在【查询编辑器】中输入以下 SQL 语句。

```
Update  CI
Set  cname='永佳网络'
Where  cname='嘉乐实业'
Select  *  from  CI
```

(3) 单击"执行"按钮，在"结果"选项卡中查看执行结果，如图 4-42 所示。

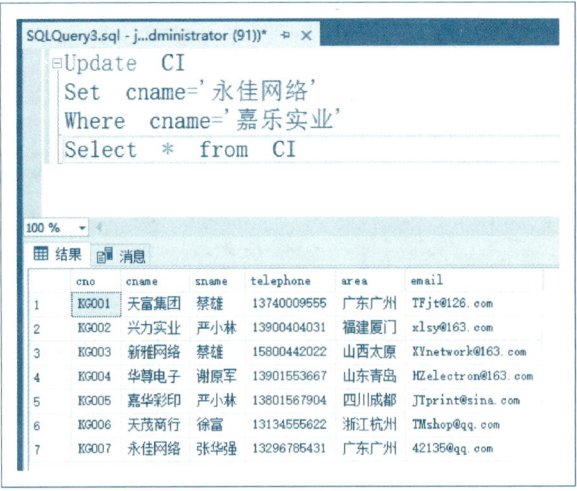

图 4-42　单值修改结果

2. 表中单列修改

【例 4.42】 使用 SQL 语句为表 GI 中每个电子产品"reprice"上涨 5 元。

操作步骤：

(1) 在【对象资源管理器】中选择数据库 eleproduct。

(2) 单击工具栏中的"新建查询"按钮，在【查询编辑器】中输入以下 SQL 语句。

```
Update GI
Set reprice = reprice+ 5
Select *  from GI
```

(3) 单击"执行"按钮，在"结果"选项卡中查看执行结果，如图 4-43 所示。

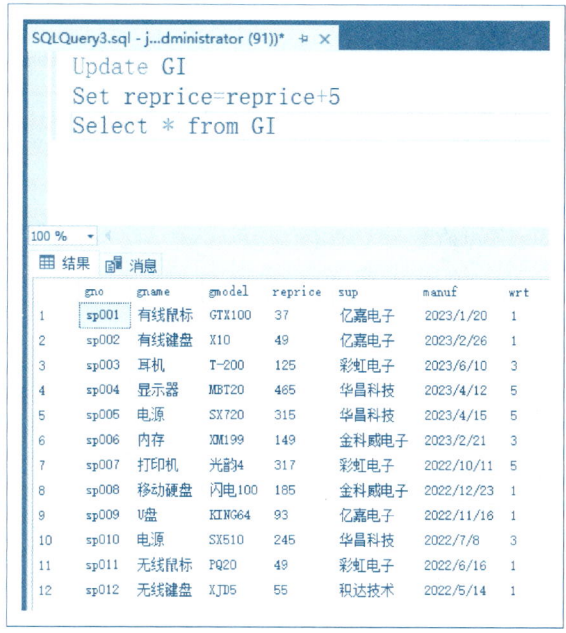

图 4-43　单列修改结果

（二）菜单方式修改

【例 4.43】 利用菜单方式为表 GI 中每个电子产品"reprice"上涨 5 元。

操作步骤：

(1) 启动 Microsoft SQL Server Management Studio，在【对象资源管理器】中选择数据库 eleproduct。

(2) 在对象资源管理器中右击表【GI】，选择【编辑前 200 条】命令，弹出【数据编辑】窗口。

(3) 修改每个电子产品的单价 reprice，为其加 5，如图 4-44 所示。

(4) 关闭表 GI 编辑窗口，即可实现数据表中的数据的修改。

j2-A20.eleproduct - dbo.GI

gno	gname	gmodel	reprice	sup	manuf	wrt
sp001	有线鼠标	GTX100	37	亿嘉电子	2023/1/20	1
sp002	有线键盘	X10	49	亿嘉电子	2023/2/26	1
sp003	耳机	T-200	125	彩虹电子	2023/6/10	3
sp004	显示器	MBT20	465	华昌科技	2023/4/12	5
sp005	电源	SX720	315	华昌科技	2023/4/15	5
sp006	内存	XM199	149	金科威电子	2023/2/21	3
sp007	打印机	光韵4	317	彩虹电子	2022/10/11	5
sp008	移动硬盘	闪电100	185	金科威电子	2022/12/23	1
sp009	U盘	KING64	93	亿嘉电子	2022/11/16	1
sp010	电源	SX510	245	华昌科技	2022/7/8	3
sp011	无线鼠标	PQ20	49	彩虹电子	2022/6/16	1
sp012	无线键盘	XJD5	55	积达技术	2022/5/14	1
NULL	NULL	NULL	NULL	NULL	NULL	NULL

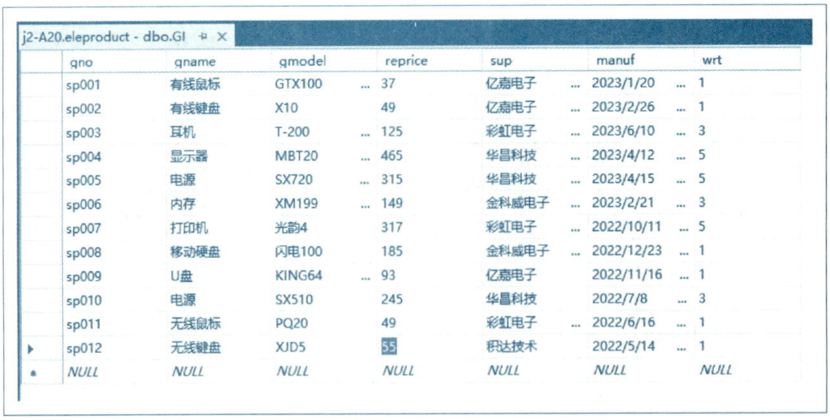

图 4-44　菜单方式修改结果

三、数据删除

(一) SQL 语句方式删除

1. 清空表中数据

【例 4.44】 使用 SQL 语句清空表 CIcopy。

操作步骤：

(1) 在【对象资源管理器】中选择数据库 eleproduct。

(2) 单击工具栏中的"新建查询"按钮，在【查询编辑器】中输入以下 SQL 语句。

注意：为了保护 CI 源表，SQL 语句先完成复制表内容。

```
Select *  into CIcopy from CI
Delete from CIcopy
Select *  from CIcopy
```

(3) 单击"执行"按钮，在"结果"选项卡中查看执行结果，如图 4-45 所示。

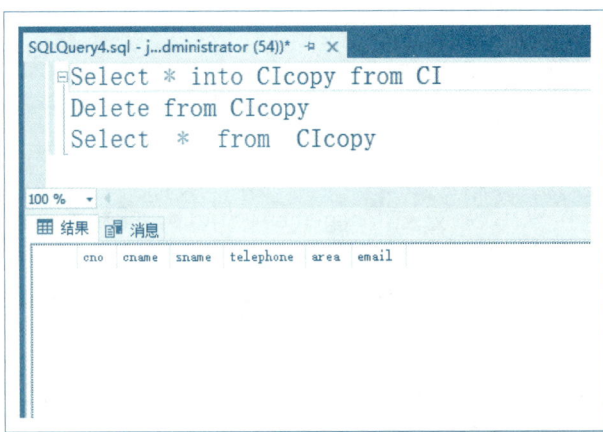

图 4-45　清空表格结果

2. 删除表中符合条件的数据

【例 4.45】 使用 SQL 语句删除表 CI2 中 email 为 832345@qq.com 的记录。

操作步骤：

(1) 在【对象资源管理器】中选择数据库 eleproduct。

(2) 单击工具栏中的"新建查询"按钮，在【查询编辑器】中输入以下 SQL 语句。

注意： 为了保护 CI 源表，SQL 语句先完成复制表内容。

```
Insert  into  CI2
Select  *   from  CI
Delete  from  CI2
Where  email='832345@qq.com'
Select  *   from  CI2
```

(3) 单击"执行"按钮，在"结果"选项卡中查看执行结果，如图 4-46 所示。

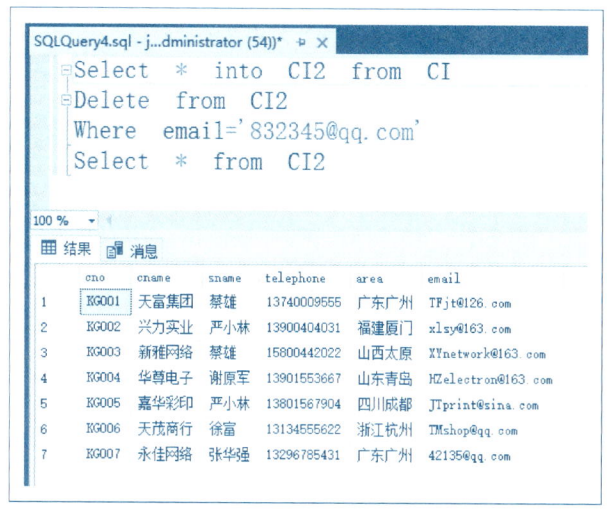

图 4-46　查看执行结果

（二）菜单方式删除

【例 4.46】 利用菜单方式删除表 CI 中最后 1 条记录。

操作步骤：

(1) 启动 Microsoft SQL Server Management Studio，在【对象资源管理器】中选择数据库 eleproduct。

(2) 在对象资源管理器中右击表【CI】，选择【编辑前 200 条】命令，弹出【数据编辑】窗口。

(3) 选中最后 1 条记录，然后右击选中的记录，选择快捷菜单中的【删除】命令，单击"是"按钮，即可删除该行记录；或者选中后，直接单击键盘上的【delete】键即可，如图 4-47 所示。

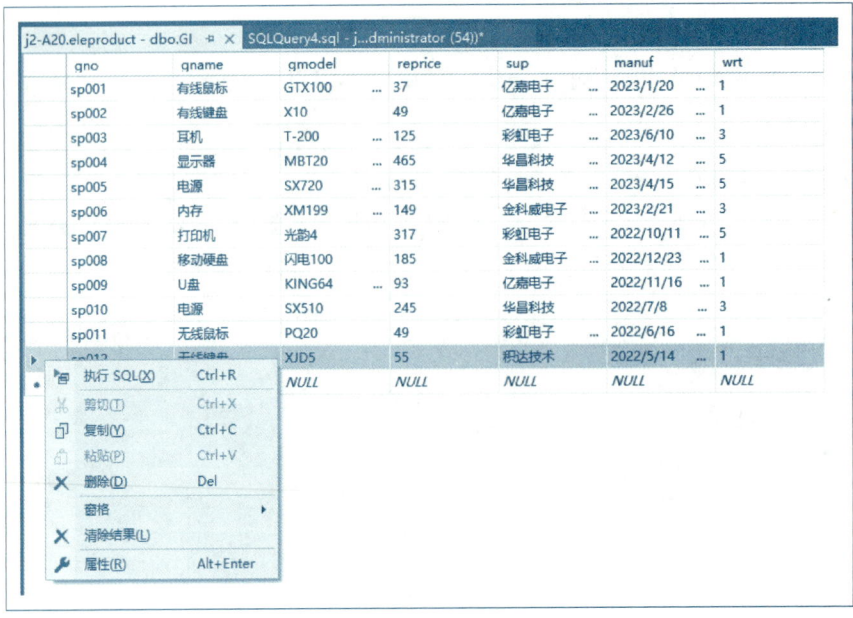

图 4-47　删除表中符合条件的数据

遵纪守法，保护个人信息

互联网时代有着大量的数据，我们可以建立数据库，保存数据，使用和分析数据。当我们在查询数据并对查询结果进行操作的时候，要注意保护个人隐私。2021年8月20日，第十三届全国人民代表大会常务委员会第三十次会议通过了《中华人民共和国个人信息保护法》。该法于2021年11月1日开始生效，并明确了自然人的个人信息受法律保护，任何组织、个人不得侵害自然人的个人信息权益。

由此可见，《中华人民共和国个人信息保护法》的出台，是对个人信息的尊重。在查询、搜索相关信息的时候，遵守《中华人民共和国个人信息保护法》，保护他人的个人信息，是每一位公民应尽的社会责任。

一、选择题

1. 使用关键字（　　）可以将查询结果中的重复行屏蔽。
   A. distinct　　　　B. union　　　　C. all　　　　D. top
2. 在 SQL 中，下列涉及空值的操作不正确的是（　　）。

A. age is null B. age is not null C. not(age is null) D. age＝null

3. where 子句的条件表达式中,可以匹配 0 个到多个字符的通配符是( )。
   A. * B. % C. - D. ?

4. 与 where reprice between 60 and 100 语句等价的子句是( )。
   A. where reprice＞60 and reprice＜100
   B. where reprice＞＝60 and G＜100
   C. where reprice＞60 and reprice＜＝100
   D. where reprice＞＝60 and reprice＜＝100

5. select 语句中与 having 子句同时使用的是( )子句。
   A. order by B. where C. group by D. 无须配合

6. 模糊查询使用的关键字是( )。
   A. avg B. like
   C. in D. 以上都不对

7. 下列对子查询的描述中,正确的是( )。
   A. 子查询就是在一个查询中包含另一个查询
   B. 子查询只能返回一个值
   C. 子查询只能返回多个值
   D. 以上都不对

8. 下列对多表查询的描述中,正确的是( )。
   A. 如果在多表查询时没有使用 where 条件,则会出现笛卡尔积
   B. 同一个表之间的连接称为自连接
   C. 多表查询分为内连接、外连接以及自连接
   D. 以上都对

二、多选题

1. 下列各项中,属于多表查询的有( )。
   A. 自连接查询 B. 外连接查询
   C. 内连接查询 D. 分组查询

2. 下列各项中,属于数据库系统中聚合函数的有( )。
   A. 求最大值函数 max() B. 求平均值函数 avg()
   C. 求和函数 sum() D. 求记录的行数 count()

3. 下列对运算符的描述中,正确的有( )。
   A. any 用于判断是否有一个值满足条件
   B. in 判断某一个值是否在 in 后面的指定范围内
   C. ％运算符是对两个操作数进行除法运算,返回商
   D. between 是判断某一个值是否在一个范围内

三、实操题

基于本项目数据库及数据表,完成以下操作:
(1) 查询"电子商品信息表"中单价大于 200 元的电子商品信息。

(2) 查询"销售情况表"中销售数量介于 1 000～2 000 个的商品编号及销售数量信息。
(3) 查询"电子商品信息表"中供应商为"亿嘉电子"的所有信息。
(4) 查询"销售情况表"中客户选择 3 种以上电子产品的客户编号及商品编号。
(5) 查询"销售情况表"中超出平均销售金额的所有信息。
(6) 查询销售数量超过 500 个的商品名称、客户编号及销售数量。
(7) 查询销售金额超过 10 000 元的客户编号、销售员、联系电话信息。
(8) 查询单价在 200 元以上的电子商品名称、销售数量、销售员信息。

项目五 数据库中的对象操作

导学

当数据库设计好之后,用户就可以访问该数据库的表,使用该数据库进行查询信息、维护数据等日常管理工作,但随着数据量的不断增大,如何才能提高数据的查询速度?如何在操作表时隐藏敏感数据,提高数据的安全性?如何在日常管理工作中避免重复劳动?又如何保证在对关联的表进行操作时仍能保持它们的一致性?这些都需要使用数据库的对象操作来完成。

在一个数据库中,用户可以为数据库建立索引来提高数据查询的速度,同时,可以对数据表建立视图,不仅可以隐藏敏感数据,提高数据的安全性,还可以减少用户的查询工作量。为了解决重复劳动问题,用户可以将需要完成的工作预先用 SQL 语句写好,并保存为存储过程,通过调用存储过程实现。而为了保证多张联系的表之间的一致性,用户可以为数据库创建触发器。

学习任务

1. 了解索引的概念、分类
2. 掌握在 SQL Server 中创建、删除索引的方法操作
3. 掌握在 SQL Server 中创建、修改、删除视图的方法操作
4. 了解存储过程的概念、分类
5. 掌握在 SQL Server 中创建、执行、修改、删除存储过程的方法操作
6. 了解触发器的概念、分类
7. 掌握在 SQL Server 中创建、查看、修改、删除触发器的方法操作

知识描述

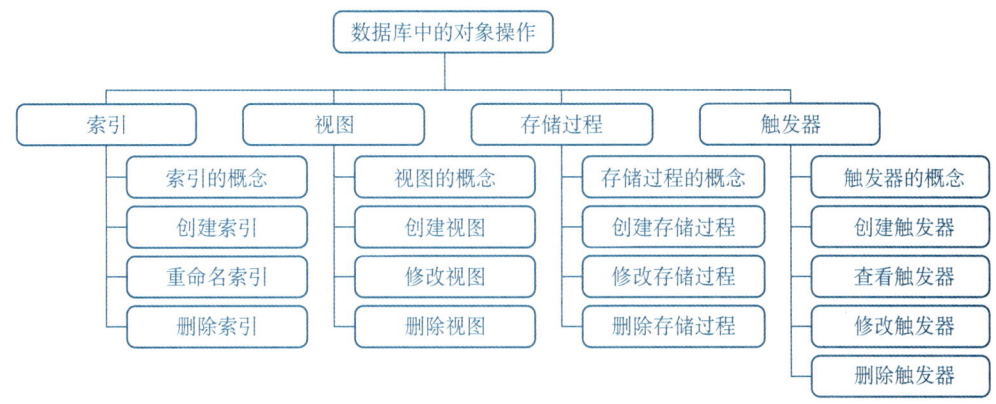

任务一　索　引

任务说明

当电子商品管理系统的数据库设计好之后,用户就可以通过该数据库查询商品的相关信息,但随着数据量的不断增大,数据查询的速度逐渐降低,为了提高数据的查询速度,用户可以为数据库创建索引。

相关知识

一、索引概述

（一）索引的概念

索引是一种单独的、物理的对数据库表中一列或多列的值进行排序的一种存储结构,它是某个表中一列或若干列值的集合和相应的指向表中物理标识这些值的数据页的逻辑指针清单。

索引的作用相当于图书的目录,可以根据目录中的页码快速找到所需的内容,索引也是通过数据库表中的索引关键值来指向表中的数据行,这样在查找数据时数据库引擎不用扫描整个表就能快速定位到所需要的数据行。不过,一本书一般只有一个目录,而一张表却可以在不同的列上创建多个索引。

（二）索引的分类

不同数据库中提供了不同的索引类型,SQL Server 2019 中的索引有两种:聚集索引和非聚集索引。它们的区别体现在物理数据的存储方式上。

聚集索引的特点是表中各数据行的物理顺序与索引键值的逻辑顺序相同。如果表中的某一列创建了聚集索引,该列的值就会根据索引的键值重新排序,一个表只能有一种排序规则,所以一个表只能包含一个聚集索引。

非聚集索引与聚集索引相比,不会对表中数据进行物理排序。如果一个表中不存在聚集索引,则表中数据是无序的,只是按照数据输入的先后顺序排列存放。

二、有关 SQL 语句语法格式

（一）创建索引

使用 T-SQL 语句创建索引的基本语法格式如下:

ON < table_name|view_name > (column [ASC | DESC][,…n])	为表或者视图创建唯一索引。 为表或者视图创建聚集索引。 为表或者视图创建非聚集索引。 索引的名称。命名必须遵循标识符命名规则。

	为其建立索引的基本表的名称。 为其建立索引的视图的名称。 创建索引时所基于的列名 确定索引列的排序方式为升序(ASC，默认)或降序(DESC)。

说明：索引既可以建立在基本表上，又可以建立在视图上。为视图创建索引时，必须使用 SCHEMABINDING 定义视图，才能为其创建索引。

（二）重命名索引

使用 T-SQL 语句重命名索引的基本语法格式如下：

sp_rename 'table_name.old_index_name', 'new_index_name'	执行存储过程。 系统存储过程，其功能是为对象命名。 索引所在表的名称。 索引对象的旧名称。 索引对象的新名称。

说明：重命名索引就是用提供的新名称替换当前的索引名称。指定的新名称在表或视图中必须是唯一的。重命名索引不会重新生成索引。

（三）删除索引

使用 T-SQL 语句删除索引的基本语法格式如下：

'table.index | view.index'[,…n]	要删除的表上的索引。 要删除的视图上的索引。

说明：当一个索引不再使用时，可以将其从数据库中删除，系统可以回收其所使用的磁盘空间，供数据库中的其他对象使用。

 **任务实施**

一、创建唯一、非聚集索引

（一）SQL 语句方式创建唯一索引

【**例 5.1**】使用 T-SQL 语句为表 CI 的客户名称列创建唯一、非聚集索引，以后按客户名称查询信息时就能够提高查询速度。

操作步骤：
（1）新建查询文件。
（2）输入如下 T-SQL 语句创建索引。

创建索引

```
Use eleproduct      /* 将数据库 eleproduct 指定为当前数据库 */
Go
Create unique nonclustered index IX_CI
```

```
On CI(cname)
Go
```

(3) 执行语句。

(4) 在【对象资源管理器】中展开表 CI 的【索引】节点,查看创建的索引,如图 5-1 所示。

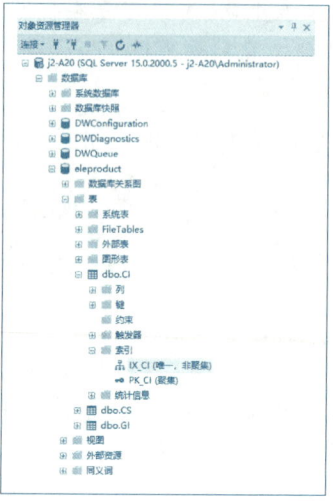

图 5-1 查看创建的索引

本步骤创建的索引 IX_CI_1 被称为唯一索引。设置唯一索引的列,其值在表中不容许有相同的值。

(二) 菜单方式创建

【例 5.2】使用 Management Studio 为表 CI 的 cname 列创建索引 IX_CI。

操作步骤:

(1) 启动 Microsoft SQL Server Management Studio,在【对象资源管理器】中展开 eleproduct 数据库,再展开其下的【表】节点。右键单击表 GI,在弹出的快捷菜单中选择【设计】选项。

(2) 单击工具栏上的"索引管理和键"按钮,打开【索引/键】对话框,如图 5-2 所示。

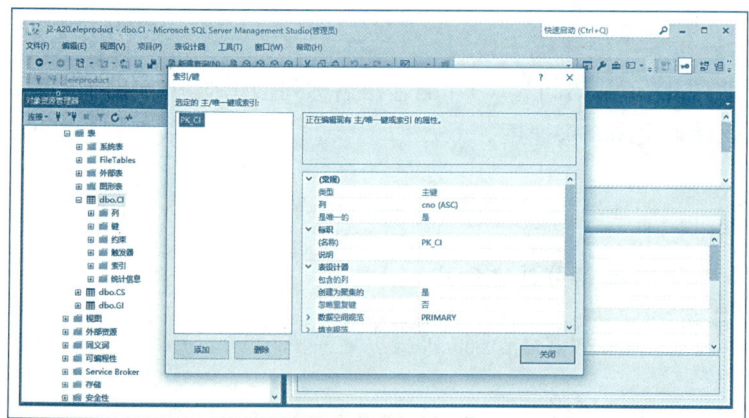

图 5-2 "索引/键"对话框

（3）单击【添加】按钮，在【标识】|【名称】框中先输入索引名"IX_CI"，再单击【(常规)】|【列】编辑框右侧的"…"按钮，如图 5-3 所示。

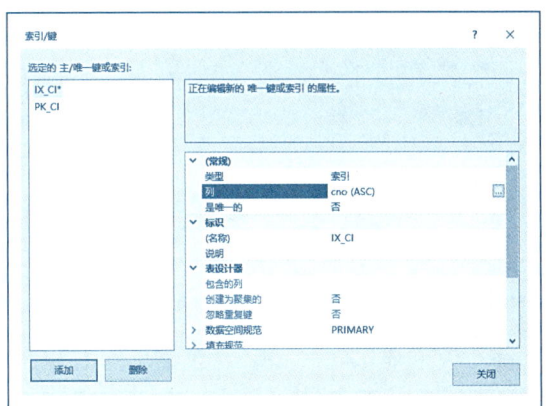

图 5-3　输入索引名

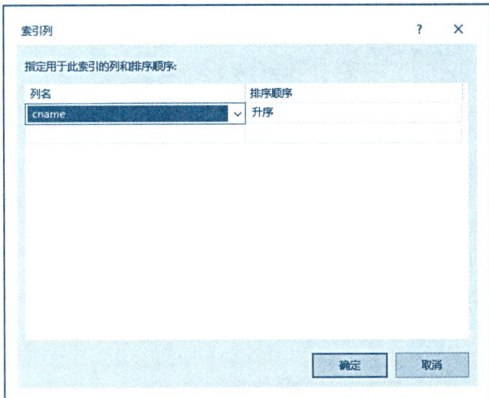

图 5-4　设置索引列

（4）打开【索引列】对话框，在【列名】下拉列表中选择 cname 列，在【排序顺序】下拉列表中选择索引排序规则为升序，如图 5-4 所示。设置完成后，单击"确定"按钮返回上一级对话框。

（5）单击"关闭"按钮，关闭【索引/键】对话框。再单击标准工具栏上的"保存"按钮，保存新创建的索引。

由于一个表或视图只能有一个聚集索引，当用户需要建立多个索引时，就需要考虑非聚集索引了。

二、创建唯一、聚集索引

【例 5.3】使用 Management Studio 为表 CI 的邮箱列创建唯一、聚集索引 IX_CI_1。

操作步骤：

（1）打开表 CI 的【索引/键】对话框。
（2）单击"添加"按钮，设置创建索引的列以及索引名称。
（3）在编辑框【是唯一的】中选择"是"，将该索引设置为唯一索引，如图 5-5 所示。

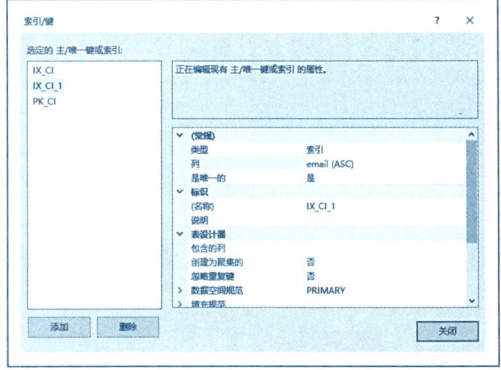

图 5-5　设置唯一索引

(4) 注意查看【表设计器】|【创建为聚集的】编辑框,会发现该编辑框为灰色,表示不可编辑,如图 5-6 所示。

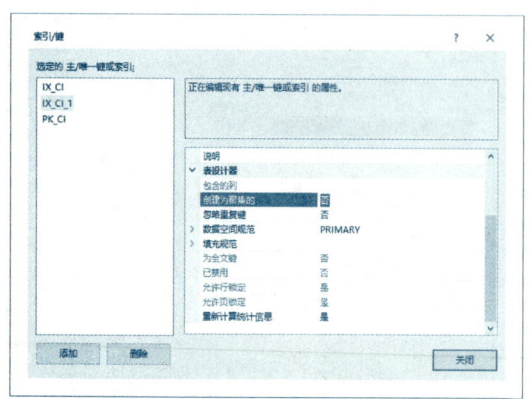
图 5-6 【创建为聚集的】编辑框不可编辑

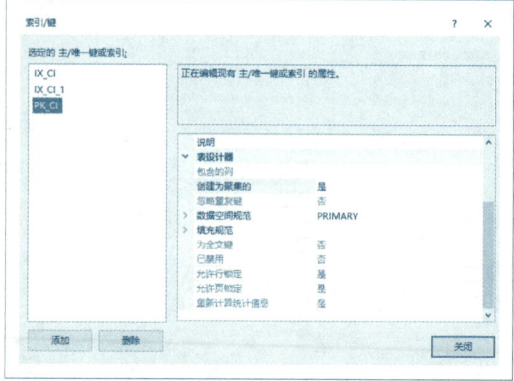
图 5-7 【创建为聚集的】编辑框可以编辑

(5) 在左边的【选定的主/唯一键或索引】列表中,选中名为 PK_CI_1 的索引,查看【表设计器】|【创建为聚集的】编辑框,会发现该编辑框为黑色,表示可以编辑,其当前值为"是",表示此索引是聚集索引,如图 5-7 所示。

(6) 可以修改 PK_CI 索引的【创建为聚集的】值为"否",然后重新选中 IX_CI_1 索引,将其【创建为聚集的】值修改为"是"。

说明:本任务仅作为示例,不需要实现,关闭【索引/键】对话框,再关闭【表设计器】编辑框,放弃此任务的修改。本任务的(4)不能直接设置 IX_CI_1 索引为聚集索引,是因为表 CI 的 cno 列已经被设置为主键,而当用户在表中创建主键约束或唯一约束时,SQL Server 将自动在建有这些约束的列上创建唯一聚集索引,这里为 PK_CI,查看 PK_CI 可以看到它的属性为唯一的、聚集的。由于该表中已经存在聚集索引,就不可以再创建其他的聚集索引了。若要创建聚集索引,可以先将已有的聚集索引修改为非聚集索引,当表中不存在聚集索引时,便可以重新设置聚集索引了。

三、重命名索引

(一) SQL 语句方式重命名索引

【例 5.4】使用 T-SQL 语句为表 CI 的索引对象 IX_CI_1 重命名为 UN_CI_1。

操作步骤:
(1) 新建查询文件。
(2) 输入如下 T-SQL 语句,将索引 IX_CI_1 重命名为 UN_CI_1。

```
Use eleproduct      /* 将数据库 eleproduct 指定为当前数据库 */
Go
Exec sp_rename 'CI.IX_CI_1', UN_CI_1
Go
```

其中，sp_rename 是系统存储过程，其功能是为对象重命名，此处通过调用该系统存储过程对索引对象重命名。

(3) 执行语句，重命名索引执行后返回结果如图 5-8 所示。

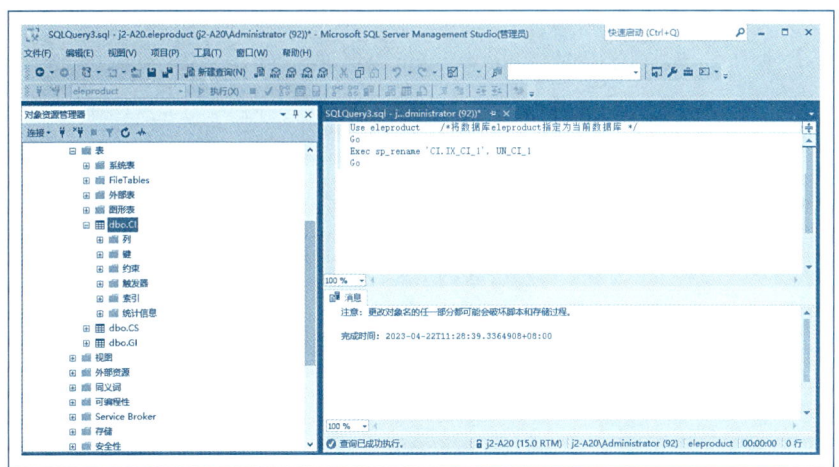

图 5-8　重命名索引执行结果

注意：为了保证后续任务的正常实施，此处更改索引名称后请再改回原名。

(二) 菜单方式重命名索引

【例 5.5】 使用 Management Studio 为表 CI 的索引对象 IX_CI_1 重命名为 UN_CI_1。

操作步骤：

(1) 在【对象资源管理器】中依次展开【eleproduct】|【表】节点。

(2) 展开【CI】|【索引】节点，可以看到表 CI 上所有的索引对象，右键单击 IX_CI_1 索引，在弹出的快捷菜单中选择【重命名】命令，如图 5-9 所示。

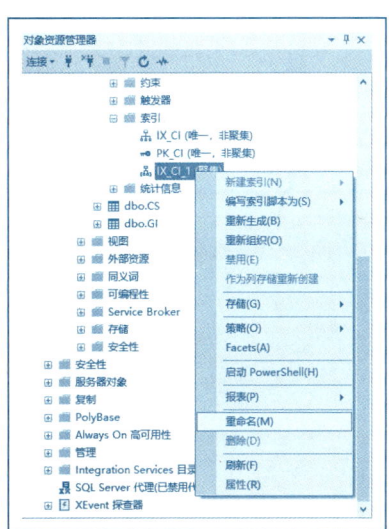

图 5-9　重命名索引

(3) 输入索引对象的新名称 UN_CI_1,然后按回车键完成操作。

四、查看索引

(一) SQL 语句方式查看索引

【例 5.6】使用 T-SQL 语句查看 eleproduct 数据库中表 CI 的索引信息。

操作步骤：

(1) 新建查询文件。

(2) 输入如下 T-SQL 语句查看 eleproduct 数据库中表 CI 的索引信息。

```
Use eleproduct      /* 将数据库 eleproduct 指定为当前数据库 */
Go
Exec sp_helpindex CI
Go
```

其中,sp_helpindex 是系统存储过程,其功能是实现索引信息的查询。

(3) 执行语句,显示表 CI 中所有索引对象的名称、描述以及创建索引的列名,如图 5-10 所示。

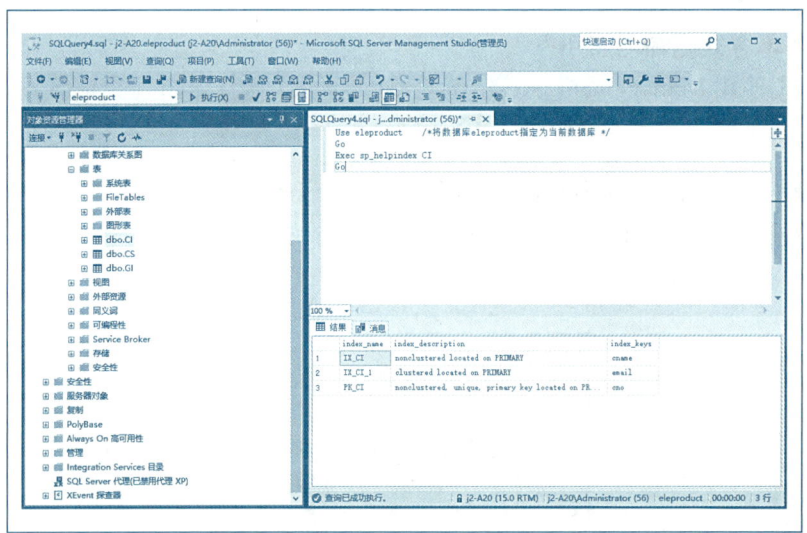

图 5-10　查看索引信息(1)

(二) 菜单方式查看索引

【例 5.7】使用 Management Studio 查看 eleproduct 数据库中表 CI 的索引信息。

操作步骤：

方法一：

(1) 在【对象资源管理器】中,使用与创建索引相同的方法打开【索引/键】对话框。

(2) 在【选定的主/唯一键或索引】列表中选择要查看的索引,即可查看该索引的相关信息。

方法二：
(1) 在【对象资源管理器】中，展开【CI】|【索引】节点。
(2) 右键单击索引对象名，在展开的快捷菜单中单击【属性】命令。
(3) 打开【索引属性】对话框，可以查看该索引的相关信息，如图 5-11 所示。

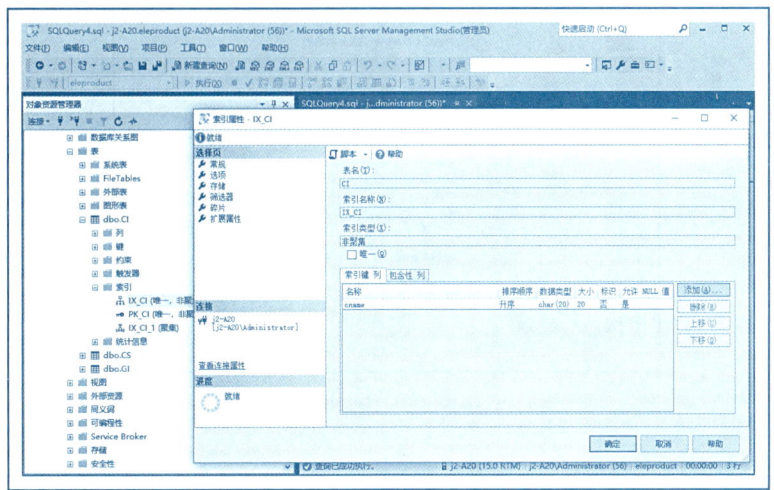

图 5-11　查看索引信息(2)

五、删除索引

(一) SQL 语句方式删除索引

【例 5.8】使用 T-SQL 语句删除表 CI 中的 IX_CI_1 索引。

操作步骤：
(1) 新建查询文件。
(2) 输入如下 T-SQL 语句，删除 IX_CI_1 索引。

```
Use eleproduct    /* 将数据库 eleproduct 指定为当前数据库 */
Go
drop index CI.IX_CI_1
Go
```

(3) 执行语句。

(二) 菜单方式删除索引

【例 5.9】使用 Management Studio 删除表 CI 中的索引 IX_CI。

操作步骤：
(1) 启动 Microsoft SQL Server Management Studio，在【对象资源管理器】中展开 eleproduct 数据库，再展开其下的【表】节点。右键单击表 CI，在弹出的快捷菜单中选择【设计】选项。

(2) 单击工具栏上的"索引管理和键"按钮,打开【索引/键】对话框。

(3) 在【选定的主/唯一键或索引】列表框中选择要删除的索引 IX_GI。

(4) 单击"删除"按钮删除该索引,如图 5-12 所示。

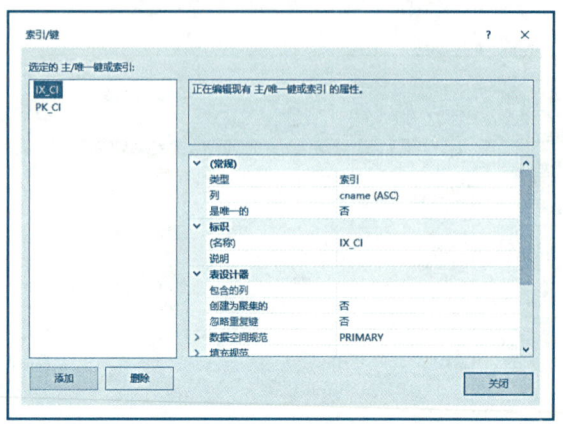

图 5-12 删除索引

(5) 先单击"关闭"按钮,关闭【索引/键】对话框;再单击标准工具栏上的"保存"按钮,保存修改的结果。

任务二　视　　图

任务说明

在电子商品管理系统的日常管理工作中有许多操作需要通过访问表来实现,如核对商品的信息是否正确,查询商品的编号、姓名等。不过有时用户会有一些数据不希望被别人看到,就可以用视图帮助解决这个问题,即让访问者阅读视图而不是所有数据,这样不仅可以隐藏敏感数据,提高数据的安全性,还可以减少访问者的查询工作量。

相关知识

一、视图概述

视图是指计算机数据库中的视图,是一个虚拟表,其内容由查询定义。同真实的表一样,视图包含一系列带有名称的列和行数据。但是,视图并不在数据库中以存储的数据值集形式存在,而是以 Select 语句形式存在的。行和列数据来自由定义视图的查询所引用的表,并且在引用视图时动态生成。

视图可以引用当前或其他数据库的一个或多个表,或其他视图。被视图引用的表被称为基本表;被视图引用的视图被称为基本视图。视图创建好之后,可以像普通表一样使用。

二、有关 SQL 语法格式

(一) 创建视图

视图的创建命令主要包括:定义视图名称、列名和 Select 语句。
Create View 语句的语法格式如下:

view_name [(column[,…n])]	视图在数据库中的名称。
[WITH ENCRYPTION]	视图中的列。
AS	加密视图。
Select_statement[;]	定义视图的 SELECT 语句。
[WITH CHECK OPTION]	保证通过视图进行的修改,必须也能通过该视图看到修改后的结果。

(二) 修改视图

Alter View 语句的语法格式如下:

view_name [(column[,…n])]	要修改的视图。
AS	要修改的视图中的列。
Select_statement[;]	修改视图的 SELECT 语句。
[WITH CHECK OPTION]	保证通过视图进行的修改,必须也能通过该视图看到修改后的结果。

用户可以通过视图修改基本表中的数据,但任何修改都只能影响一个基本表。视图中被修改的列必须直接引用基本表列中的基础数据,而不能是派生数据。例如,不能修改各种聚合函数的值,也不能修改其他计算结果。

修改视图实际上会完全改变视图的定义,以前定义的选项会全部丢失。所以,修改以后的视图并不是原来的定义选项加上或者减去修改的选项,而是用修改后的结果完全取代以前的结果。

(三) 删除视图

Drop View 语句的语法格式如下:

view_name [… ,n][;]	要删除的视图。

说明: 可以同时删除多个视图,只要在视图名中间用逗号隔开即可。

修改视图与删除视图后重新定义视图有相同之处,也有不同之处。修改视图与重新定义视图从视图的内容来看是相同的。不同之处在于:修改视图后,可以继承其他对象对该视图的依赖关系以及该视图上的权限设定;删除视图后,上述特征会丢失,即使再创建一个同名的视图也不会继承上述特征。

任务实施

一、创建视图

创建视图

（一）SQL 语句方式创建视图

【例 5.10】使用 SQL 语句创建视图 View_GI 来查询商品的 gno、gname 和 gmodel。

操作步骤：

在 Microsoft SQL Server Management Studio 中单击"新建查询"按钮，在【查询编辑器】中输入下列 T-SQL 命令。

```
Use eleproduct     /* 将数据库 eleproduct 指定为当前数据库 */
Go
Create View View_GI   /* 在数据库 eleproduct 中创建视图 View_GI */
As
Select gno,gname,gmodel
From GI
With check option
Go
```

（二）菜单方式创建

【例 5.11】使用菜单方式创建视图 View_GI 来查询商品的 gno、gname 和 gmodel。

操作步骤：

（1）启动 Microsoft SQL Server Management Studio，在【对象资源管理器】中展开指定【数据库】结点，右击【视图】选项，在快捷菜单中选择【新建视图】命令。

（2）在【添加表】对话框中选中表 GI，单击"添加"按钮添加此表到视图中，如图 5-13 所示。

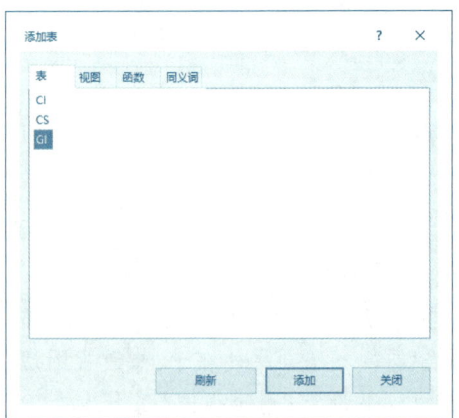

图 5-13 添加表至视图中

(3) 关闭【添加表】对话框,返回视图设计器窗口。在表 GI 中选择需要在视图中出现的数据列,以及虽然不需要在视图中出现但需要于条件设计的列,如图 5-14 所示,选中 gno、gname 和 gmodel。

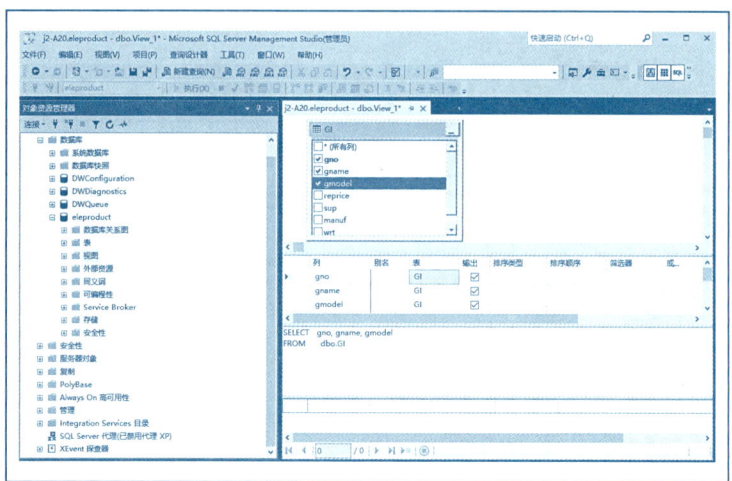

图 5-14　设置数据列

(4) 在视图设计器窗口空白处右键找到【执行 SQL】命令,并点击"执行"按钮(即执行生成视图的 Select 查询),执行后可以在视图设计器底部看到视图的数据,如图 5-15 所示。

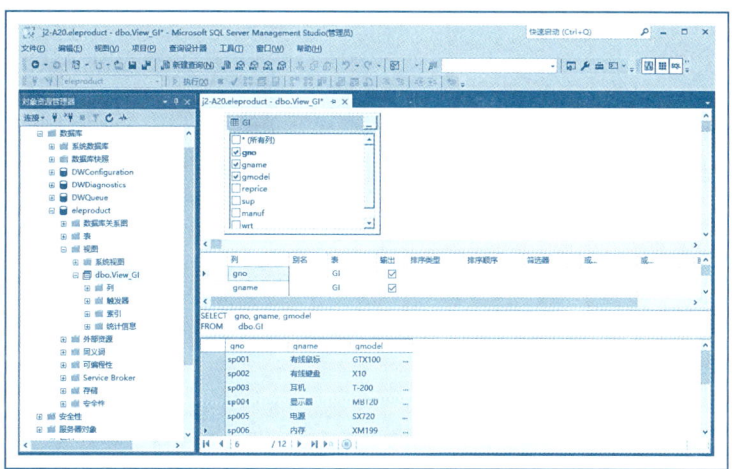

图 5-15　查询视图执行数据

(5) 单击标准工具栏上的"保存"按钮,将视图命名为 View_GI,保存视图。

【例 5.12】查询 View_GI 视图中 gno 为 sp003 的商品信息。

操作步骤：
(1) 新建查询文件。
(2) 输入以下查询语句。

```
Use eleproduct    /* 将数据库 eleproduct 指定为当前数据库 */
Go
Select *  from View_GI where gno = 'sp003'
Go
```

(3) 分析语法并执行语句,查询结果如图 5-16 所示。

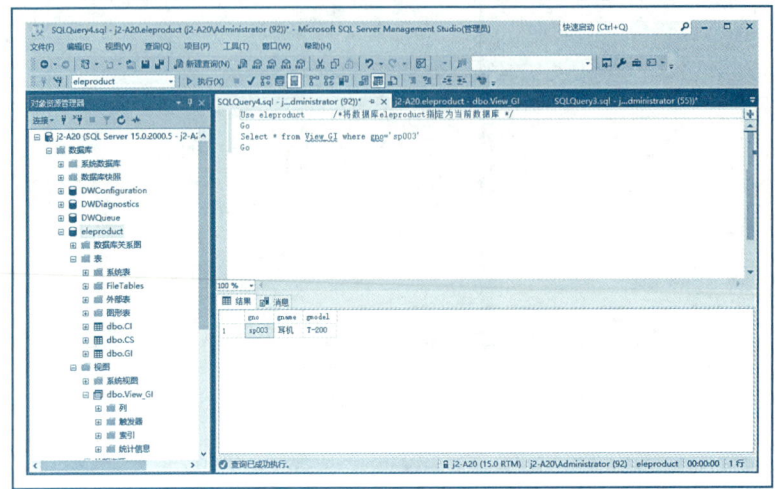

图 5-16　查询视图中的数据

二、修改视图

(一) SQL 语句方式修改视图

【例 5.13】使用 SQL 语句修改 View_GI 视图,使视图 View_GI 能查询商品的 gno、gname 和 sup。

操作步骤:

在 Microsoft SQL Server Management Studio 中单击"新建查询"按钮,在【查询编辑器】中输入下列 T-SQL 命令。

```
Use eleproduct    /* 将数据库 eleproduct 指定为当前数据库 */
Go
Alter View View_GI   /* 在数据库 eleproduct 中创建视图 View_GI */
With encryption
As
Select gno,gname,sup
From GI
Go
```

有时并不希望其他用户能查看视图的定义文本,这时可以在创建或修改视图时使用

with encryption 语句对保存在系统表中的视图定义文本进行加密，还可以防止在 SQL Server 复制过程中发布视图。

（二）菜单方式修改视图

【例 5.14】使用 SQL 语句修改 View_GI 视图，使视图 View_GI 能查询商品的 gno、gname 和 manuf。

操作步骤：

（1）启动 Microsoft SQL Server Management Studio，在【对象资源管理器】中展开指定【数据库】结点。

（2）展开【视图】节点，右键单击视图 dbo.View_GI，在快捷菜单中选择【设计】选项，打开视图设计器。

（3）在关系图窗格中，将表 GI 中的 manuf 列选中，把 sup 列删除。

（4）单击标准工具栏上的"保存"按钮，保存对视图的修改。

三、删除视图

（一）SQL 语句方式删除视图

【例 5.15】使用 SQL 语句删除视图 View_GI。

操作步骤：

输入以下 SQL 语句并执行。

```
Use eleproduct     /* 将数据库 eleproduct 指定为当前数据库 */
Go
Drop View View_GI
Go
```

（二）菜单方式删除视图

操作步骤：

启动 Microsoft SQL Server Management Studio，在【对象资源管理器】中展开【数据库】结点，右击要删除的视图，选择【删除】命令。

任务三　存储过程

任务说明

在电子商品的日常管理工作中，有些工作内容会频繁出现，如新商品的入库需要新数据

的输入,还有特定编号的商品的查询等。为了避免进行重复劳动,用户可以将需要完成的工作预先用 SQL 语句写好,并用指定的名称保存为存储过程,当需要进行与定义好的存储过程功能相同的工作时,可以直接调用该存储过程。

 相关知识

一、存储过程概述

(一)存储过程的概念

存储过程是一组为了完成特定功能的 SQL 语句集,它存储在数据库中,一次编译后永久有效,用户通过指定存储过程的名字并给出参数(如果该存储过程带有参数)来执行它。

(二)存储过程的分类

(1)系统存储过程:它是安装 SQL Server 时由系统创建的存储过程,以 sp_开头,用来设定各项系统、取得信息、开展相关管理工作。

(2)扩展存储过程:它是对动态链接库(DLL)函数的调用,以 xp_开头,它允许用户使用 DLL 访问 SQL Server。

(3)用户自定义存储过程:它是用户可以使用外部程序语言编写的存储过程,通常以 xp_开头,它主要在应用程序中使用,可以完成特定的任务,是最常用的存储过程。

本任务我们主要学习用户自定义存储过程。

二、有关 SQL 语法格式

(一)创建存储过程

存储过程的创建命令主要包括:定义存储过程名称和实现存储过程功能的语句 T-SQL,而且这两项是必不可少的。

Create Procedure 语句的语法格式如下:

sp_name [{@ parameter data_type}[VARYING][= default] [out|output]][,…n] AS sql_statement[…n]	存储过程的名称。 参数名称。 参数的数据类型。 指定作为输出参数支持的结果集。 参数的默认值。 设定该参数为输出参数。 该存储过程的 SQL 语句。

一般来说,使用 T-SQL 语句创建一个存储过程应按照以下步骤进行:

(1)编写 SQL 语句。

(2)测试 SQL 语句是否正确,能否实现功能要求。

(3)若得到的结果数据符合预期要求,则按照存储过程的语法创建该存储过程。

(4)执行该存储过程,验证其正确性。

(二)执行存储过程

Execute Procedure 语句的语法格式如下:

项目五　数据库中的对象操作

[{Exec|Execute}]sp_name 　　{[@ return_status =]sp_name } 　　[[@ parameter =]{value|@ variable[OUTPUT]|[DEFAULT]}] 　　[,…n]	执行存储过程的关键词。 　　整型变量，用于保存存储过程的返回状态。 　　＝　　给存储过程的参数赋值。 　　说明指定的参数为返回参数。 　　指定使用该参数的默认值。

（三）修改存储过程

Alter Procedure 语句的语法格式如下：

sp_name [{@ parameter data_type}[VARYING][= default] [out|output]][,…n] AS sql_statement[…n]	修改存储过程的关键词。

从语法格式中可以看出，修改存储过程与创建存储过程类似，只是将关键词 Create 改为 Alter，其他参数与 Create Procedure 语句相同，这里不再赘述。

（四）删除存储过程

Drop Procedure 语句的语法格式如下：

sp_name[,…n]	要删除的存储过程。

说明：对于不再需要的存储过程，可以使用 Drop Procedure 语句将其删除。

任务实施

一、使用 SQL 语句方式创建存储过程

【例 5.16】使用 T-SQL 语句创建存储过程 proc_GIInfo 来查询 gmodel 为"MBT20"的商品的 gno 和 gname。

创建存储过程

操作步骤：

（1）在 Microsoft SQL Server Management Studio 中单击"新建查询"按钮，在【查询编辑器】中输入下列 T-SQL 命令。

```
Use eleproduct              /* 将数据库 eleproduct 指定为当前数据库 */
Go
Create procedure proc_GIInfo   /* 在数据库 eleproduct 中创建存储过程 */
As
Select gno,gname, gmodel
From GI
```

```
Where gmodel = 'MBT20'
Go
```

（2）执行 T-SQL 语句，完成存储过程 proc_GIInfo 的创建。

（3）新建查询文件，输入如下 T-SQL 语句。

```
Execute proc_GIInfo      /* 执行存储过程 proc_GIInfo */
Go
```

（4）执行该存储过程，结果如图 5-17 所示。

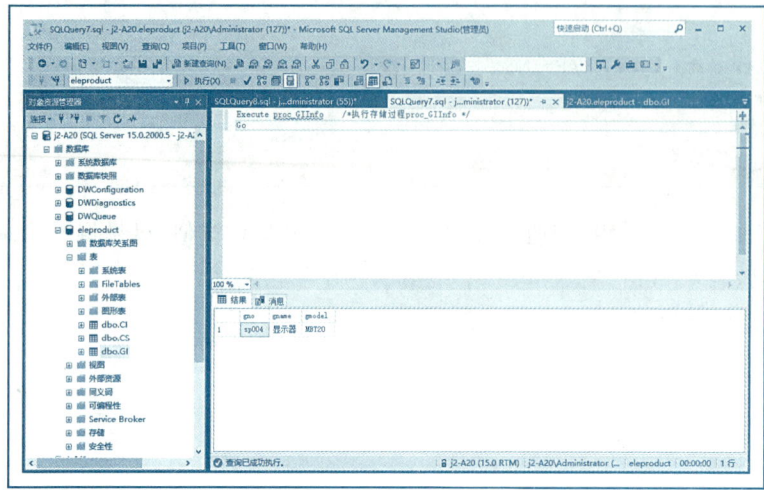

图 5-17　查询存储过程数据

二、使用 SQL 语句方式修改存储过程

【例 5.17】使用 T-SQL 语句修改 proc_GIInfo 存储过程，使存储过程 proc_GIInfo 能查询 gmodel 为"KING64"的商品的 gno 和 gname，且用 encryption 关键字对该存储过程进行文本加密。

操作步骤：

（1）在 Microsoft SQL Server Management Studio 中单击"新建查询"按钮，在【查询编辑器】中输入下列 T-SQL 命令。

```
Use eleproduct      /* 将数据库 eleproduct 指定为当前数据库 */
Go
Alter procedure proc_GIInfo    /* 修改数据库 eleproduct 中的存储过程 */
With encryption
As
Select gno, gname, gmodel
From GI
```

```
Where gmodel ='KING64'
Go
```

(2) 执行 T-SQL 语句,完成存储过程 proc_GIInfo 的修改。

(3) 新建查询文件,输入如下 T-SQL 语句。

```
Execute proc_GIInfo    /* 执行存储过程 proc_GIInfo */
Go
```

(4) 执行该存储过程,结果如图 5-18 所示。

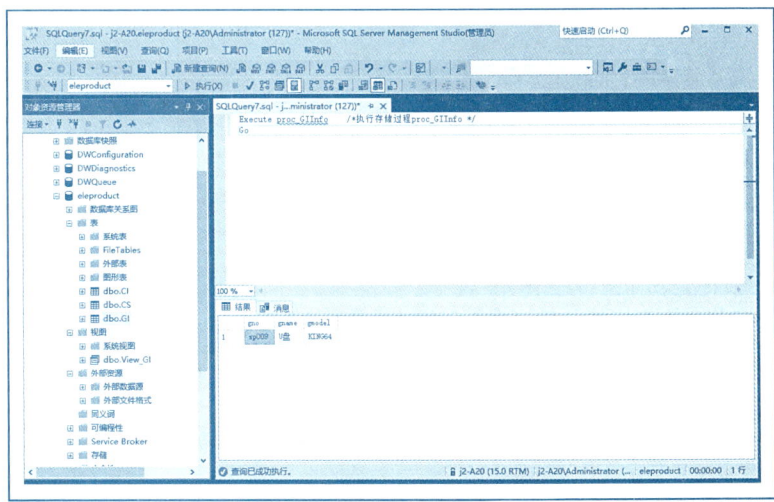

图 5-18　查询存储过程数据

有时用户并不希望其他用户能查看存储过程的定义文本,这时可以在创建或修改存储过程时使用 with encryption 语句对保存在系统表中的存储过程定义文本进行加密,还可以防止在 SQL Server 复制过程中发布存储过程。

三、删除存储过程

(一) SQL 语句方式删除

【例 5.18】使用 T-SQL 语句删除存储过程 proc_GIInfo。

操作步骤:

(1) 在 Microsoft SQL Server Management Studio 中单击"新建查询"按钮,在【查询编辑器】中输入下列 T-SQL 命令。

```
Use eleproduct    /* 将数据库 eleproduct 指定为当前数据库 */
Go
Drop procedure proc_GIInfo
Go
```

(2) 执行 T-SQL 语句,将存储过程 proc_GIInfo 删除。(为了保证后续操作的可操作性,此处删除的存储过程 proc_GIInfo 要重新创建)

(二)菜单方式删除
操作步骤:

(1) 启动 Microsoft SQL Server Management Studio,在【对象资源管理器】中,依次展开【数据库】|【eleproduct】|【可编程性】|【存储过程】。

(2) 在存储过程列表中,右击要删除的存储过程,选择【删除】命令,如图 5-19 所示。

图 5-19　删除存储过程

(3) 在【删除对象】对话框中,单击"确定"按钮删除此对象。

任务四　触　发　器

任务说明

电子商品管理系统数据库中有多张表,表和表之间存在一定的联系,对某张表的增、删、改操作可能会涉及其他表的数据变动,这样就会给数据的日常管理带来一定的麻烦,为此用户可以为数据库创建一些触发器,以帮助解决这样的问题。

相关知识

一、触发器概述

(一)触发器的概念

触发器是一种特殊类型的存储过程,其中包含一系列的 T-SQL 语句,但它的执行不是用 execute 命令显示调用,而是在满足一定条件下自动激活而执行,如向表中插入记录、更新记录或者删除记录时系统自动地激活并执行。

(二)触发器的分类

根据触发器执行类型,触发器可以分为数据定义语句触发器和数据操纵语言触发器。

数据定义语句(DDL)触发器:它是当服务器或者数据库中发生数据定义语言事件时才会被激活而调用,使用 DDL 触发器可以防止对数据库架构进行的某些未授权更改。

数据操纵语言(DML)触发器:是特殊类型的存储过程,可以在发生 DML 事件时自动生效,以便影响触发器中定义的表或视图。DML 事件包括 Insert、Update 或 Delete 语句。DML 触发器可以用于强制执行业务规则维护数据完整性、查询其他表或复杂的 SQL 语句。

二、有关 SQL 语法格式

(一)创建触发器

触发器是一个功能强大的工具,它与表紧密相连,在表中数据发生变化时自动强制执行。

使用 T-SQL 语句创建触发器的基本语法格式如下:

触发器的名称	触发器的名称,必须在数据库中唯一。
关联的数据表	指定与所创建的触发器关联的数据表。
{ for|after |instead of }	指定触发器的类型为 AFTER 触发器。
{[insert][,] [update][,] [delete]}	指定触发器的类型为 INSTEAD OF 触发器。指定能够激活
AS	触发器的操作,必须至少指定一个操作。
sql_statement	触发器的 SQL 语句。

(二)查看触发器

1. 查看表中触发器

执行系统存储过程 sp_helptrigger 查看表中触发器的语法格式如下:

'table'[,'type']	执行触发器的关键词。触发器所在的表名。指定列出某一操作类型的触发器,包括"insert" "update" "delete",若不指定,则列出所有的触发器。

2. 查看触发器的定义文本

触发器的定义文本存储在系统表 syscomments 中，利用系统存储过程 sp_helptext 可查看某个触发器的内容，其语法格式如下：

'trigger_name'	

3. 查看触发器的所有者和创建时间

系统存储过程 sp_help 可用于查看触发器的所有者和创建时间，其语法格式如下：

'trigger_name'	

（三）修改触发器

使用 T-SQL 语句修改触发器的基本语法格式如下：

	修改触发器的关键词。

{ for|after |instead of }
{[insert][,] [update] [,] [delete]}
  AS
  sql_statement	

从语法格式中可以看出，修改触发器与创建触发器类似，除了将关键词 Create 改为 Alter，其他参数与创建触发器中相同，这里不再赘述。

（四）删除触发器

使用 T-SQL 语句删除触发器的基本语法格式如下：

[,…n]	要删除的触发器，该语句可以删除多个触发器。

说明：对于不再需要的触发器，可以使用 Drop trigger 语句将其删除。

 任务实施

一、创建触发器

（一）菜单方式创建

【例 5.19】使用 Management Studio 在表 GI 上创建触发器 GI_trigger1，当执行 insert 操作时，该触发器被触发。

创建触发器

操作步骤：

（1）在【对象资源管理器】中，依次展开【数据库】|【eleproduct】|【表】节点。

（2）展开要创建触发器的表 GI，右键单击【触发器】选项，在打开的快捷菜单中单击【新建触发器】命令，如图 5-20 所示。

图 5-20 新建触发器

(3) 按照下面的代码修改创建触发器的模板代码。

```
Create trigger GI_trigger1    /* 创建名称为 GI_trigger1 的触发器 */
On  GI
After insert
As
Begin
  Print '欢迎扩充产品库'
end
Go
```

(4) 分析和执行语句,修改后的结果如图 5-21 所示。

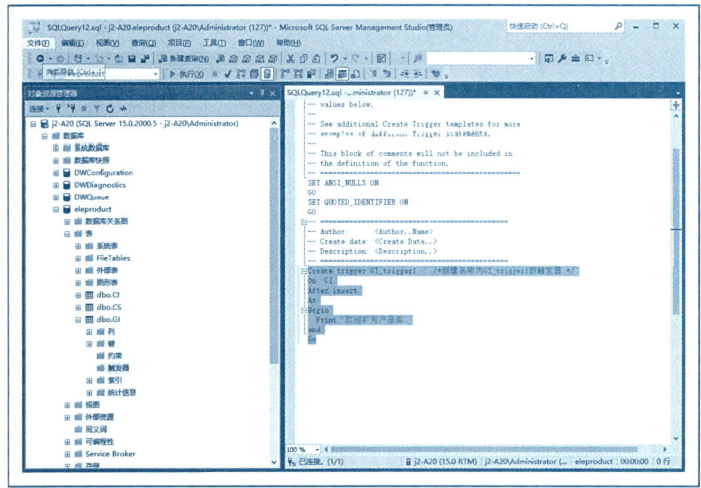

图 5-21 修改创建存储器代码

(5) 单击 SQL 编辑器工具栏上的 ✓ 按钮,测试代码语法的正确性。

(6) 单击 SQL 编辑器工具栏上的 ▶执行(X) 按钮,完成 GI_trigger1 触发器的创建。命令执行成功后,【触发器】节点下将出现 GI_trigger1 对象。

(7) 若要保存创建 GI_trigger1 触发器的 T-SQL 代码,单击菜单【文件】|【保存】命令,在打开的【另存为】对话框中,选择存储位置,输入新的文件名,单击"保存"按钮。

(二) SQL 语句方式创建触发器

【例 5.20】使用 T-SQL 语句在表 GI 上创建触发器 GI_trigger2,当执行 insert 操作时,该触发器被触发。

操作步骤:

(1) 新建查询文件。

(2) 输入如下 T-SQL 语句,创建 GI_trigger2 触发器。

```
Use eleproduct     /* 将数据库 eleproduct 指定为当前数据库 */
Go
Create trigger GI_trigger2
On GI              /* 在 GI 表上创建触发器 GI_trigger2 */
After insert
As
  Print '数据插入成功!欢迎扩充产品库'
Go
```

(3) 新建查询文件,输入如下 T-SQL 语句,测试 GI_trigger2 触发器。

```
Use eleproduct     /* 将数据库 eleproduct 指定为当前数据库 */
Go
Insert into GI(gno,gname,gmodel,reprice,sup,manuf,wrt)
Values('sp013','麦克风','KG300',150,'迈成科技','2023-1-3',3)
Go
```

(4) 分析和执行语句,运行结果如图 5-22 所示。

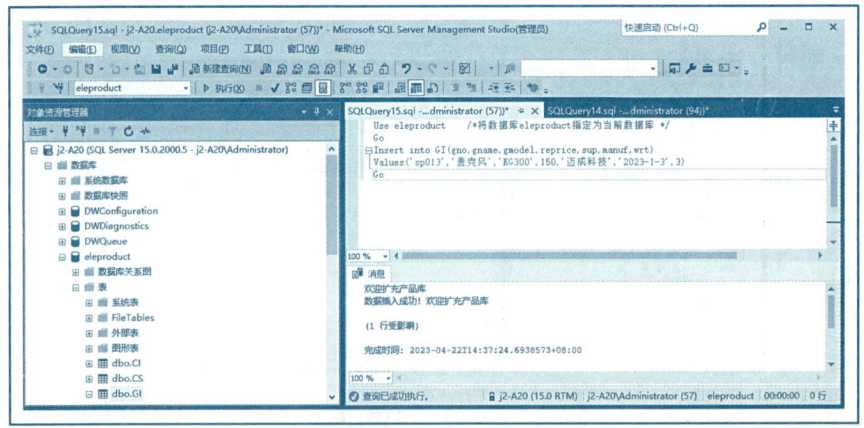

图 5-22 测试 GI_trigger2 触发器

【例 5.21】 使用 T-SQL 语句在表 GI 上创建 GI_trigger3 触发器,当执行 update 操作时,该触发器被触发。

操作步骤:

(1) 新建查询文件。

(2) 输入如下 T-SQL 语句,创建 GI_trigger3 触发器。

```
Use eleproduct      /* 将数据库 eleproduct 指定为当前数据库 */
Go
Create trigger GI_trigger3
On GI               /* 在 GI 表上创建触发器 GI_trigger3 */
For update
As
    Print '已更新'
Go
```

(3) 新建查询文件,输入如下 T-SQL 语句,测试 GI_trigger3 触发器。

```
Use eleproduct      /* 将数据库 eleproduct 指定为当前数据库 */
Go
Update GI
set reprice = 80
where gno = 'sp013'
Go
```

(4) 分析和执行语句,运行结果如图 5-23 所示。

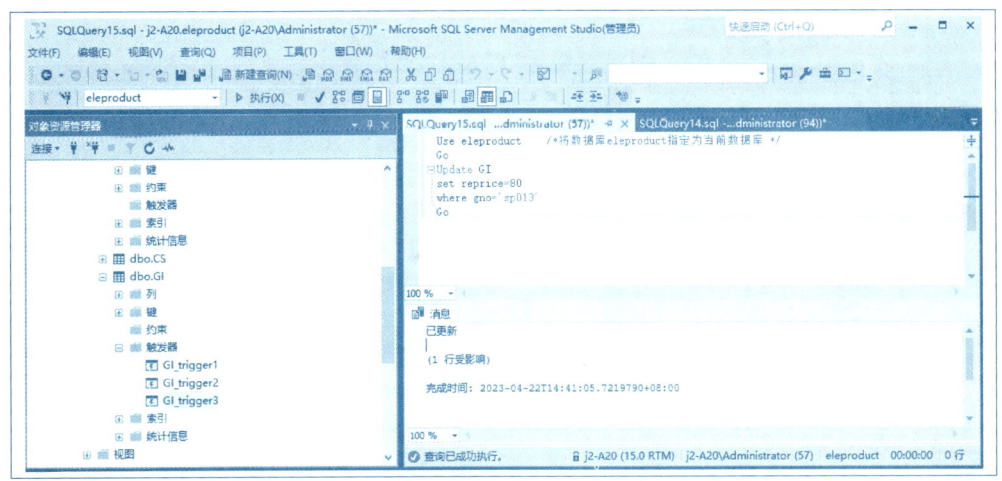

图 5-23 测试 GI_trigger3 触发器

注意: 为了保证本书实例的统一,修改后的数据请恢复成原来的记录内容。

【例 5.22】 使用 T-SQL 语句在表 GI 上创建 GI_trigger4 触发器,当执行 delete 操作时,该触发器被触发。

操作步骤:

(1) 新建查询文件。

(2) 输入如下 T-SQL 语句,创建 GI_trigger4 触发器。

```
Use eleproduct      /* 将数据库 eleproduct 指定为当前数据库 */
Go
Create trigger GI_trigger4
On GI               /* 在 GI 表上创建触发器 GI_trigger4*/
For delete
As
    Print '已删除'
Go
```

(3) 新建查询文件,输入如下 T-SQL 语句,测试 GI_trigger4 触发器。

```
Use eleproduct      /* 将数据库 eleproduct 指定为当前数据库 */
Go
delete GI
where gno ='sp013'
Go
```

(4) 分析和执行语句,运行结果如图 5-24 所示。

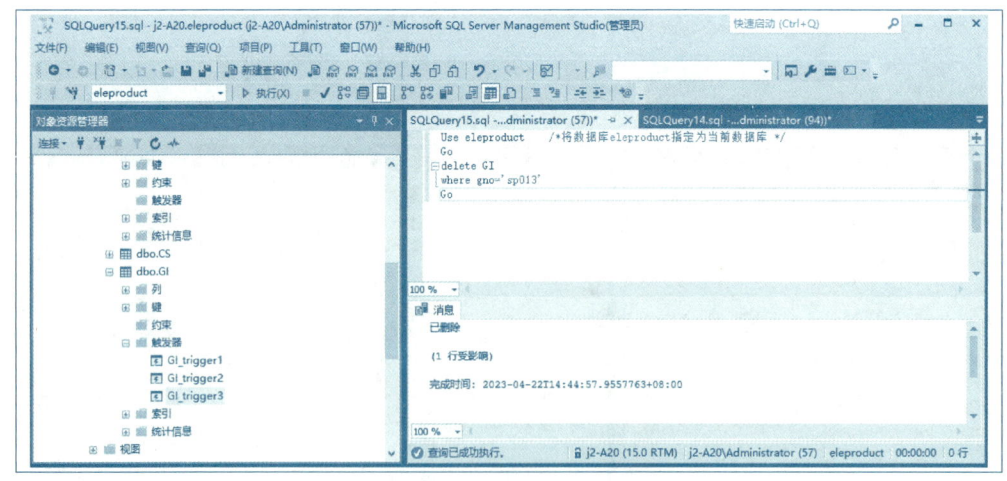

图 5-24 测试 GI_trigger4 触发器

注意: 为了保证本书实例的统一,修改后的数据请恢复成原来的记录内容。

二、查看触发器

【例 5.23】使用系统存储过程 sp_helptrigger 查看表 GI 中的触发器。

操作步骤:

(1) 新建查询文件。

(2) 输入如下 T-SQL 语句,查看表 GI 中的触发器信息。

```
Use eleproduct    /* 将数据库 eleproduct 指定为当前数据库 */
Go
Exec sp_helptrigger GI
Go
```

(3) 分析和执行语句,执行结果如图 5-25 所示。

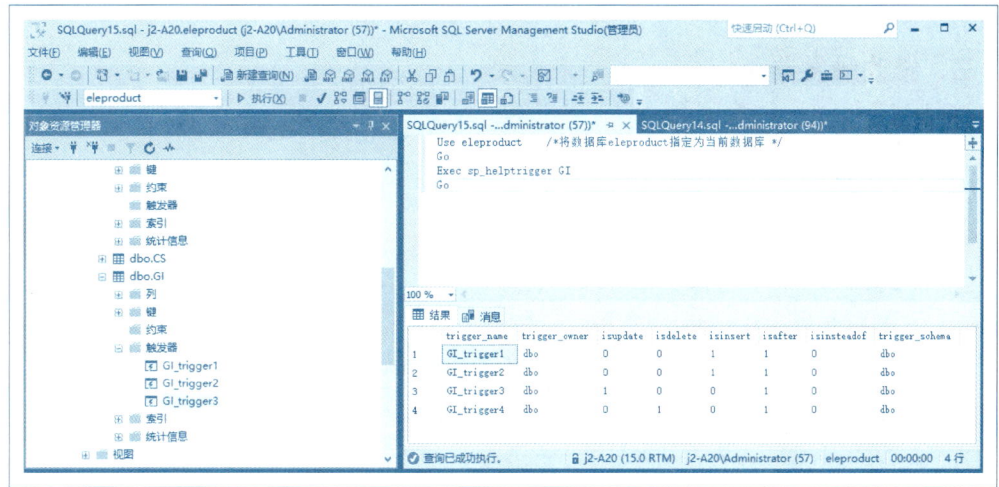

图 5-25　查看表 GI 的触发器

【例 5.24】使用系统存储过程 sp_helptext 查看表 GI 中 GI_trigger2 触发器的定义文本。
(1) 新建查询文件。
(2) 输入如下 T-SQL 语句,查看表 GI 中的触发器信息。

```
Use eleproduct    /* 将数据库 eleproduct 指定为当前数据库 */
Go
Exec sp_helptext 'GI_trigger2'
Go
```

(3) 分析和执行语句,执行结果如图 5-26 所示。

注意:使用系统存储过程 sp_help 查看触发器的所有者和创建时间代码类似,只需将上述"sp_helptext"换成"sp_help",后面的触发器名称换成所查看的触发器即可,这里不再举例赘述。

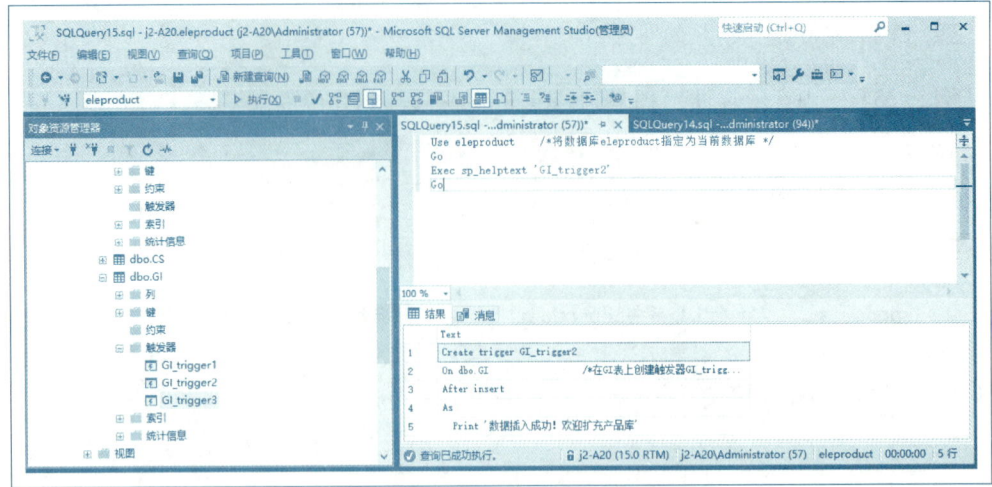

图 5-26　查看 GI_trigger2 触发器的定义文本

三、修改触发器

（一）菜单方式修改

【例 5.25】使用 Management Studio 修改表 GI 中的 GI_trigger1 触发器的定义代码。

操作步骤：

(1) 在【对象资源管理器】中，展开【eleproduct】|【表】|【GI】|【触发器】节点。

(2) 右键单击 GI_trigger1 触发器，在弹出的快捷菜单中选择【修改】命令，系统调出该触发器的定义代码，如图 5-27 所示，此时可以修改触发器的定义代码。

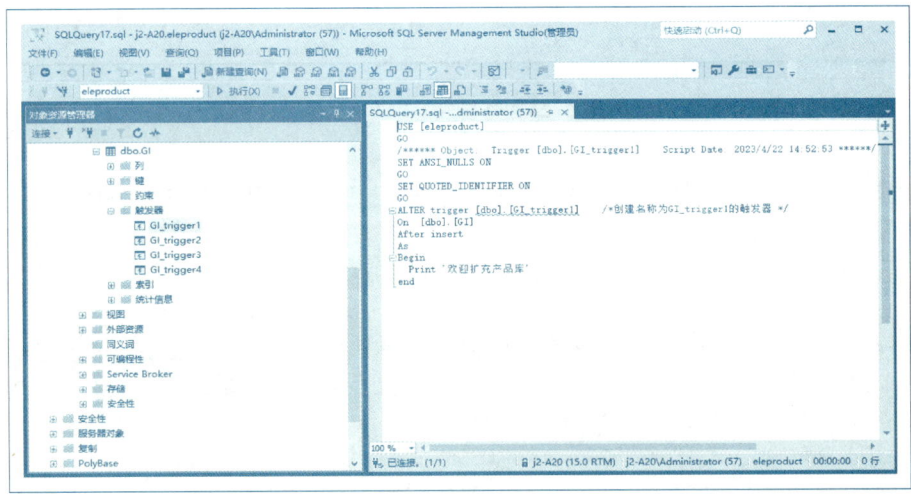

图 5-27　修改 GI_trigger1 触发器的定义代码

（二）SQL 语句方式修改触发器

【例 5.26】使用 T-SQL 语句修改表 GI 中的 GI_trigger1 触发器，当用户在表 GI 中执行插入、修改、删除操作时,系统自动给出错误提示,并撤销本次操作。

操作步骤:

(1) 在【对象资源管理器】中,展开【eleproduct】|【表】|【GI】|【触发器】节点。

(2) 右键单击 GI_trigger1 触发器,在弹出的快捷菜单中选择【修改】命令,系统调出该触发器的定义代码,此时可以修改触发器的定义代码。

(3) 按照下面的 T-SQL 语句修改 GI_trigger1 触发器的定义代码,然后分析、执行该代码。

```
Use eleproduct      /* 将数据库 eleproduct 指定为当前数据库 */
Go
Alter trigger [dbo].[GI_trigger1]
On [dbo].[GI]              /* 在 GI 表上创建触发器 GI_trigger1 */
Instead of insert, update, delete
As
  Print '本次执行的操作无效'
Go
```

(4) 新建查询文件,输入如下 T-SQL 语句,测试 GI_trigger1 触发器。

```
Use eleproduct      /* 将数据库 eleproduct 指定为当前数据库 */
Go
delete GI
where  gno = 'sp012'
Go
```

(5) 分析、执行步骤(3)的代码,运行结果如图 5-28 所示。

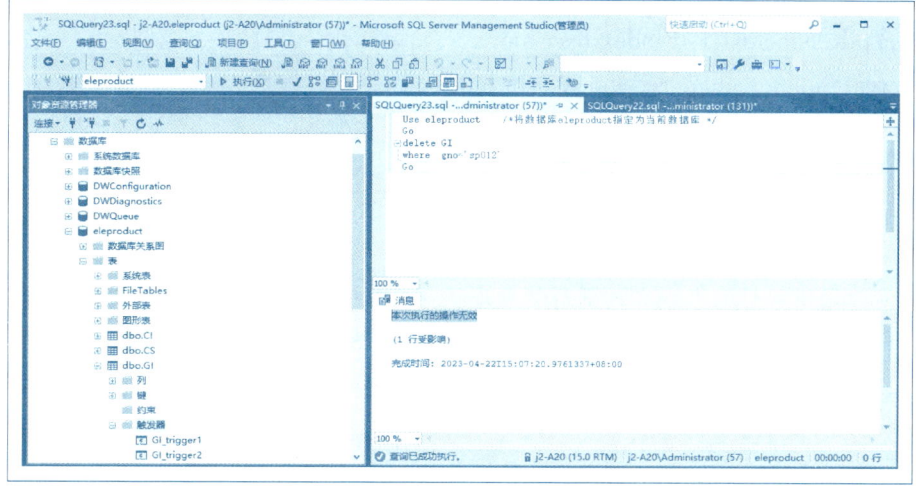

图 5-28　测试 GI_trigger1 触发器

德技并修

磨刀不误砍柴工

有一句谚语说得好,"磨刀不误砍柴工",这也适用于数据库中的对象操作。虽然"磨刀"需要花费时间和精力,但这是必要的准备工作。随着数据量的增加,查询和管理数据的难度也会增加。因此,在数据库中建立索引、视图、存储过程和触发器等是必要的,只有这样才能实现高效、快速的操作。

在万物互联的时代,我们在工作与日常生活中经常主动、被动地提供或收到很多信息数据。在许多场景下,我们只需要提供姓名和身份证号码等少量信息就可以获取大量深入的数据,如健康医疗数据。与一般数据不同,健康医疗数据事关人民群众的生命安全和个人隐私,是国家重要的基础性战略资源。通常情况下,医院里的电子健康记录系统储存了大量患者的健康信息。这些系统充分利用了数据库管理系统中的索引、视图、存储过程和触发器等技术,可以快速定位和获取相关数据、对数据访问控制、实现对数据的加密和审计等功能。

看似不必要的前期准备工作,往往在后期会发挥出巨大的作用,能提高工作效率,达到事半功倍的效果。

项目训练

一、单选题

1. 创建唯一、非聚集索引 test_index 的语句是(　　)。
    A. create nonclustered index test_index
    B. create unique clustered index test_index
    C. create unique nonclustered index test_index
    D. 以上都不对

2. 下列各项中,对聚集索引的描述正确的是(　　)。
    A. 一个表只能有一个聚集索引
    B. 创建聚集索引的表中各数据行的物理顺序与索引键值的逻辑顺序无需相同
    C. 设置为主键的列,系统会自动在其上创建唯一索引而非聚集索引
    D. 以上都不对

3. 下列各项中,对唯一的描述正确的是(　　)。
    A. 一个表只能有一个唯一索引
    B. 系统会自动在创建主键约束和唯一约束的列上创建唯一索引
    C. 创建唯一索引的列的值不要求唯一

D. 以上都不对
4. 下列各项中,表述不正确的是( )。
   A. 删除索引使用关键字 drop
   B. 创建索引使用关键字 create
   C. 可以通过系统存储过程重命名索引
   D. 以上都不对
5. 下列各项中,对索引的描述不正确的是( )。
   A. 索引的作用是提高数据查询速度
   B. 一张表上可以创建多个索引
   C. 当一个索引不再使用时,可以将其从数据库中删除
   D. 以上都不对
6. 创建视图 view_test 的语句是( )。
   A. create view view_test
   B. create view_test
   C. create view
   D. 以上都不对
7. 下列各项中,对视图的描述正确的是( )。
   A. 一个数据库只能创建一个视图
   B. 视图和数据表一样,以数据值存储值集的形式存在
   C. 视图可以帮助提高数据的安全性
   D. 以上都不对
8. 下列各项中,对修改视图的描述正确的是( )。
   A. 不能给视图改名
   B. 修改视图只能通过 T-SQL 语句实现
   C. 修改视图与删除视图后重新定义无区别,都会生成一个新视图
   D. 以上都不对
9. 创建存储过程 pro_test 的语句是( )。
   A. create procedure
   B. create pro_test
   C. create procedure pro_test
   D. 以上都不对
10. 下列各项中,对存储过程的描述正确的是( )。
    A. 存储过程是一组 SQL 语句集
    B. 以 sp_开头的是用户自定义存储过程
    C. 以 xp_开头的是系统存储过程
    D. 以上都不对
11. 下列各项中,对存储过程的操作描述正确的是( )。
    A. 不能给存储过程重命名
    B. 可以通过 T-SQL 语句修改存储过程
    C. 不能通过菜单方式删除存储过程
    D. 以上都不对
12. 创建触发器 trigger_test,语句是( )。
    A. create trigger trigger_test
    B. create trigger
    C. create trigger_test
    D. 以上都不对
13. 下列各项中,关于触发器的描述不正确的是( )。
    A. 触发器是一种特殊类型的存储过程
    B. After 触发器只有在激活它的语句执行完后才被激活
    C. Instead of 触发器是在数据变动之前被激活

D. After 触发器只能用关键字 After 定义
14. 下列各项中,对修改触发器的描述正确的是(　　)。
    A. 不能给触发器改名
    B. 修改触发器只能通过 T-SQL 语句实现
    C. 使用 T-SQL 语句修改触发器的语法同创建触发器的语法
    D. 以上都不对

二、实操题

1. 使用两种方法为表 CI 的 cname 创建非聚集索引。
2. 使用两种方法为表 CI 的 area 创建聚集索引。
3. 使用两种方法删除表 CI 中的索引。
4. 使用 SQL 语句创建视图 View_test,查询销售情况表的商品编号、客户编号和销售数量。
5. 使用 SQL 语句修改视图 View_test,查询销售情况表的商品编号、客户编号和销售金额。
6. 使用 SQL 语句删除视图 View_test。
7. 使用 T-SQL 语句创建存储过程 pro_gys,查询供应商表的供应商编号、供应商名称和联系电话。
8. 使用 T-SQL 语句修改存储过程 pro_gys,查询供应商表的供应商编号、供应商名称和所在地区。
9. 使用 T-SQL 语句删除存储过程 pro_gys。
10. 使用 T-SQL 语句在 eleproduct 数据库中创建触发器。
11. 使用 T-SQL 语句在表 CI 中创建 insert 触发器,当在表中插入已经存在的记录时,则提示插入非法。

项目六

数据库管理

导学

数据库管理是数据库系统运行期间采取的对数据库的活动,如数据库恢复、数据安全性控制等各个方面。数据库管理职责由数据库管理员(DBA)承担。数据库管理的目的是为数据库用户提供一个可用性好、安全可靠、性能优秀的数据库环境。

在电子商品管理系统投入使用后,我们需要对数据库的备份恢复方式、登录方式、用户的权限进行设置,以保证具有合法使用身份的用户能正常使用系统。

学习任务

1. 能够对数据库进行备份、还原
2. 掌握 SQL Server 登录账户的设置方法
3. 掌握为账户分配合法权限的方法
4. 掌握为登录账户设置服务器角色的方法
5. 掌握实施数据库角色分配的方法

知识描述

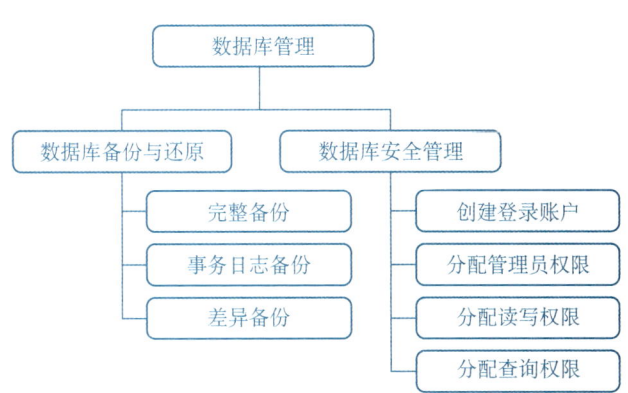

任务一　数据库备份与还原

任务说明

管理员为了保障数据的安全，需要为电子商品数据库制定一份备份策略，按需进行数据库的完成备份、差异备份和事务日志备份，以便于在数据库遭到破坏或者出现异常时进行数据恢复。本任务旨在针对电子商品管理系统的使用特点，进行恰当的完整、差异和事务日志备份操作，保证系统数据的安全性。

相关知识

一、备份与还原概述

数据库的备份是一个长期的过程，而还原只在发生事故后进行，还原可以看作是备份的逆过程，还原程度的好坏在很大程度上依赖于备份的情况。

备份就是对数据库结构和数据对象的复制，以便在数据库遭受破坏时能够及时修复数据库，数据备份是数据库管理员非常重要的工作。

二、备份的分类

按照备份数据库的大小以及应用的场合，数据库备份可以分为如下三种类型。

（一）完整备份

完整备份是 SQL Server 2019 的主要备份方式之一，它可以备份整个数据库，包含用户表、系统表、索引、视图和存储过程等所有数据库对象。但它需要花费更多的时间和空间，所以完整备份的使用频率通常比较低。

（二）事务日志备份

事务日志备份是 SQL Server 2019 的主要备份方式之一，是指自上一次备份事务日志后对数据库执行所有事务的一系列记录信息，可以使用事务日志备份将数据库恢复到特定的即时点或故障点。只有具有自上次数据库备份或差异数据库备份后的连续事务日志备份时，使用数据库备份和事务日志备份还原数据库才有效。

（三）差异备份

差异备份也称增量备份，是 SQL Server 2019 的主要备份方式之一。它是只备份数据库某一部分的另一种方法。它不使用事务日志，而是使用整个数据库的一种新映象。因为它只包含自上次完全备份以来所改变的数据库，所以它比最初的完全备份小，其优点是存储和恢复速度快，故数据库管理员经常使用此种备份方法。

任务实施

一、对数据库 eleproduct 进行完整备份及还原

【例 6.1】对数据库 eleproduct 进行完整备份,并使用完整备份进行数据库还原。

数据库完整备份与还原

操作步骤:

(1)启动 Microsoft SQL Server Management Studio,在【对象资源管理器】中展开【数据库】结点,右键单击【eleproduct】数据库,在快捷菜单中单击【任务】下的【备份】功能,打开【备份数据库】窗口。

(2)在【备份数据库】窗口的【常规】页面,从【源】|【数据库】下拉列表中选择【eleproduct】数据库;从【源】|【备份类型】下拉列表中选择【完整】;其他选项保持默认,单击"确定"按钮,如图 6-1 所示。

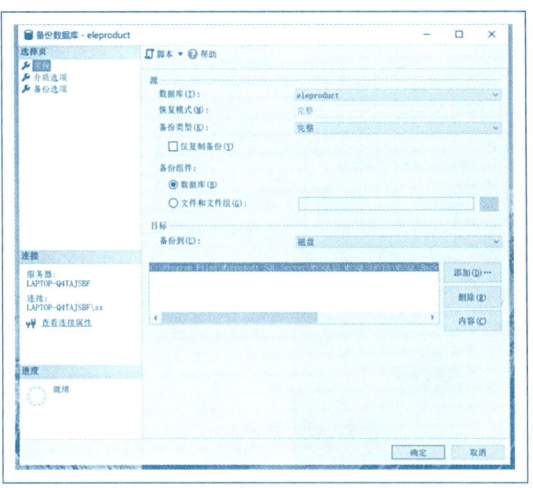

图 6-1 【备份数据库】窗口

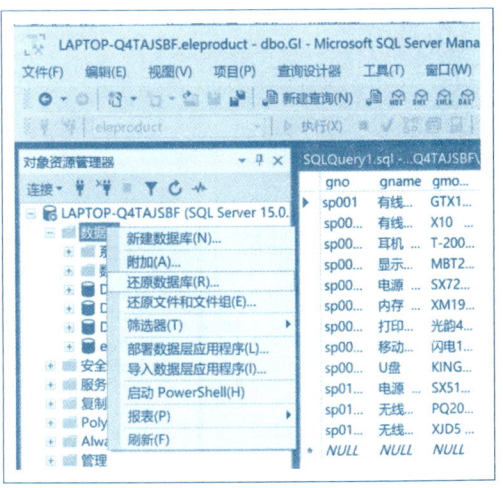

图 6-2 选择【还原数据库】命令

(3)当出现对数据库"eleproduct"的备份已成功完成的信息提示框时,单击"确定"按钮。

(4)在【对象资源管理器】中,删除 eleproduct 数据库。

(5)在【对象资源管理器】中,右键单击【数据库】节点,在弹出的快捷菜单中选择【还原数据库】命令,如图 6-2 所示。

(6)在【还原数据库】窗口中的【常规】页面,选中【源】|【设备】单选框,单击右侧的 按钮,在弹出的【选择备份设备】对话框中,单击"添加"按钮,指定备份文件的路径及名称;在【目标】|【数据库】中指定要恢复的数据库为【eleproduct】;确保选中【eleproduct-完整数据库备份】左边的【还原】复选框,其他选项保持默认,单击"确定"按钮,如图 6-3 所示。

(7)当出现成功还原了数据库"eleproduct"的信息提示框时,单击"确定"按钮。

(8)在【对象资源管理器】中展开【数据库】节点,可以看到【eleproduct】数据库已存在,若界面显示如图 6-4 所示,说明数据库恢复成功。

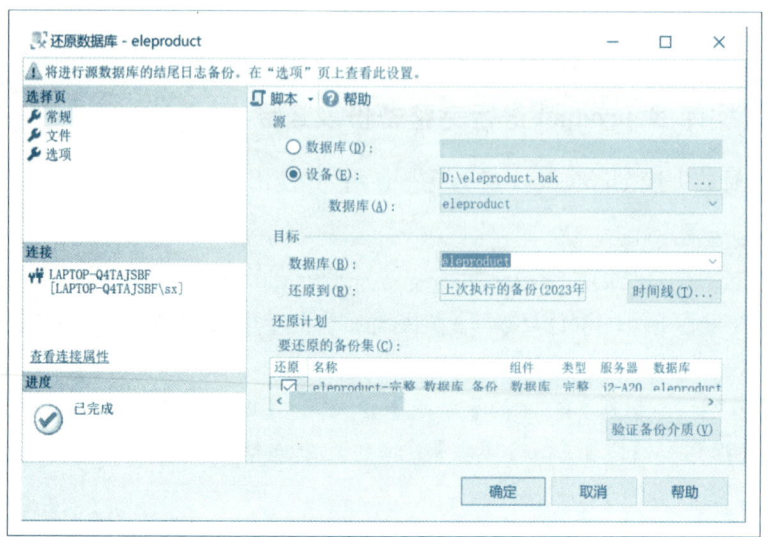

图 6-3 【还原数据库】窗口

图 6-4 【对象资源管理器】中有【eleproduct】数据库

二、对数据库 eleproduct 进行差异备份及还原

【例 6.2】在 eleproduct 数据库完整备份的基础上创建差异备份,并使用备份进行数据库还原。(注意:实施本任务前,请先对 eleproduct 数据库进行完整备份)

操作步骤:

(1) 删除 eleproduct 数据库下的表 GI。

(2) 在【对象资源管理器】中,右键单击【数据库】|【eleproduct】,在打开的快捷菜单中选

项目六 数据库管理 159

择【任务】|【备份】功能。

（3）在【备份数据库】窗口中，选择【源】|【备份类型】为【差异】，其他选项保持默认，如图 6-5 所示。

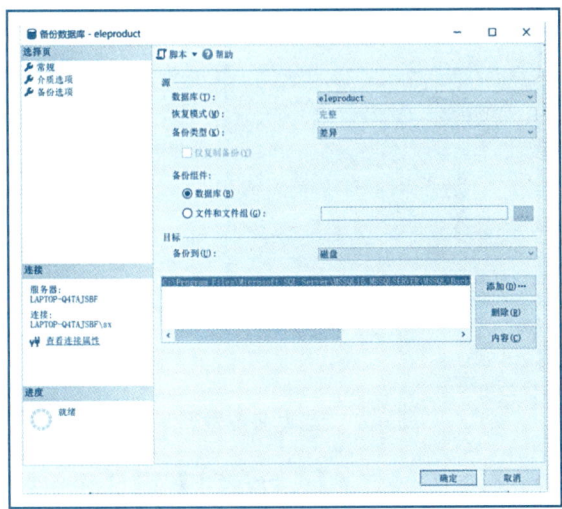

图 6-5 【备份数据库】窗口

（4）在左侧的【选择页】中单击【介质选项】，在右侧打开的【介质选项】页中确保选中【追加到现有备份集】单选框，以免覆盖现有的完整备份，选中【可靠性】中的【完成后验证备份】复选框，确保它们在备份完成之后是一致的。单击"确定"按钮完成设置，如图 6-6 所示。

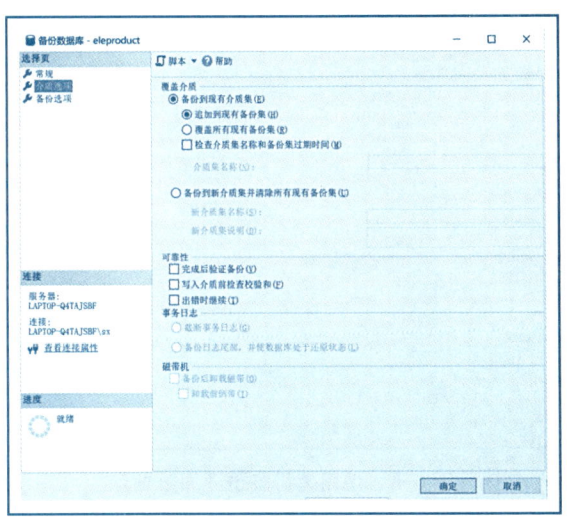

图 6-6 【介质选项】设置

（5）当出现对数据库"eleproduct"的备份已完成的信息提示框时，单击"确定"按钮。
（6）在【对象资源管理器】中，右键单击【数据库】节点，在弹出的快捷菜单中选择【还原数据库】命令，如图 6-7 所示。

图 6-7 选择"还原数据库"

(7) 在【还原数据库】窗口中的【常规】页面，选中【源】|【设备】单选框，单击右侧的…按钮，在弹出的【选择备份设备】对话框中，单击"添加"按钮，指定备份文件的路径及名称；设置【目标】|【数据库】下拉列表值为 eleproduct；选中【要还原的备份集】中的【eleproduct-完整数据库备份】和【eleproduct-差异数据库备份】复选框，如图 6-8 所示。

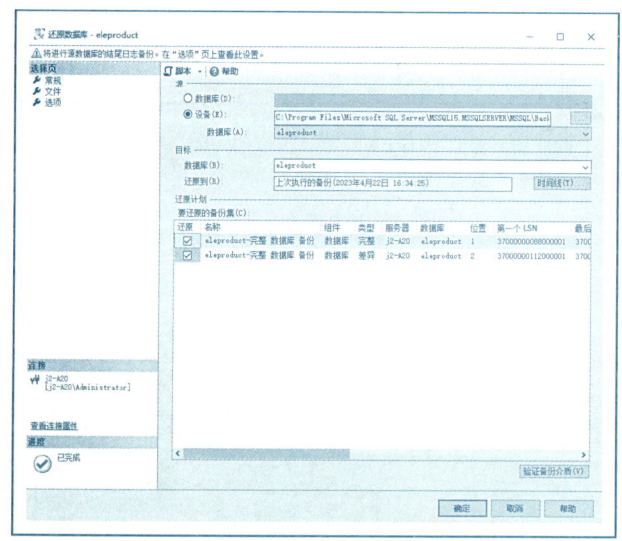

图 6-8 使用差异备份还原数据库

(8) 在【选择页】的【选项】页面，勾选【还原选项】下的【覆盖现有数据库（WITH REPLACE）】复选框，勾选【服务器连接】下的【关闭到目标数据库的现有连接】复选框，如图 6-9 所示，单击"确定"按钮。

(9) 当出现对数据库"eleproduct"的备份已完成的信息提示框时，单击"确定"按钮。

(10) 在【对象资源管理器】中，查看【eleproduct】数据库下的表，发现没有表 GI，说明差异备份恢复数据成功,如图 6-10 所示。

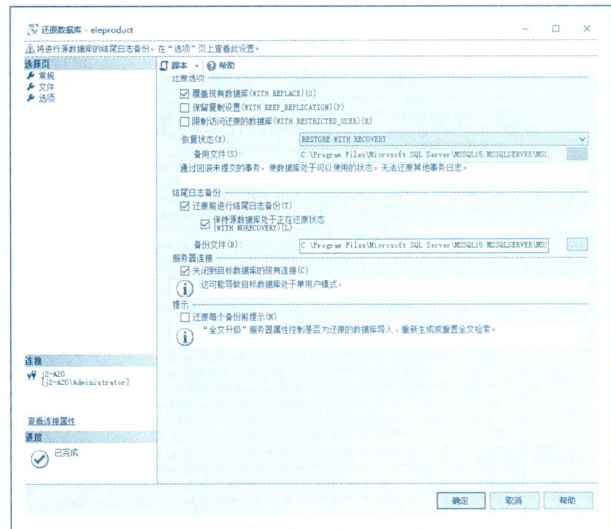

图 6-9 【还原选项】设置　　　　　　图 6-10　差异备份恢复成功

任务二　数据库安全管理

任务说明

随着互联网应用的范围越来越广,数据库的安全性也变得越来越重要,数据库中存储着重要的客户或资产信息等,这些无形的资产是公司的宝贵财富,必须对其进行严格的保护。

电子商品管理系统的用户在使用之前必须拥有自己的合法身份,即需要为各类用户设置登录 SQL Server 的账户,包括使用 sa 账户登录 SQL Server 数据库服务器。本任务将设置通过 SQL Server 验证方式登录 SQL Server 数据库服务器,以及为个别 Windows 账户设置登录 SQL Server 数据库服务器的权限。

电子商品管理系统也需要对用户进行权限细分,用户主要有系统管理员、商品信息维护员、商品信息查询员。系统管理员拥有分配系统账号,分配、修改用户权限,备份数据等权限;商品信息维护员拥有录入、修改电子商品基本信息、电子商品销售信息等权限;商品信息查询员拥有查询电子商品信息、电子商品销售情况等权限。本任务将对不同的权限进一步细化分配。

相关知识

一、SQL Server 安全验证模式

安全验证的方式是用户登录验证,这是 SQL Server 实施安全性的第一步。用户只有登

录到服务器之后才能对 SQL Server 数据库系统进行管理。

SQL Server 支持两种身份验证模式，即 Windows 身份验证模式和混合验证模式。它们控制用户如何连接到 SQL Server，以及控制对 SQL Server 示例的访问。

Windows 身份验证是默认模式，因为此 SQL Server 安全模型与 Windows 紧密集成，特定的 Windows 用户和账户可信任，可以登录 SQL Server。已经通过身份验证的 Windows 用户无需提供其他凭据。

混合身份验证模式支持由 Windows 和 SQL Server 进行身份验证，用户名和密码保留在 SQL Server 内。

二、数据库角色

在数据库中，为便于对用户及权限进行管理，可以将一组具有相同权限的用户组织在一起，这一组具有相同权限的用户就是角色（role）。db_datareader 角色权限可以读所有用户表中的所有数据，db_datawriter 角色权限可以在所有用户表中添加、删除和更新数据。

数据库角色用于对单个数据库进行操作，每个数据库都有一系列数据库角色，尽管在不同的数据库内它们是同名的，其各自的作用范围都仅限于本数据库。

任务实施

创建登录账户

一、使用 sa 账户登录 SQL Server 服务器

【例 6.3】以 Windows 身份验证模式安装了 SQL Server 数据库服务后，还需要完成一些设置，才能使用系统提供的 sa 账户登录数据库服务器。

操作步骤：

（1）启动 Microsoft SQL Server Management Studio，以 Windows 身份验证登录服务器。

（2）在【对象资源管理器】中先展开数据库服务器，再依次展开【安全性】中的【登录名】节点。

（3）右键单击 sa 登录名，选择【属性】命令，如图 6-11 所示。

（4）在打开的【登录属性- sa】对话框中，选中左侧【常规】选项卡，在该选项卡中仅选【强制实施密码策略】复选框，在【密码】与【确认密码】栏中输入新密码，如图 6-12 所示。

（5）选中左侧【状态】选项卡，确保在【是否允许连接到数据库引擎】中 sa 是"授权"状态，在【登录】中是"启用"状态，如图 6-13 所示，单击"确定"保存修改。

图 6-11　设置 sa 的属性

项目六 数据库管理

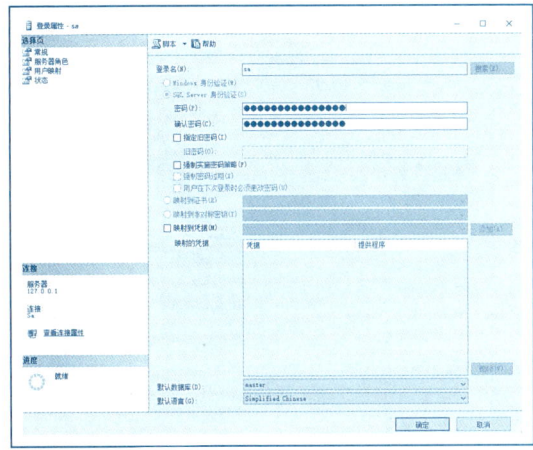

图 6-12 设置 sa 的登录密码

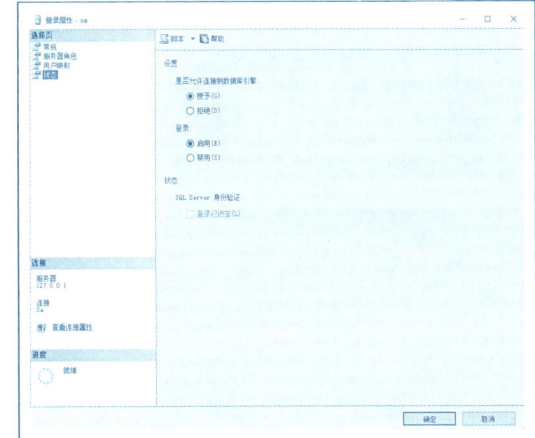

图 6-13 设置 sa 的登录状态

（6）右键单击数据库服务器根节点（不同主机，不同数据库服务器名称），选择【属性】命令，在打开的【服务器属性】窗口中，选择【安全性】页面，在【服务器身份验证】下，选中【SQL Server 和 Windows 身份验证模式】单选框，如图 6-14 所示。

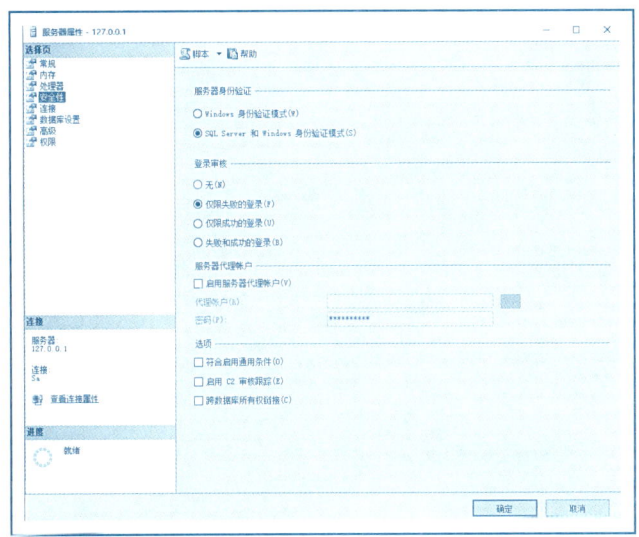

图 6-14 设置服务器身份验证方式

注意：若【服务器身份验证】下已经设置为【SQL Server 和 Windows 身份验证模式】单选框，则省略此步。

（7）单击"确定"按钮，弹出"直到重新启动 SQL Server 后，您所做的某些配置更改才会生效"的信息提示，单击"确定"按钮。

（8）右键单击当前数据库服务器根节点，在打开的快捷菜单中选择【重新启动】命令，重新启动数据库服务器引擎，如图 6-15 所示。

（9）重新启动后，在【对象资源管理器】中，选择【断开连接】命令，如图 6-16 所示。

图 6-15　重新启动服务器　　　　　　图 6-16　断开服务器连接

（10）在【对象资源管理器】中，重新单击"连接"按钮，选择【数据库引擎】选项，如图 6-17 所示。

（11）在【连接到服务器】对话框中，从【身份验证】下拉列表中选择【SQL Server 身份验证】选项，输入登录名 sa，输入步骤（4）设置的密码，如图 6-18 所示。

图 6-17　连接数据库引擎　　　　　　图 6-18　使用 SQL Server 身份验证登录服务器

（12）单击"连接"按钮，登录成功，如图 6-19 所示。

图 6-19　sa 账户登录成功

二、创建以混合验证方式访问数据库系统的账户

【例 6.4】创建账户 new-user，使其能够通过混合验证方式访问电子商品管理系统。

操作步骤：

（1）启动 Microsoft SQL Server Management Studio，以 Windows 身份验证登录服务器，在【对象资源管理器】中先展开对应数据库服务器，再展开【安全性】节点。

（2）右键单击【登录名】节点，从弹出的快捷菜单中选择【新建登录名】命令，如图 6-20 所示。

图 6-20　新建登录名

（3）打开如图所示的【登录名-新建】对话框，在【登录名】文本框中输入 SQL Server 登录名 new-user，然后选中【SQL Server 身份验证】单选框，在【密码】文本框中输入密码 123，确认密码也是 123。取消【强制实施密码策略】复选框的选中状态，其余设置为默认，如图 6-21 所示。

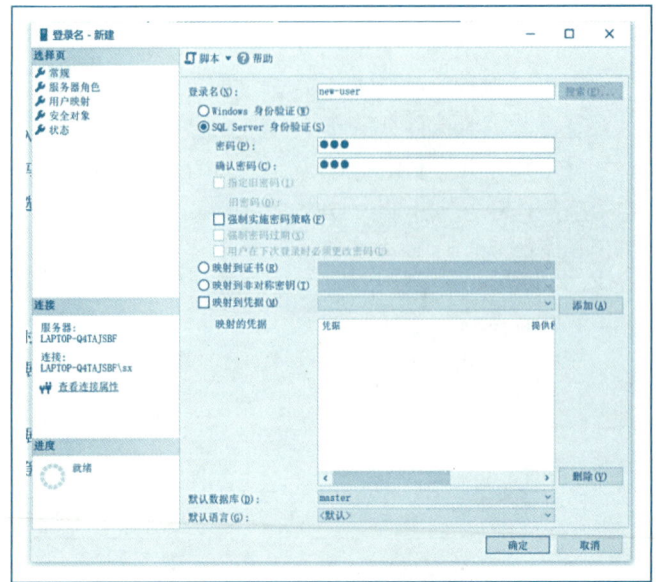

图 6-21 【登录名-新建】窗口

(4) 在左侧的【选择页】列表中,单击【用户映射】选项,打开【用户映射】选项页面,选中【eleproduct】数据库前的复选框,允许用户访问 eleproduct 数据库,如图 6-22 所示。

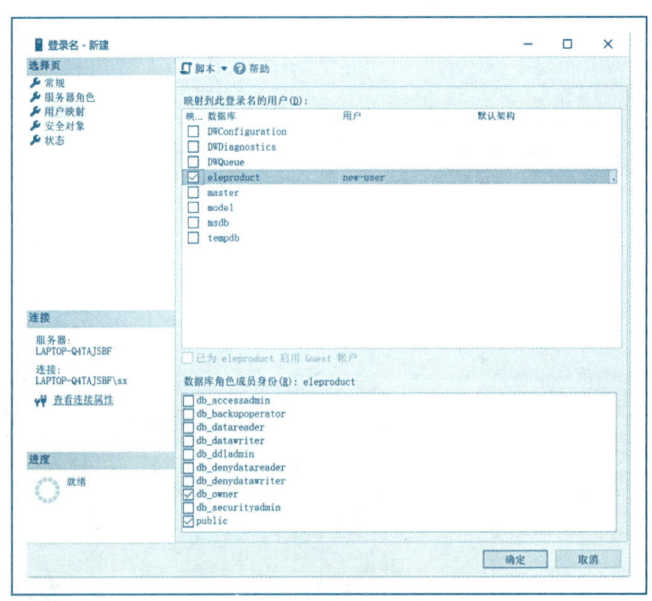

图 6-22 【用户映射】设置

(5) 在【选择页】列表中选中【状态】选项页面,将【是否允许连接到数据库引擎】设置为"授予",【登录】设置为"启用",单击"确定"按钮完成该登录用户的创建。

(6) 右键单击服务器根节点,选择【属性】命令,在打开的【服务器属性】窗口中,选择【安全性】选项页面,在【服务器身份验证】下,选中【SQL Server 和 Windows 身份验证模式】单选框,点击"确定"按钮,如图 6-23 所示。

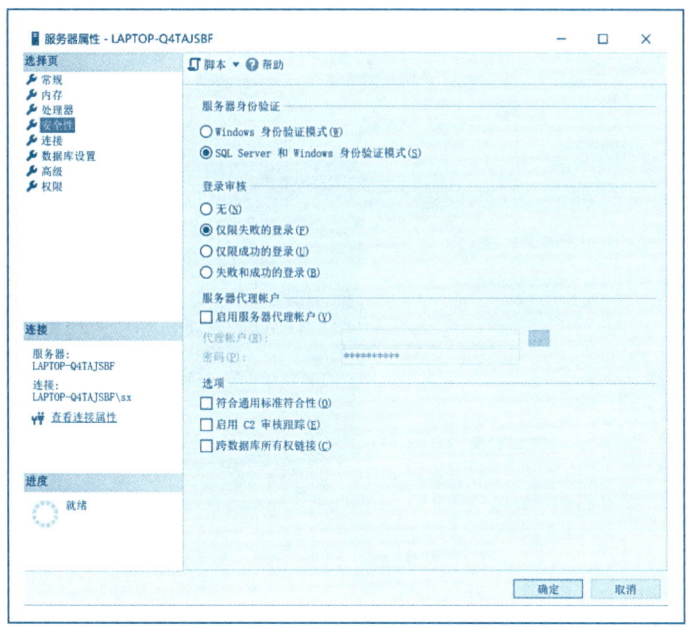

图 6-23 【服务器属性】窗口

（7）在【对象资源管理器】中,选择【断开连接】命令,断开与服务器的连接。

（8）在【对象资源管理器】中,单击"连接"按钮,选择【数据库引擎】选项,重新连接数据库服务器。

（9）在【连接到服务器】对话框中,从【身份验证】下拉列表中选择【SQL Server 身份验证】选项,输入登录名 new-user,输入密码 123,如图 6-24 所示。

图 6-24 【连接到服务器】窗口

(10) 单击"连接"按钮，登录成功，如图 6-25 所示。

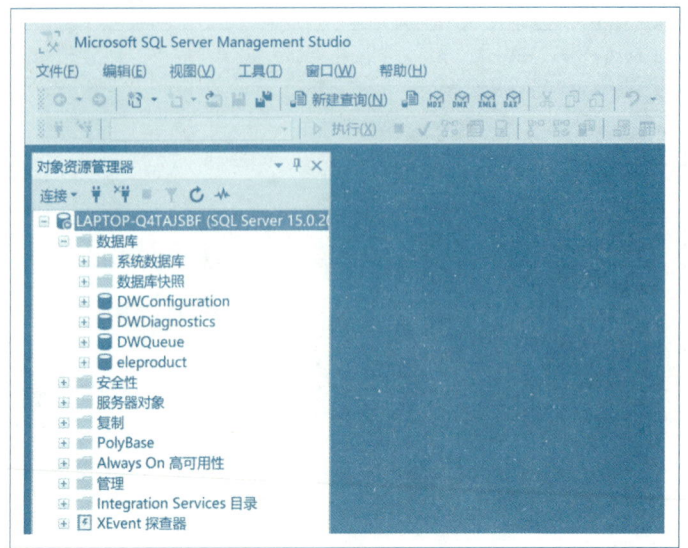

图 6-25　登录成功

三、为 Windows 账户创建数据库登录账户

【例 6.5】 给操作系统账户 LAPTOP-Q4TAJSBF\newuser 创建数据库登录账户，使得该用户的 Windows 登录账户可以登录 SQL Server 服务器。

操作步骤：

(1) 启动 Microsoft SQL Server Management Studio，在【对象资源管理器】中展开 LAPTOP-Q4TAJSBF 服务器节点，再展开【安全性】节点，选择【登录名】节点。

(2) 右键单击【登录名】节点，从弹出的快捷菜单中选择【新建登录名】命令。

(3) 打开如图所示的【登录名-新建】对话框，在【登录名】文本框中输入 NET-DB\newuser，在【默认数据库】下拉列表中选择【eleproduct】作为默认数据库。

注意： 计算机名要用数据库服务安装的主机名称，如 LAPTOP-Q4TAJSBF\newuser 中的 LAPTOP-Q4TAJSBF 是当前计算机的名称。

(4) 在左侧的【选择页】列表中，单击【用户映射】选项，打开【用户映射】选项页面，选中【eleproduct】数据库前的复选框，允许用户访问默认的 eleproduct 数据库。

(5) 单击"确定"按钮，完成操作系统账户在 SQL Server 中的映射。关闭 Microsoft SQL Server Management Studio。

(6) 注销 Windows 操作系统的当前登录账户，重新以 newuser 账户登录 Windows 系统。

(7) 启动 Microsoft SQL Server Management Studio，在【连接到服务器】对话框中，从【身份验证】下拉列表中选择【Windows 身份验证】选项。

(8) 单击"连接"按钮，登录成功。

 **德技并修**

网罗天下之事，安为万事之先

老子曰：福兮祸之所倚，祸兮福之所伏。如何处理好数据库安全，充分利用其便利性、全面性、代表性为全民造福，同时防范其安全隐患，是我们要解决的重要问题。

数据库安全管理就是为了打造一个安全可靠、性能优秀的数据库环境，所以我们需要对数据库进行备份，对用户权限进行设置。例如，社交媒体平台拥有大量用户数据，包括个人信息、社交关系、发帖记录等。为了保护用户隐私、防止滥用数据，以及确保平台的安全性和合规性，平台采取了一系列的数据库安全管理措施：用户隐私保护政策、数据加密和安全传输协议、反滥用和违规行为监测，以及对用户的教育和意识提升。平台所采取的这些措施就是为了保证自身数据库的安全。

我们在方便快捷地网罗、知晓天下之事，享受着数据库给我们带来的福利之时，也需要保证使用合法身份，为数据库系统的安全贡献一份力。

 项目训练

一、多选题

1. 下列各项中，属于数据库备份类型的有（　　）。
   A. 完整备份　　　　　　　　　　B. 事务日志备份
   C. 差异备份　　　　　　　　　　D. 以上都对

2. 下列各项中，对备份与还原的描述不正确的有（　　）。
   A. 数据库的备份是一个长期的过程，还原可以看作是备份的逆过程
   B. 只有具有自上次数据库备份或差异数据库备份后的连续事务日志备份时，使用数据库备份和事务日志备份还原数据库才有效。
   C. 差异备份只包含自上次完全备份以来所改变的数据库
   D. 以上说法都不正确

3. 下列各项中，对 SQL Server 身份验证模式的描述不正确的有（　　）。
   A. SQL Server 支持两种身份验证模式。
   B. SQL Server 支持 Windows 身份验证模式
   C. SQL Server 支持混合身份验证模式
   D. 以上说法都不正确

4. 下列各项中，对角色的描述不正确的有（　　）。
   A. 角色是一组具有相同权限的用户
   B. 可以对数据库的表进行权限的设置
   C. 可以对表的列进行权限的设置

D. 角色只能在表上进行设置

二、实操题

在 eleproduct 数据库下实现以下操作。

1. 在 Windows 操作系统中创建一个登录账户 new23。
2. 使 new23 成为 SQL Server 的合法账户，并让其可以访问数据库 eleproduct 中的表 xscj 表。
3. 使用 new23 重新连接 SQL Server 服务器，尝试该用户是否能对 eleproduct 和 xscj 表进行查询操作。

项目七

基于 Power BI 的数据分析基础

导学

近年来,"大智移云物区"——大数据、人工智能、移动互联网、云计算、物联网、区块链等信息技术迅猛发展,由此带来了深刻的商业变革,信息技术不再仅仅作为工具而存在,而是越来越成为影响企业实现其发展战略的重要环境变量。随着数字化发展,业务场景和企业数据呈现复杂化、多维化、海量化的特征,企业想要充分、有效利用数据,传统数据分析工具(如 Excel)是无法完成相应工作的。而 Power BI 简单实用,可完成企业数据充分有效的利用,实现数据驱动业务决策。数据分析是大数据技术的重要组成部分,近年来,随着大数据技术的逐渐发展和成熟,数据分析技能被认为是数据科学领域中数据从业人员需要具备的技能之一。

Power BI 是微软公司发布的一套交互式数据可视化商业智能工具,作为微软 BI 解决方案中的核心产品,被越来越多的企业和政府部门使用。Power BI 能够连接数百个数据源,简化数据准备并提供即时分析,生成美观的报表并进行发布,供组织在 web 和移动设备上使用。Power BI 工作流程图如图 7-1 所示。Power BI 的核心理念就是让用户不需要有强大的技术背景,就能快速进行商业数据分析与可视化。

图 7-1　Power BI 工作流程图

学习任务

1. 掌握 Power BI Desktop 的安装方法
2. 熟悉 Power BI Desktop 的界面
3. 掌握 Power BI 的工作流程

知识描述

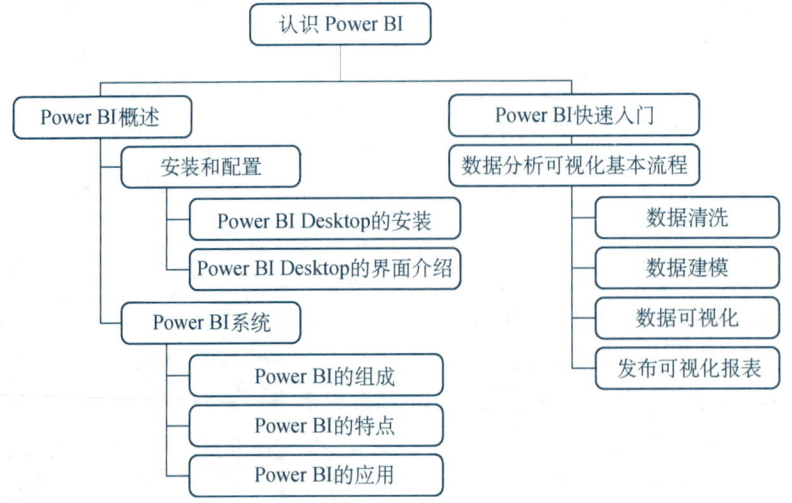

任务一　Power BI Desktop 安装与功能使用

任务说明

想要运用 Power BI 进行数据分析与可视化，就需要掌握 Power BI Desktop 的安装流程，了解软件界面、视图及窗格，熟悉 Power BI 的基本概念、基本术语、学习 Power BI 的必要性，这是学习 Power BI 的第一步，对于后续深入掌握 Power BI 数据分析与可视化具有重要意义。

相关知识

一、安装 Power BI Desktop 的软件和硬件要求

安装 Power BI Desktop 的软件和硬件要求如表 7-1 所示。

表 7-1　安装 Power BI 的软件和硬件要求

组件	要　　求
操作系统	Windows Server 2022 Windows Server 2019 Datacenter Windows Server 2019 Standard Windows Server 2016 Datacenter Windows Server 2016 标准版 Windows 10 家庭版

(续表)

组件	要 求
操作系统	Windows 10 专业版 Windows 10 企业版 Windows 11
内存	最低要求：1 GB 建议：至少 4 GB
处理器速度	最低要求：x64 处理器，1.4 GHz 推荐：2.0 GHz 或更快
处理器类型	x64 处理器：AMD Opteron、AMD Athlon 64，支持 Intel EM64T 的 Intel Xeon，以及支持 EM64T 的 Intel Pentium IV
硬盘	Power BI 报表服务器至少需要 1 GB 的可用硬盘空间 托管报表服务器数据库的数据库服务器上必须有额外空间

注意：只支持在 x64 处理器上安装 Power BI 报表服务器。

二、Power BI 概述

Power BI 是由微软开发和支持的一款实用软件，用于商业数据智能分析需求。Power BI 可连接数百个数据源，简化数据准备，通过数据清洗、数据建模、数据可视化等操作，提升数据有效性，完成数据分析，生成并发布美观的报表。

Power BI 简单且快速，能够从 Excel 电子表格或本地数据库快速创建。同时 Power BI 也是可靠的、企业级的，可进行丰富的建模和实时分析及自定义开发。因此，它既可以用作公司成员个人的报表分析和可视化，又可以用作项目组、部门或整个企业背后的分析工具和决策引擎。

（一）Power BI 的组成

Power BI 包含 Power BI 桌面应用程序（Power BI Desktop）、云端在线应用（Power BI 服务）及移动端可用的 App（Power BI 移动版），如图 7-2 所示。

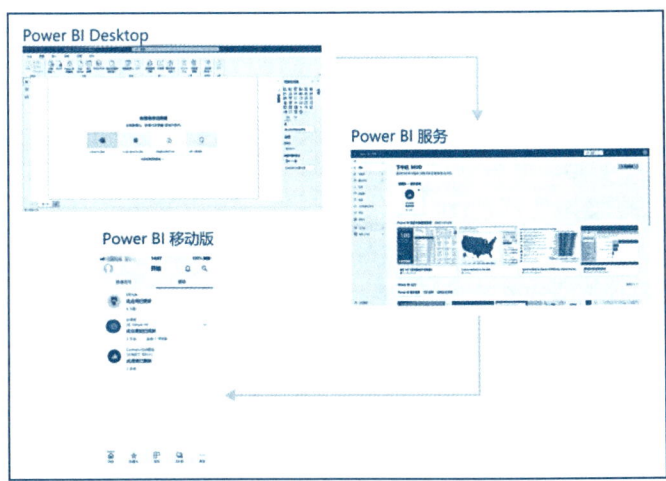

图 7-2　Power BI 的组成部分

1. Power BI Desktop

Power BI Desktop(Windows 桌面端应用程序)是一款可在本地计算机上安装的免费应用程序,使用者可以在微软官网下载,作为个人学习者创建数据分析模型及报表处理工具,并可发布内容但无法共享数据,适用于个人进行数据分析。

Power BI Desktop 总体上可以分为数据清洗、数据建模和数据可视化设计三大模块。

1)数据清洗

数据清洗是指利用 M 语言在数据加载到 Power BI Desktop 之后对原始数据进行加工整理的过程。其作用主要是对数据进行合并、拆分、去除冗余项等数据清洗操作,以便提高后续数据建模、数据分析的效率。

2)数据建模

数据建模是指利用 DAX 语言对加载到 Power BI Desktop 中的数据进行建模分析的过程。该模块可以对数据进行算术运算、关系运算以及逻辑运算等相关分析,同时还可以为多张数据表建立关联关系,从而实现表之间的联合查询。

3)数据可视化设计

数据可视化设计是指将数据分析结果通过各种可视化对象,如柱状图、折线图、饼图、气泡图、热点图等展现给报表使用者,使其可以一目了然地获取所需实用信息的过程。好的数据可视化设计可以将枯燥的数据变成生动易懂的图表,使用户可以更快地理解数据分析结果,从而提高工作效率。

2. Power BI Pro

Power BI Pro 是一系列的软件服务、应用和连接器,主要包含 Power BI Desktop, Power BI 服务(构建在 Azure 上的 SaaS), Power BI Mobile, Power BI Embedded 等几个主要部分。

(二) **Power BI 的特点**

1. 支持多种类型的数据源

Power BI 可连接到任意数据,除了 Excel、SQL、Access 等文件数据,还可以连接 Oracle、IBM DB2 等数据库软件以及 Hadoop 和 Spark 之类的大数据源,数据可位于本地、云中及大数据源。

2. 轻松准备数据并建模

数据导入或加载后,Power BI 可以轻松地通过数据清洗、数据转换、数据合并等操作,完成数据准备工作并根据企业需求进行数据建模。

3. 快速强大的数据处理能力

Power BI 可以实现高效的数据查询、分析和计算,可以通过 DAX 语言完全控制其数据模型,不需要操作者具有编程经验,操作简单易学,不但可以节省人力资源成本,还可以在很大程度上提高企业的商业数据分析的效率,为企业带来额外增值效益。

4. 多样化的可视化交互图形工具

除了常见的柱形图、饼状图等,Power BI 还内置了气泡图、热点图等日常工作中比较常用的可视化对象。Power BI 还支持自定义开发可视化对象工具插件以及第三方开发的可视化对象工具,以丰富其创建的报表。

（三）Power BI 的应用

1. 财务管理

在财务管理中通过使用 Power BI 找到数据关键，可以帮用户获取外部、本地的各种财务数据。用户还可以利用拖放可视化工具，完善客户对财务状况的分析。

2. 人力资源管理

Power BI 能帮助公司或单位掌握人力资源的相关信息，实现用户收集和监测所有重要数据。仪表板还能帮用户追踪合规性、人员编制和其他信息，保护公司和员工数据。

3. IT 领域的应用

通过 Power BI 的使用，用户可以在 IT 领域提高工作效率。用户可以创建各类仪表板，从而监测并分析从 Active Directory 到 Zendesk 等各种服务。如果需要企业级别的商业智能解决方案，用户还能将它与 SSAS 服务器无缝集成。

4. 市场策划

Power BI 可以帮助用户管理市场营销活动数据，监控并分析当前的市场状况，从而把营销资源投入到更有效率的渠道上。

5. 销售管理

用户通过 PowerBI 可以在销售活动中预测市场机会、达成业绩目标、提高利润、管理公司的各种销售渠道。用户只需通过 Power BI 仪表板内的微软 Dynamics CRM 系统或 Salesforce 的官网就能实现上述功能。

6. 运维工作

Power BI 在运维工作中以数据为向导，能够监测包括 Excel、本地数据库和云服务等所有来源的数据，并为用户的产品、商场绩效、申报额分析等发现新的可能。

任务实施

一、安装 Power BI Desktop

Power BI Desktop 是一款可以在本地计算机上安装的免费应用程序，可用于连接到数据、转换数据并实现数据的可视化效果。Power BI Desktop 可以连接到多个不同数据源，并将它们合并到数据模型（通常称"建模"）中，该模型允许用户生成可作为报表与组织内的其他人共享的视觉对象和视觉对象集合，使致力于商业智能项目的大多数用户使用 Power BI Desktop 创建报表，然后使用系统服务与其他人共享其报表。

在相关的网站下载系统（Power BI Desktop），网站地址是：https://powerbi.microsoft.com/zh-cn/。

微软提供了两种类型的 Power BI Desktop 安装包：PBIDesktopSetup.exe 适用于 32 位 Windows 操作系统，PBIDesktopSetup_x64.exe 适用于 64 位 Windows 操作系统，支持的操作系统版本为 Windows 7、Windows 8、Windows 8.1、Windows 10 等。此外，Power BI Desktop 对系统中的 Internet Explorer 版本也有要求，必须是 10 或以上版本。

（一）Power BI Desktop 的安装过程

Power BI Desktop 的安装过程需做好以下两项配置，其他都为自动安装过程：

（1）接受授权许可。

（2）选择安装目录。

注意：Power BI Desktop 在进行数据分析时会创建临时文件，因此在安装前需要确保安装目录所在磁盘有足够的空间，以免日后对 Power BI 的使用造成影响。

【例 7.1】完成 Power BI Desktop 的安装。

安装 Power BI Desktop

操作步骤：

（1）百度查询 Power BI 官网，找到微软官网下载界面，单击界面上端的"产品"下拉列表，选择【Power BI Desktop】，进入下载界面。

（2）选择"免费下载"按钮，进入下载选择界面，选择语言【中文（简体）】，点击"下载"按钮，如图 7-3 所示。

图 7-3　Power BI 下载界面

（3）在【选择您要下载的程序】选项中，选择适合自己的计算机的安装版本并选择下载位置下载安装包，打开并运行安装包，出现安装界面，如图 7-4 所示。

图 7-4　Power BI 安装界面

(4)按照系统提示安装即可,安装完成后,在桌面上会生成 Power BI Desktop 图标,表示安装成功。

完成安装后,直接进入系统进行电子邮箱填写并通过身份认证登录。Power BI Desktop 主界面如图 7-5 所示。

图 7-5　Power BI Desktop 主界面

(二) Power BI Desktop 界面介绍

Power BI Desktop 主界面比较简洁,由菜单栏、视图、报表编辑器、报表画布、页标签 5 部分组成,如图 7-6 所示。

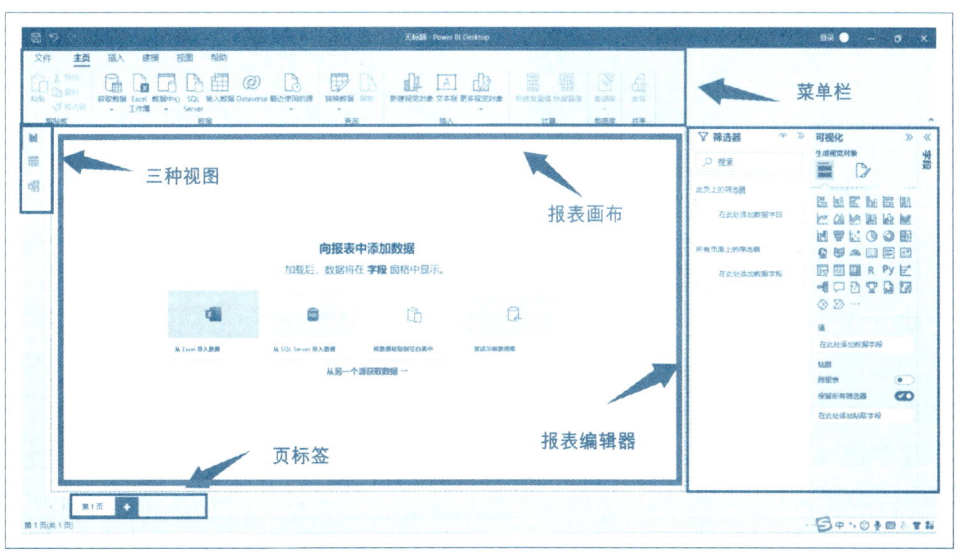

图 7-6　Power BI Desktop 主界面

Power BI Desktop 界面介绍

1. 菜单栏

Power BI Desktop 主界面中菜单栏包括"文件"菜单和"主页""插入""建模""视图""帮助"5 个功能选项卡及功能按钮,如图 7-7 所示,用于数据可视化的基本操作。

图 7-7　Power BI Desktop 主界面菜单栏

打开"文件"菜单,通过"获取数据"创建数据链接,如图 7-8 所示。

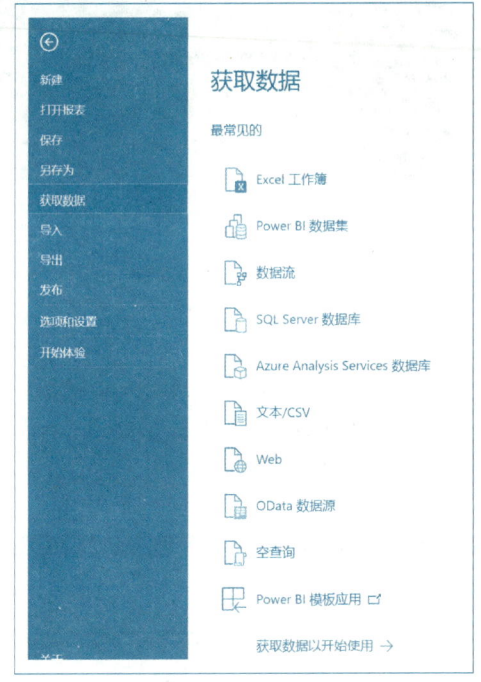

图 7-8　获取数据

2. 视图

Power BI Desktop 主界面的左侧有表格视图、模型视图、报表视图 3 种视图。表格视图用于管理数据表,模型视图用于管理表间关系,报表视图用于可视化报表设计。单击左侧导航栏中的图标可在这 3 种视图之间进行切换。

表格视图:这是一个展示经过获取和整理后的文件所包含的数据表格。我们可以看到数据被加载到 Power BI Desktop 中的样子,用户可以在盖视图中添加度量值和创建计算列,如图 7-9 所示。

模型视图:这个视图中显示了当前加载到 Power BI 的所有表,以及他们之间的关系,每个表以缩略图显示,缩略图中显示表的名称和字段标题。用户可以根据需要对关系进行管理、修改和构建，如图 7-10 所示。

图 7-9　表格视图界面

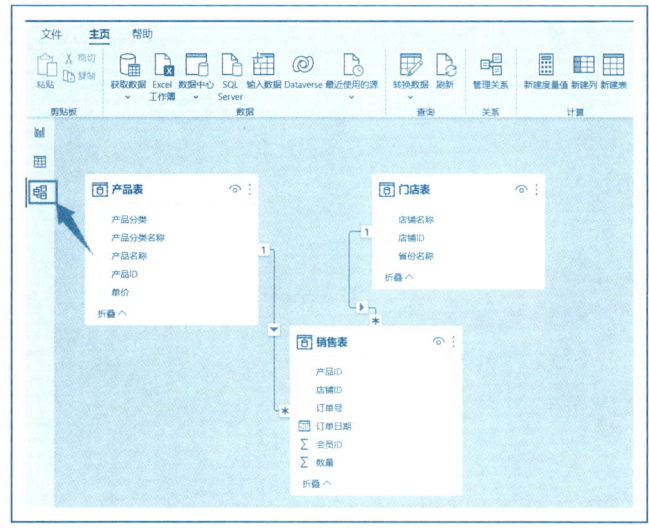

图 7-10　模型视图界面

报表视图：由画布、页面选项卡、"数据"窗格、"可视化"窗格几个部分组成。在报表视图中，可使用创建和导入的表来创建报表和视觉对象，报表可包含多个页面，并可分享给他人。报表视图为系统默认视图。

3．报表编辑器

报表编辑器位于 Power BI Desktop 主界面的右侧，由"筛选器""可视化""数据"3 个窗格构成。"可视化"和"筛选器"用于控制筛选可视化对象的外观显示和编辑交互功能；"数据"用于管理可视化展示维度的基础数据。报表编辑器界面如图 7-11 所示。

4．报表画布

用户可在报表画布区域进行可视化图表设计。

5．页标签

页标签可用于切换报表页，新建、复制或删除报表页，或者对报表页进行重命名、隐藏报

图 7-11　报表编辑器界面

表页、调整报表页顺序。

任务二　Power BI 快速入门

任务说明

为了让用户快速掌握 Power BI Desktop 制作报表的应用流程，本任务基于某连锁超市销售数据分析的模拟案例，展示从数据获取开始，到数据整理、数据建模及可视化，再到最后报表发布的完整流程。

该连锁超市在全国各地拥有 20 多家直营店铺。从销售系统中导出了其 2022 年所有店铺的全年销售数据，希望通过 Power BI Desktop 制作可视化仪表盘，通过多维度比较分析，找到存在的问题，同时洞察潜在的机会，从而为未来的经营决策提供参考。

相关知识

数据可视化分析的基本流程

数据可视化分析的基本流程包括：①从各种各样不同的数据源进行采集可视化分析所需数据。②对所采集的数据进行抽取、清洗、转换、逆透视和加载等整理工作。③根据分析目标和需要进行数据建模，包括建立表间关系、创建度量值、新建计算列等工作。④根据准备好的数据和关系模型进行可视化分析，形成可视化报表或生成仪表盘。⑤发布分析报告，供企业相关人员进行分析决策。数据可视化分析的基本流程如图 7-12 所示。

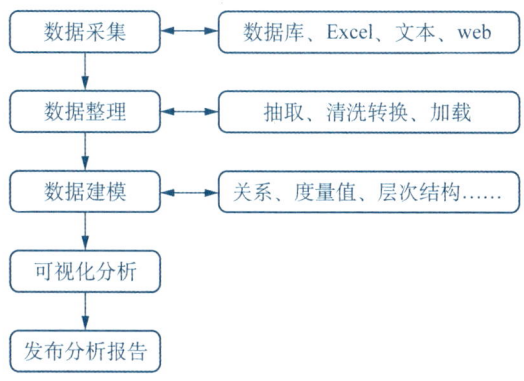

图 7-12　数据可视化分析的基本流程

 任务实施

一、数据清洗

本任务所需的源数据"超市销售数据.xlsx"是一个 Excel 工作簿,其中包含产品表、门店表、日期表、销售表 4 个工作表,分别如表 7-2 至表 7-5 所示。

表 7-2　产品表

产品分类	产品分类名称	产品ID	产品名称	单价
101	洗漱用品	1001	香皂	5
101	洗漱用品	1002	毛巾	15
101	洗漱用品	1003	洗发水	35
102	学习用品	2001	铅笔	1
102	学习用品	2002	错题本	2
103	餐饮用品	3001	保温杯	66
103	餐饮用品	3002	饭盒	33

表 7-3　门店表

店铺ID	店铺名称	市级名称
1001	金湾区	珠海市
1002	斗门区	珠海市
1003	高新区	珠海市
1004	香洲区	珠海市
1005	横琴新区	珠海市
1006	高栏港区	珠海市
1007	万山区	珠海市

表 7-4　日期表

日期	年	月	季度
2022-1-1	2022年	1月	第1季度
2022-1-2	2022年	1月	第1季度
2022-1-3	2022年	1月	第1季度
2022-1-4	2022年	1月	第1季度
2022-1-5	2022年	1月	第1季度
2022-1-6	2022年	1月	第1季度
2022-1-7	2022年	1月	第1季度
2022-1-8	2022年	1月	第1季度
2022-1-9	2022年	1月	第1季度
2022-1-10	2022年	1月	第1季度
2022-1-11	2022年	1月	第1季度

表 7-5　销售表

订单号	订单日期	店铺ID	产品ID	会员ID	数量
D2000001	2022/1/1	1001	3002	3232	56
D2000003	2022/1/1	1001	3002	2178	22
D2000004	2022/1/1	1002	1001	7215	12
D2000002	2022/1/1	1002	3002	3425	63
D2000005	2022/1/1	1001	2002	6677	31
D2000006	2022/1/1	1003	3002	7289	55
D2000008	2022/1/1	1004	2001	8219	87
D2000007	2022/1/1	1003	2001	8121	69

(一) 获取数据

Power BI 可以获取几十种数据源中的数据,从 Excel 工作簿中获取数据较为常见。需要注意的是,从 2020 年开始,随着 Power BI 版本的不断提高,后缀为.xls 的 Excel 文件已经无法导入到 Power BI 软件中,所以 Excel 版本最好将升级到 2016 及以上采用后缀.xlsx 的文件格式。

【例 7.2】利用 Power BI 获取连锁超市销售数据。

操作步骤:

(1) 启动 Power BI Desktop,在"主页"选项卡的【数据】功能区中单击"获取数据"按钮,选择"Excel 工作簿"按钮,如图 7-13 所示。

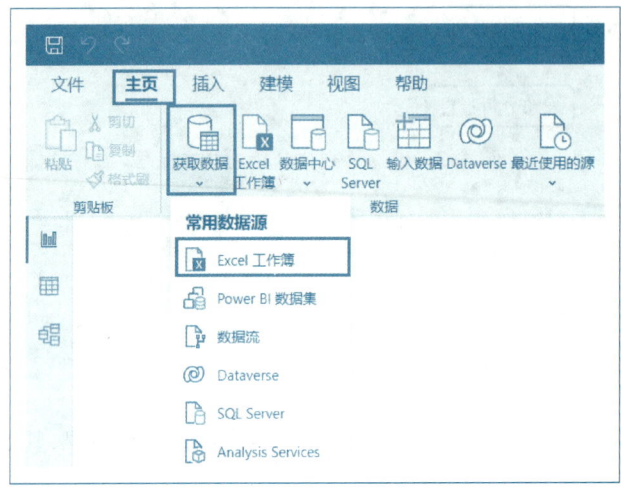

图 7-13 获取数据

(2) 打开案例数据所在的文件夹,选择"超市销售数据"文件,单击"打开"按钮,如图 7-14 所示。

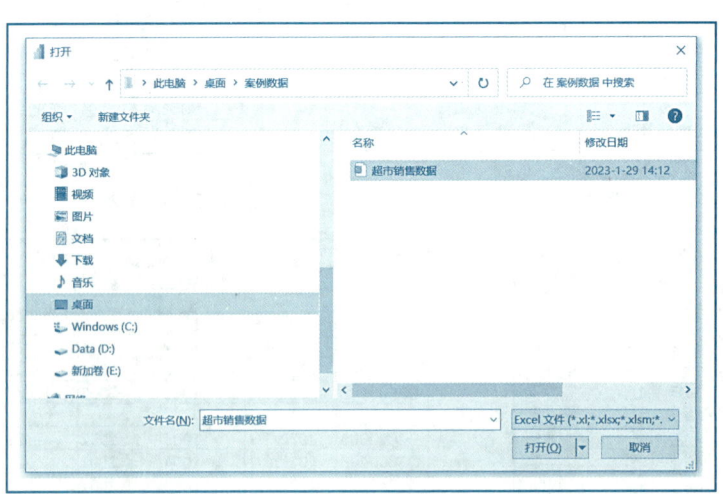

图 7-14 选择文件

(3) 导航器下选中产品表、门店表、日期表、销售表 4 个数据表,然后单击"加载"按钮,将数据导入 Power BI 软件中,如图 7-15 所示。

项目七 基于 Power BI 的数据分析基础 183

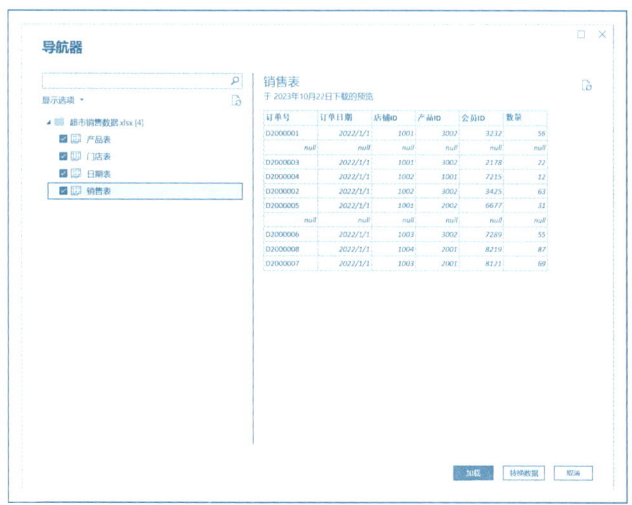

图 7-15 加载数据

（4）保存文件。左上角单击"文件"菜单中【另存为】命令，选择自定义的存放位置。数据文件名设为"超市销售数据"，单击"保存"按钮，此时的文件后缀名默认为.pbix，如图 7-16 所示。

图 7-16 保存文件

（二）数据清洗的具体操作

数据清洗是整理从各种数据源获取的数据的过程，其目标是使数据形成规范的内容和格式，保证数据可以直接用于数据建模、数据分析和可视化构建。在 Power BI 中，可以使用"Power Query 编辑器"来完成数据清洗任务，如检查数据类型是否正确，是否存在空行、空值，无效的数据列是否需要删除，数据表是否需要进行合并、填充、转置和筛选，甚至是否有必要增加新列等。

Power Query 编辑器也称查询编辑器，是 Power BI 进行数据整理的"神器"。单击"主页"选项卡的【查询】功能区中的【转换数据】即可进入 Power Query，如图 7-17 所示；或者在右侧的任意表上，单击右键，弹出的下拉菜单选择【编辑查询】命令，也可以弹窗形式调出打开 Power Query 编辑器。

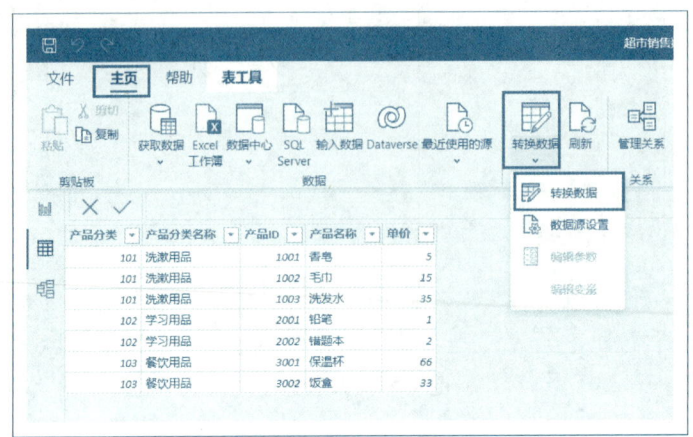

图 7-17　进入 Power Query 的路径

【例 7.3】利用 Power BI 整理超市销售数据，检查导入的 4 个数据表，是否存在未发现的空行及错误。

操作步骤：

（1）打开 Power Query 编辑器。

（2）选中"销售表"，选择"主页"选项卡中【减少行】功能区内的【删除行】下拉列表中的【删除空行】和【删除错误】命令，如图 7-18 所示。

（3）点击"主页"中的【关闭并应用】选项。

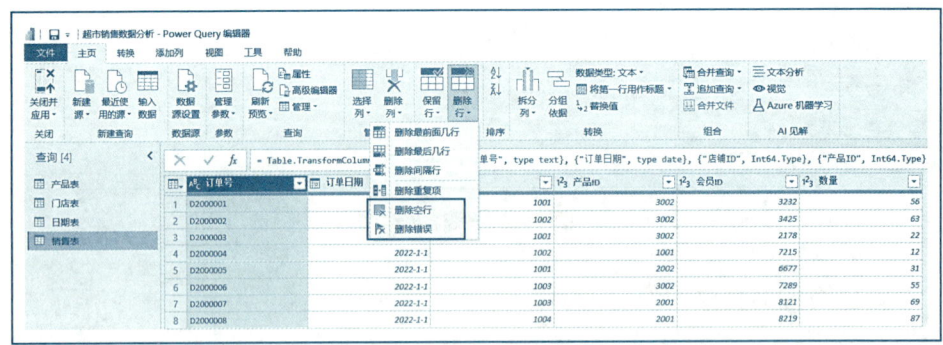

图 7-18　删除空行和错误

二、数据建模

Power BI 处理的表往往是多个，其优势就是打通来自各个数据源中的各种表，通过各个维度分类汇总与可视化呈现。但处理的前提是，各个表之间需要建立某种关系。建立关系的过程就是数据建模。根据分析的需要，用户还可以通过新建列、新建表、新建度量值等方式进行各类数据分析，也称数据建模，数据建模的目的是对数据进行多维度可视化分析。

(一) 建立数据表之间的关系

建立数据表之间的关系，就是建立维度表和事实表之间关联的过程。

【例 7.4】 利用 Power BI 模型视图，建立 4 个数据表的关联。

操作步骤：

(1) 单击 Power BI Desktop 左侧的"模型视图"图标，观察各个表之间的关联情况。发现 Power BI Desktop 具有一定的智能数据建模功能，但是有些情况下软件并不能非常智能地建立所需要的关联。

(2) 鼠标指向"日期表"中的【日期】，拖拽到"销售表"中的【订单日期】，如图 7-19 所示。

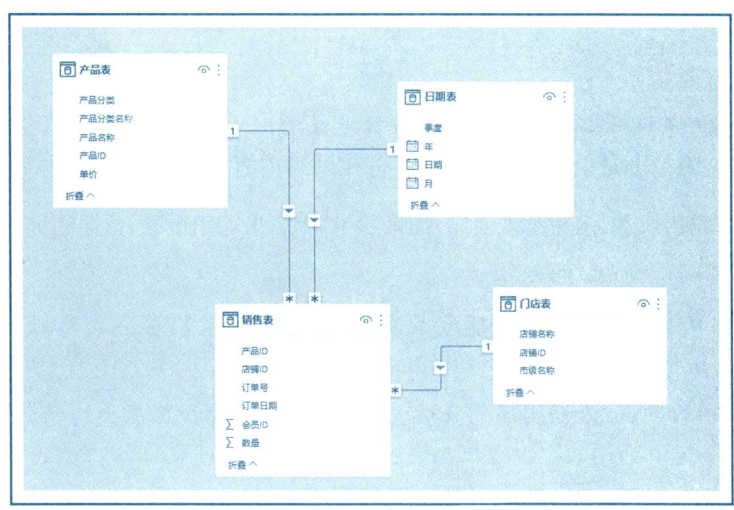

图 7-19　4 个数据表之间的关联

(二) 新建列

因销售表中只有数量列，没有单价列，为了计算销售金额，需要将产品表中的单价列引入销售表中，通过新建销售金额列，求得每一行每笔订单的销售金额。新建列需要用到 DAX 函数，DAX 函数在后面会详细说明。

【例 7.5】 在"销售表"中新建"单价""金额"列，其中"单价"列数据从产品表中引入，"金额"列由销售数量乘以销售单价计算得出。

操作步骤：

(1) 单击窗口左侧的表格视图图标，选择窗口右侧的"销售表"，选中"订单号"列的列标下三角，选择"以升序排列"。

(2) 在"主页"选项卡中选择【新建列】，在公式编辑窗口中，将名称改为"单价"，等号后输入公式"RELATED('产品表'[单价])"(**注意**：单引号一定是英文半角状态下输入)，按回车键确认。

（3）新建"金额"列，在公式编辑栏输入公式"金额='销售表'[数量]* '销售表'[单价]"，结果如图7-20所示。

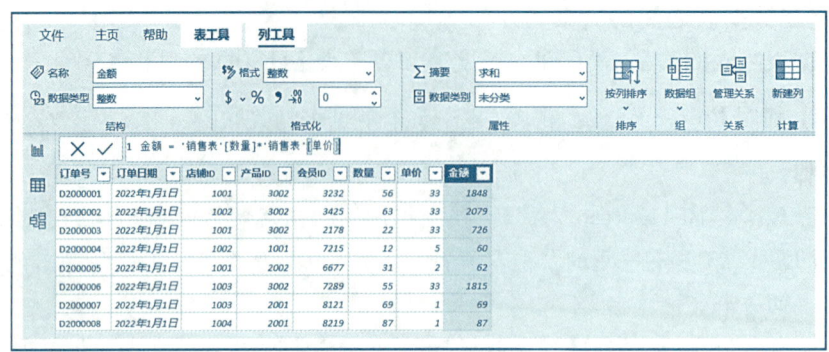

图7-20　新建"金额"列

（三）新建度量值

度量值是Power BI数据建模的"灵魂"，有了度量值，才能从各个维度对数据进行指标构建、分类汇总。关于度量值的含义和用法，将在后续内容中介绍。

【例7.6】 在"销售表"中构建销售金额、销售数量、单店平均销售额、营业店铺数量4个指标。

操作步骤：

（1）选择"销售表"，在"主页"选项卡下选择【新建度量值】，在公式编辑窗口中，输入公式"销售金额= SUM('销售表'[金额])"。

（2）按照同样的方法，分别构建销售数量、营业店铺数量和单店平均销售额3个度量值公式。公式如下：

> 销售数量 = SUM('销售表'[数量])
> 营业店铺数量 = DISTINCTCOUNT('销售表'[店铺ID])
> 单店平均销售额 = [销售金额]/[营业店铺数量]

新建销售数量、营业店铺数量、单店平均销售额3个度量值生成结果如图7-21所示。

提示： DISTINCTCOUNT()函数是用于统计去重店铺数。

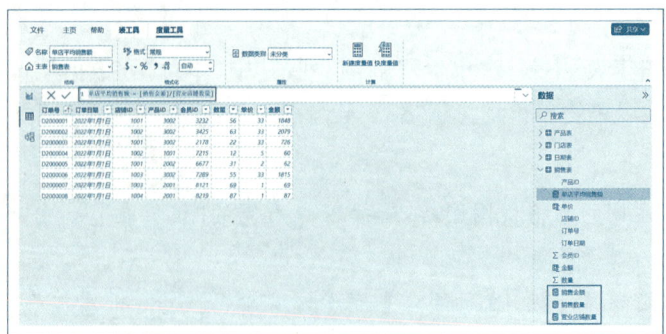

图7-21　度量值

三、数据可视化

在完成数据查询编辑以及建模分析后,可以利用 Power BI 所提供的可视化图形工具将数据进行可视化展现。数据可视化能够有效地简化庞杂的数据,挖掘有价值信息,合理地分析现状和预测未来,从而有助于作出科学的决策。

数据可视化是以图形来直观地呈现数据,帮助我们快速理解数据中蕴含的信息。在 Power BI Desktop 中,数据可视化主要是通过制作视觉对象来完成的。Power BI Desktop 预置了种类丰富的视觉对象,可以从不同的角度来展现数据,其中包括柱形图、折线图、散点图、卡片等,通过选择合适的图表类型,即可一键生成直观的可视化图表,展现清晰准确地数据分析结果。

数据可视化可在报表视图的"可视化"窗格中进行各种可视化效果的创建。

(一)插入内置的可视化图表

1. 绘制簇状柱形图

簇状柱形图适用于不同类型、系列之间的对比。

【例 7.7】 在"报表视图"中利用"簇状柱形图"按照"产品分类名称"可视化对应产品类别的"销售金额"。

操作步骤:

(1) 打开报表视图,在右侧可视化栏中找到"簇状柱形图"图标,单击该图标。

(2) 在数据栏中,选择"产品分类名称",将自动放置到"X 轴"处和"图例"处。

(3) 在数据栏中,选择"销售金额"字段,将自动放置到"Y 轴"处。

(4) 选定该可视化报表,单击右下角的"…"按钮,可以进行各类设置。最终形成的簇状柱形图如图 7-22 所示。

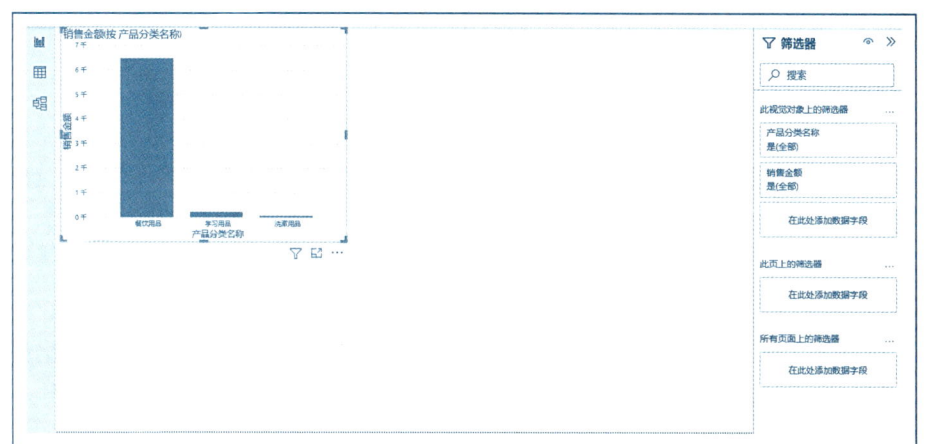

图 7-22 簇状柱形图

2. 绘制饼图

在工作中如果遇到需要计算总费用或金额的各个部分构成比例的情况,一般都是通过各个部分与总额相除来计算,而且这种比例表示方法很抽象,我们可以使用一种饼形图表工具,能够直接以图形的方式直接显示各个组成部分所占比例。更为重要的是,由于采用图形的方式,更加形象直观。

【例7.8】 在"报表视图"中利用饼图按照"产品分类名称"可视化对应产品类别的销售金额。

操作步骤:

(1) 打开报表视图,在右侧可视化栏中找到"饼图"图标,单击该图标。
(2) 在数据栏中,选择"产品分类名称",将自动放置到"图例"处。
(3) 在数据栏中,选择"销售金额"字段,将自动放置到"饼图分区"处。
(4) 选定该可视化报表,单击右下角的"…"按钮,可以进行各类设置。最终形成的饼图如图 7-23 所示。

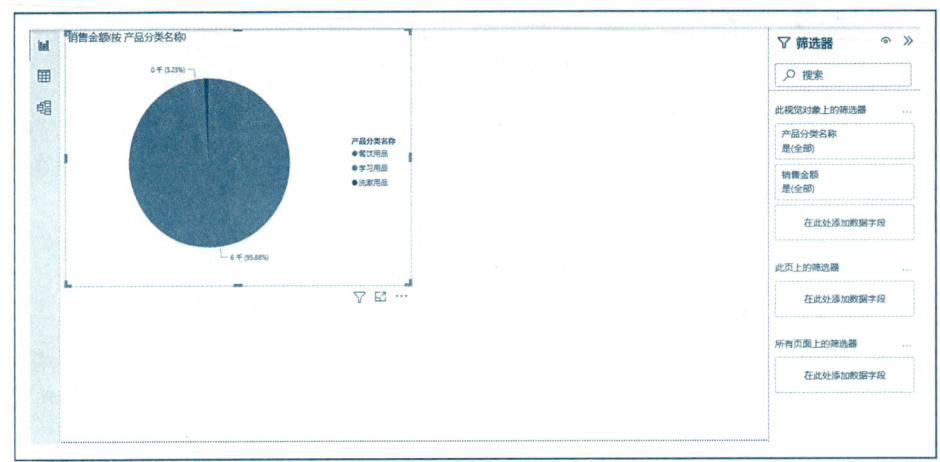

图 7-23　饼图

(二)插入第三方可视化图表

除了 Power BI 自带的内置可视化图,还可以选择更多的第三方可视化效果,但是需要用户使用账号登录后,在"可视化栏"中选择右下角的"…"按钮下的"获取更多视觉对象",按照引导完成第三方可视化对象的选择和应用。

四、发布可视化报表

经过数据清洗、数据建模、数据分析可视化的过程,最终将得到制作好的可视化报表,如果要将这样的可视化报表进行分享,就需要用到 Power BI 在线服务,即 SaaS 服务,用户需要拥有一个 Power BI 账号进行在线报表的创建和分享。

数据可视化后,点击功能栏的【发布】,然后点击"保存"按钮。

德技并修

工欲善其事，必先利其器

毛笔是我国传统书写工具，有硬毫、软毫之分。硬毫弹性好但不够柔软，软毫很柔软但弹性较差。人们书写时往往会根据其特性扬长避短，以硬毫表现瘦劲挺拔，以软毫表现圆润丰满，也会根据不同的书写需求，将硬毫、软毫按不同比例合制出兼毫。可见，在做事之前准备好适当的工具，掌握其特性，操作起来就可以更加得心应手，事半功倍。这就是我们常说的"工欲善其事，必先利其器"的道理。

在大数据时代，选择一款适合财会人员的数据分析工具，掌握其使用方法，做好充分的准备，可以高效地进行商业数据分析与可视化，更加充分、有效地利用数据辅助决策。

项目训练

一、单选题

1. 下列关于数据和数据分析的说法中，正确的是（　　）。
   A. 数据就是数据库中的表格
   B. 文字、声音、图像都是数据
   C. 数据分析不可能预测未来几天的天气变化
   D. 数据分析的数据只能是结构化的
2. 下列各项中，不属于 Power BI 视图的是（　　）。
   A. 报表视图　　　B. 模型视图　　　C. 关系视图　　　D. 表格视图
3. 下列各项中，不属于数据分析应用场景的是（　　）。
   A. 产品销售分析　　　　　　　　　B. 码头货物吞吐量预测
   C. 计算机硬盘使用寿命预测　　　　D. 某人一生的命运预测

二、多选题

1. Power BI Desktop 中的查询编辑器的作用包括（　　）。
   A. 数据编辑与整理
   B. 让数据变得更加规范，为数据的可视化打好基础
   C. 只加载数据
   D. 以上说法都不对
2. 下列各项中，属于 Power BI Desktop 主界面组成部分的有（　　）。
   A. 快速访问工具栏　　　　　　　　B. 功能区
   C. 画布　　　　　　　　　　　　　D. 可视化功能区

三、实操题

请尝试在计算机上安装 Power BI Desktop，并熟悉其界面。

项目八 基于 Power BI 的数据分析流程

导学

项目七是以案例为基础的简易数据分析和可视化制作全过程,展示了从数据获取开始,到数据整理、数据建模及可视化,再到最后的报表发布的完整流程。

本项目主要是详解数据分析和可视化制作全过程的每一步具体操作。

学习任务

1. 熟悉 Power BI 获取数据源的各种方法
2. 熟练掌握数据清洗的操作方法
3. 掌握 Power BI 的数据建模
4. 掌握根据不同业务场景选择相应的可视化图表类型
5. 掌握 Power BI 的数据可视化操作

知识描述

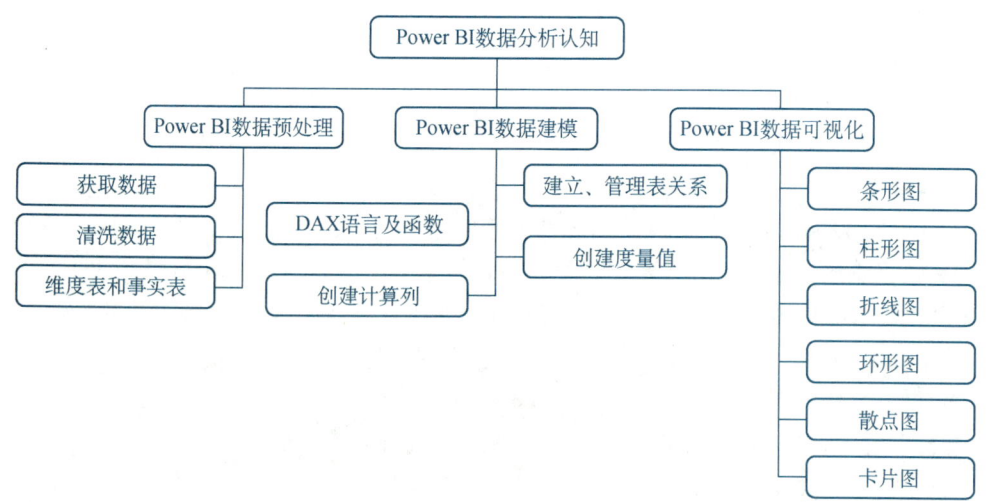

 **Power BI 数据处理与数据建模**

要使用 Power BI Desktop 应用对数据进行分析及可视化,就需要进行获取数据、数据清洗、数据建模等操作。对于 Power BI Desktop 来说,进行数据分析需要获取数据,数据的来源可以是单一的,也可以是广泛的,Power BI 在数据的获取上不仅支持微软的数据格式,如 Excel、SQL Server、Access 等,还支持 SAP、Oracle、MySQL、DB2 等几乎能见到的所有类型的数据格式。

相关知识

一、认识 Power Query 和 M 语言

(一) Power Query

Power Query 是 Power BI 自带的三大组件之一,是一种用于数据抽取、数据转换和数据加载的数据预处理工具。Power Query 可以完成抓取和整理数据,可以快速将多个数据源的数据合并、追加等,并且可以对数据进行组合数据、数据分组、数据透视等处理,然后将数据加载到 Power BI 中。在整个项目的数据分析中,这部分工作大约占三分之一的时间。

Power Query 编辑器是通过 Power BI Desktop 中的【主页】选项卡中【查询栏】中的【转换数据】打开的,Power Query 组件使用 M 语言实现相应功能。

(二) M 语言

M 语言的全称为 Power Query Formula Language,是查询编辑器的查询语言,即 M 语言是 Power Query 的专用语言,M 语言包含几百个函数,可完成对导入前的数据进行导入、组合、转换、筛选、加工处理等工作。同时,Power Query 中进行的每一步操作,后台都会记录下来并生成 M 语言代码。Power Query 的函数区分字母大小写,数据类型要求比较严格,编写有一定的难度。在 Power BI 环境中,Power Query 一般可以在不书写 M 语言代码或修改少量简单的 M 语言代码的情况下,通过 Power Query 编辑器界面操作实现几乎所有常见的预处理操作。

二、Power Query 编辑器界面

Power Query 编辑器界面,由 4 个区域组成,分别是功能菜单栏、查询导航栏、数据显示区、查询设置区,如图 8-1 所示。

(1) 功能菜单栏:展示对数据进行加工处理、添加转换的所有功能选项,如【文件】【转

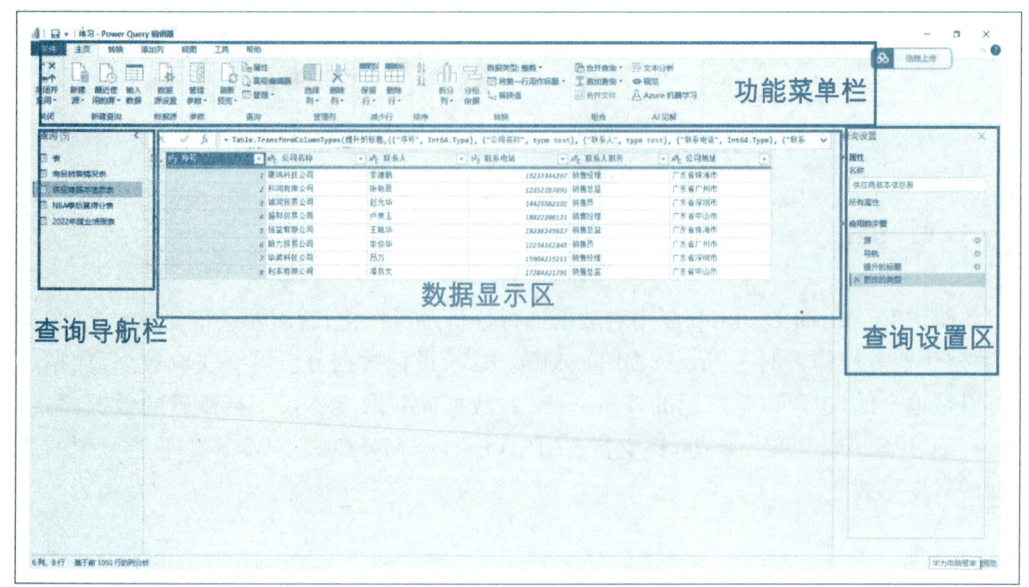

图 8-1 Power Query 编辑器界面

换】【添加列】【视图】【工具】等选项卡。

（2）查询导航栏：包括可以用于数据清洗的数据表。

（3）数据显示区：显示查询数据的预览。

（4）查询设置区：包括当前所选查询的视图及相关信息，如查询名称、查询步骤和各种指示器。

三、一维表和二维表

一维表是指表格的每个字段都是事物的属性，而不是具体形态，如字段是性别而不是男或女，每一条记录都是一次性产生的。一维表的每一列是一个独立的维度，每列都是独立属性，列和列之间不能再归为一类概念。

二维表的字段通常包含属性的具体形态，如男生人数、部门人数等。同一维度分布在多列上。二维表必须通过行和列两个条件定位一个数值。二维表更符合我们日常的阅读习惯，信息更浓缩，适合展示分析结果。

通俗来讲，一维表就是明细记录表，二维表就是统计汇总表。一维表是用来详细记录信息的，是数据库；二维表是用来展示各类情形下的统计分析结果，是进行决策的基础。

一维表适合 Power BI 分析，因此，二维表需要转换为一维表。

四、维度表和事实表

为了便于数据建模和数据分析，Power BI 将表划分为维度表和事实表两类。

（一）维度表

维度表是同类型属性信息的集合，是对客户世界的定性描述，往往没有数字的表。例如：日期表、地区表、产品分类表、商品名称表等。

（二）事实表

事实表也称数据明细表，通常是业务表，是对定性数据的数据度量。这里会包含我们需要进行分析的数据，如在一张销售表中会包含产品的销售额。这个销售额也就是可以用来进行聚合计算的值。这种可以聚合的可计量数据，在可视化分析中，一般叫作度量值。而这个度量值是可以根据我们的上下文环境进行不同定义的不同的值。也就是说，度量值通常都是可以被分割的。例如，我们可以按月、按客户分类来看销售额。这时候这个销售额就是被分割的度量值。

事实表有较多的数值型字段，数值型字段可生成各种分析指标，即度量值。

Power BI 数据建模，本质上就是构建维度表和事实表之间的关系，通过维度表中的不同维度，我们可以分析事实表中的各类度量值数据。

五、度量值

度量值是数据建模的核心内容之一，在 Power BI 中，度量值是用 DAX 函数构建的一个虚拟字段的数据值，它不仅能完成简单的数据统计工作，还能使用复杂嵌套的公式完成更高级的计算。度量值是通过 DAX 公式创建的，通常是要分析的数据指标。

度量值不改变源数据，也不改变数据模型，它不会占用报表内存，只有在报表视图中创建可视化效果时才会调用度量值，使其发挥巨大作用。度量值可以随时被调用，所以它又被称为"移动的公式"。度量值的计算结果始终随着用户与报表的交互而改变，以便进行快速和动态的临时数据浏览。

从实际应用的角度上看，度量值可理解为存放在一定的筛选条件下对数据源进行聚合计算结果的单个数据值。

认知度量值需要注意三个关键信息：

（1）一定的筛选条件：表示度量值的构建经常会用到筛选函数的嵌套使用。

（2）聚合计算：说明度量值的构建过程其实就是 DAX 函数来完成。

（3）单个数据值：说明度量值返回的结果是一个具体的值，可以在卡片图中显示出来，而不是区间或范围，这是间接解释了为什么 DAX 函数分为值函数和表函数两大类。

六、DAX 语言

DAX 语言的全称为数据分析表达式，是英文 Data Analysis Expressions 的缩写，是公式或表达式中可用来计算并返回一个或多个值的函数、运算符和常量的集合。DAX 语言是一种新的函数式语言，允许用户在 Power BI 表中的"表""计算列"和"度量值"中自定义计算。DAX 公式是用作数据分析的，DAX 的主要功能是查询和运算，DAX 查询函数且负责筛选出有用的数据集合，然后利用 DAX 的聚合函数执行计算。

如果说度量值是 Power BI 数据建模的灵魂，那么 DAX 就是度量值的灵魂。

（一）DAX 语言的语法

DAX 语言由 3 个部分组成：表达式名称、赋值符号和组成表达式的各种元素。组成表达式的各种元素一般以函数为主，也可带有常量、数值或运算符。

1. DAX 语法的数据类型

DAX 语法的数据类型如表 8-1 所示。

表 8-1 DAX 语法的数据类型

数据类型	类型说明
整型	64 位整数
小数	64 位实数
文本	用文字描述的字符串
布尔	TRUE 或者 FALSE
日期时间	最早的日期是 1900 年 1 月 1 日
货币	小数部分只能有 4 位
空值	公式中使用时，可调用 BLANK（ ）函数

2. DAX 语言组成元素及书写规范

DAX 语言组成元素及书写规范如图 8-2 所示。

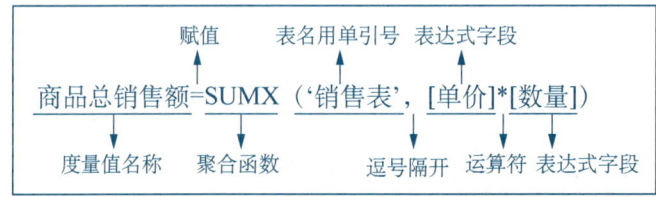

图 8-2 DAX 语言组成元素及书写规范

3. DAX 语言使用的注意事项

（1）DAX 语言只能引用完整的数据表或数据列。
（2）DAX 语言中引用的列名和度量值要放在中括号中。
（3）DAX 语言中引用的列不在同一表中时，需要在引用列前加上表名。
（4）DAX 语言输入函数名第一个字母时，将自动显示相匹配的函数或列表，用户可选择。
（5）DAX 语言较长时，可以使用＜Alt＋Enter＞组合键换行输入。
（6）如果 DAX 语言书写错误，系统会自动提示，便于修改。

4. DAX 运算符

DAX 运算符包括算术运算符、比较运算符、文本串联运算符、逻辑运算符等，具体如表 8-2 所示。

表 8-2 DAX 运算符

运算符类型	符号	含义
算术运算符	+、-、*、/、^	加、减、乘、除、幂
比较运算符	=、>、<、>=、<=、<>	等于、大于、小于、大于或等于、小于或等于、不等于

(续表)

运算符类型	符号	含义
文本串联运算符	&	连接两个文本值以生成一个连续的文本值
逻辑运算符	&&	同时满足几个条件
	||	满足任意一个条件

5. DAX 语言的函数

DAX 语言包含多个函数，如日期和时间函数、时间智能函数、信息函数、数学和三角函数、统计函数、文本函数等。

1) 日期和时间函数

日期和时间函数的有关内容如表 8-3 所示。

表 8-3 日期和时间函数

函数表达式	含义	例子	返回的结果
DATE(year,month,day)	返回日期格式的日期。3 个参数分别是年、月、日	= DATE(2016,1,5)	2016 年 1 月 25 日
MONTH(date)	返回一个日期的月份(1~12)。参数是日期类型的日期	= MONTH("2017-3-4")	3
YEAR(date)	返回一个日期的年份。参数是日期类型的日期	= YEAR("2017-3-4")	2017
DAY(date)	返回一个日期的天数。参数是日期类型的日期	= MONTH("2017-3-4")	4
HOUR(date)	返回一个日期的小时数。参数是日期类型的日期	= HOUR("2018/4/17 8:51:13")	8
MINUTE(date)	返回一个日期的分钟数。参数是日期类型的日期	= MINUTE("2018/4/17 8:51:13")	51
SECOND(date)	返回一个日期的小时数。参数是日期类型的日期	= SECOND("2018/4/17 8:51:13")	13
NOW()	返回当前时间,其参数为空	= Now()	2018/4/17 8:51:13
TODAY()	返回当前时间,其参数为空	= TODAY()	2018/4/17 0:00:00
YEARFRAC(start_date, end_date,basis)	返回两个日期之间的完整天数占全年天数的比例。前两个参数分别表示开始日期与结束日期,第 3 个参数是天数计算基础类别,可以不写,如果写 1 代表"实际值/实际年度天数"(如果是闰年为 366),如果写 2 代表"实际值/360",写 3 代表"实际值/365",写 4 代表"European 30/360"	YEARFRAC(DATE(2017, 5, 3), DATE(2017, 5, 11))	0.99

2）时间智能函数

时间智能函数的有关内容如表 8-4 所示。

表 8-4　时间智能函数

函数表达式	含义	例子	返回的结果
TOTALYTD（expression, dates[,filter]）	返回本年迄今总计销售额。第 1 个参数是销售额字段,第 2 个参数是日期字段,第 3 个参数是可选的筛选器参数	= TOTALYTD（'销售统计表'[总销售额],'日历表'[日期]）	本年 1 月至当月份销售额的总和
DATESBETWEEN（dates, start_date,end_date）	返回一个表,该表包含由第 1 个参数的日期构成的一列,这些日期从第 2 个参数开始,并且持续到第 3 个参数	= ATESBETWEEN（'日历表'[日期], DATE（2015, 6, 1）, DATE（2015,6,30））	2015 年 6 月 1 日至 2015 年 6 月 30 日的日期集合

3）信息函数

信息函数的有关内容如表 8-5 所示。

表 8-5　信息函数

函数表达式	含义	例子	返回的结果
ISERROR(value)	检测参数是否有错误,有错误返回 TRUE,否则返回 FALSE	= ISERROR(9/0)	2016 年 1 月 25 日
ISBLANK(value)	检测参数是否为空白,空白返回 TRUE,否则返回 FALSE	= ISBLANK(BLANK())	TRUE
ISNUMBER(value)	检测参数是否为数字,是数字返回 TRUE,否则返回 FALSE	= ISNUMBER("123")	FLASE
ISTEXT(value)	检测参数是否为文本,是文本返回 TRUE,否则返回 FALSE	= ISTEXT("text")	TRUE

4）数学和三角函数

数学和三角函数的有关内容如表 8-6 所示。

表 8-6　数学和三角函数

函数表达式	含义	例子	返回的结果
FLOOR(number, significance)	返回将数字向下舍入到最接近的整数或第 2 个参数的最接近倍数	= FLOOR(8.86,0.05) = FLOOR(8.86,1)	8.85 8
CEILING(number, significance)	返回将数字向上舍入到最接近的整数或第 2 个参数的最接近倍数	= CEILING(8.82,0.05) = CEILING(8.82,1)	8.85 9
DIVIDE(numerator, denominator, alternate_result)	返回安全除法的结果,第 1 个参数是被除数,第 2 个参数是除数,第 3 个参数可填可不填是遇到除零错误时返回的数值	= DIVIDE(25/0,9999) = DIVIDE(6,2)	9999 3

(续表)

函数表达式	含义	例子	返回的结果
FACT(number)	返回乘阶结果。参数是要计算其阶乘的非负数	= FACT(3)	6
PI()	返回圆周率的值	= PI()	3.14
RAND()	返回大于或等于0且小于1的平均分布的随机数字	= RAND()	0.28
RANDBETWEEN(bottom, top)	返回指定的两个数字之间的范围中的随机数字。第1个参数是范围的下限,第2个参数是范围的上限	= RANDBETWEEN(5,10)	9
ROUND(number, num_digits)	返回四舍五入的结果。第1个参数是将要四舍五入的数字,第2个参数是四舍五入至第几位数字,当第2个参数小于0,将四舍五入至小数点左边位数	= ROUND(3.1415926,0) = ROUND(3.1415926,1) = ROUND(3.1415926,0)	3 3.1 3
SQRT(number)	返回平求方根的值	= SQRT(9)	3
SUM()	返回列中所有数字的总和	= SUM('项目任务表'(任务额))	将项目组任务表中任务额字段求和
SUM()	返回为表中每一行计算的表达式之和	= SUM×(销售统计表,[价格]*[数量])	将销售统计表中每行的价格字段乘以数量字段,再求和

5) 统计函数

统计函数的有关内容如表8-7所示。

表8-7 统计函数

函数表达式	含义	例子	返回的结果
AVERAGE(column)	表示将数字向下舍入到最接近的整数或第2个参数的最接近倍数	= AVERAGE('顾客信息表'[年龄])	返回顾客信息表中年龄字段的平均值
MAX(column)	返回列中的最大数值	= MAX('项目组任务表'[任务额])	返回任务最大值
MIN(column)	返回列中的最小数值	= MAX('项目组任务表'[任务额])	返回任务最小值
MAXX(table, expression)	返回通过为表的每一行计算表达式而得出的最小数值	度量值 = MAXX('销售统计表',[价格]*[数量])	返回销售统计表中价格字段乘以数量字段捕捉最大的值
MINX(table, expression)	返回通过为表的每一行计算表达式而得出的最小数值	度量值 = MAXX('销售统计表',[价格]*[数量])	返回销售统计表中价格字段乘以数量字段捕捉最小的值

（续表）

函数表达式	含义	例子	返回的结果
COUNT(column)	返回列中数字型的数目	= COUNT('项目组任务表'[任务额])	返回任务额的数目
COUNTROWS(table)	返回数据表中的数据条目款	= COUNTROWS('产品分类表')	返回任务额的数目

6）文本函数

文本函数的有关内容如表 8-8 所示。

表 8-8 文本函数

函数表达式	含义	例子	返回的结果
FIND（find_text, within_text [, [start_num] [, NotFoundValue]])	返回查找结果开头字母对应的序列数字。在第 2 个参数中的文本中查找第 1 个参数的字符串，如果找到则返回开始的位置，找不到返回第 4 个参数的信息。第 3 个参数是可选参数用来预设查找开始的位置，一般默认为 1	= FIND（"BMX","line of BMX racing goods")	9
FORMAT(value, format_string)	返回按一定格式显示的内容。返回的内容是依照第 2 个参数的形式来格式化第 1 个参数	月 份 = FORMAT(MONTH('日历'[日期]),"00月")	01月、02月、03月……12月

3. 了解 DAX 语言的上下文

DAX 语言的上下文用于定义函数的运算范围，也就是函数运行的环境。其主要包括行上下文（横向操作产生新列集合）及筛选上下文（纵向操作产生新的子表集合）。

4. 变量

VAR 是 variable 的缩写，意思为变量。编程语言中，变量是一个很重要的概念。通过 VAR 定义变量，然后通过 return 返回结果值，其作用是可以把需要建立很多度量值的操作在一个 DAX 里面完成，实际使用中也是非常实用的。

例如：应收账款周转率的计算写法如下。

```
应收账款周转率 =
VAR A =［营业总收入］
VAR B = CALCULATE('资产负债表'[报表金额],'资产负债表'[报表项目]= "应收账款" )
VAR C = DIVIDE(A,B)
RETURN C
```

任务实施

一、获取数据

Power BI Desktop 提供两种获取数据的方式：一种是使用"直接输入"功能将数据依次

获取数据

输入到 Power BI Desktop 当中进行存储;另一种是使用"获取数据"功能连接外部数据存储设备来导入数据。

掌握 Power BI 获取不同数据源的方法是 Power BI 数据分析的第一步。

(一)直接输入数据

【例 8.1】在 Power BI Desktop 窗口中,直接输入"商品销售情况表",如表 8-9 所示。

表 8-9 商品销售情况表

工号	销售人员	商品	数量(台)	销售额(元)
10031	张敏	服务器	6	18 000
10539	徐晓丽	笔记本电脑	12	120 000
10723	陈静帆	台式机	15	12 000
12839	刘华峰	笔记本电脑	3	24 000
12363	周广清	服务器	20	18 000

操作步骤:

(1)打开 Power BI Desktop 窗口,在【主页】选项卡的【数据栏】中,单击【输入数据】,打开【创建表】窗口。

(2)根据所给表格内容,在列 1 处输入第一个字段名,再点击右侧的"+"号增加字段,依次输入所有字段名。

(3)单击字段名下方单元格,输入字段所对应的数据,直至完成表格录入。在下方名称处,修改表名,单击加载,表格完成创建,如图 8-3 所示。

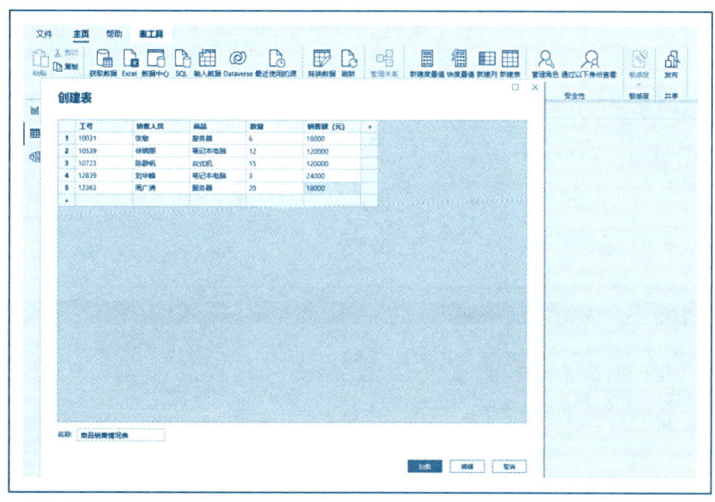

图 8-3 创建表界面

(4)点击窗口左侧【表格视图】,再点击右侧【数据栏】中的"商品销售情况表"。

(二)导入数据

使用 Power BI Desktop 可以连接许多不同的数据源,Power Query 几乎可以处理任何来源、任何结构、任何形式的数据。

1. 导入 Excel 表

【例8.2】 在【Power BI Desktop】窗口中,导入"供应商基本信息表"。

操作步骤:

(1) 打开【Power BI Desktop】窗口,在【主页】选项卡的【数据栏】中,单击【获取数据】下拉列表中的"Excel 工作簿"。

(2) 在【打开】对话框中,选择 Excel 工作簿所在位置的"供应商基本信息表",选择右下角的"打开"按钮,如图 8-4 所示。

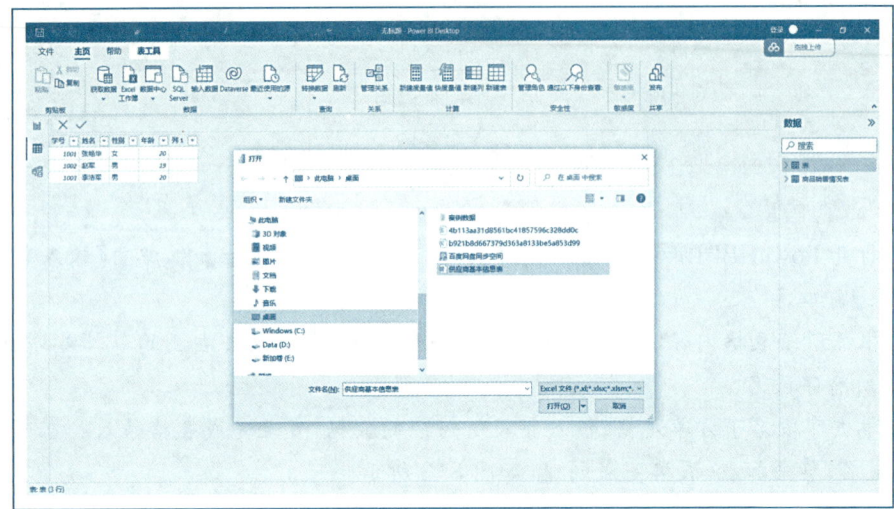

图 8-4 【打开】对话框

(3) 弹出【导航器】对话框,选择左侧"sheet1",如果确认是需要导入的 Excel 工作簿,就点击右下角的"加载"按钮,"供应商基本信息表"的 Excel 工作簿就出现在窗口右侧的【数据栏】中。

(4) 单击窗口左侧的【表格视图】,选择右侧【数据栏】中的"sheet1",为其【重命名】为"供应商基本信息表",点击即可浏览导入的表格,如图 8-5 所示。

图 8-5 "供应商基本信息表"

(5) 点击窗口左侧【表格视图】,再点击右侧【数据栏】中的"商品销售情况表"。

2. 导入 SQL Server 数据库中的数据

Power BI 可获取关系型数据库的数据，关键在于连接数据库时，需填入数据库的服务器名称、数据库名称和数据连接模式等认证信息，如图 8-6 所示。

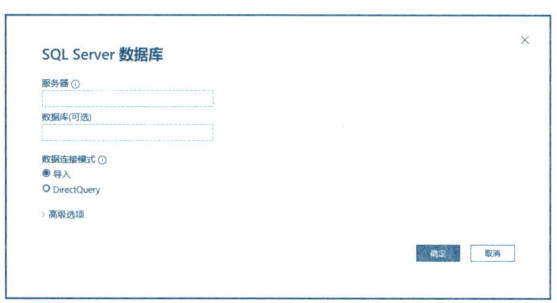

图 8-6　SQL Server 数据库连接界面

3. 获取 Web 数据

对于 Power BI 来说，获取来自 Web 的数据，也是获取数据的重要途径之一。Power BI Desktop 系统提供了获取 Web 数据的功能，可以轻松获取网页中的数据。

【例 8.3】 在【Power BI Desktop】窗口中，获取 Web 上的"2022 年度业绩报表"相关表格数据。

操作步骤：

（1）在百度搜索"2022 年度业绩报表"，选择【2022 年报业绩大全数据中心东方财富网】，如图 8-7 所示。

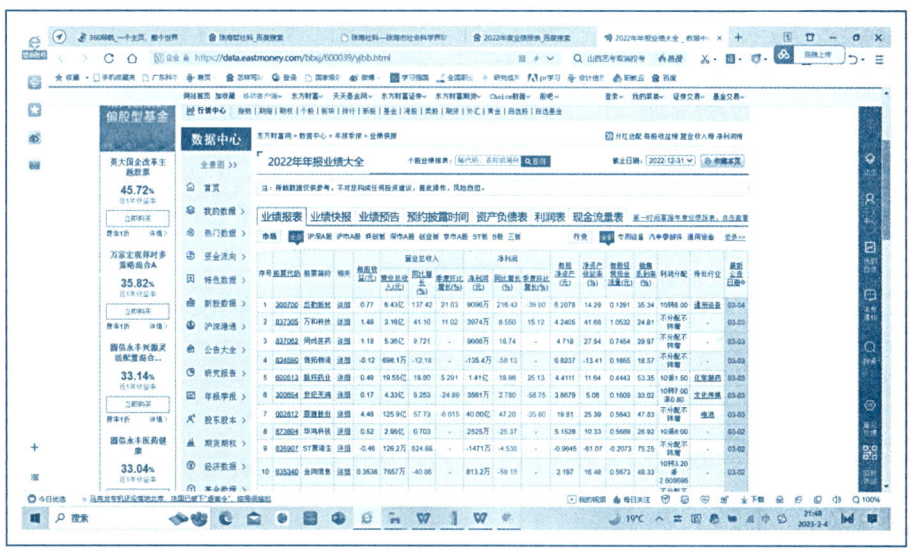

图 8-7　"东方财富网"网页界面

（2）打开【Power BI Desktop】窗口，在【主页】选项卡的【数据栏】中，单击【获取数据】下拉列表中的"Web"，如图 8-8 所示。

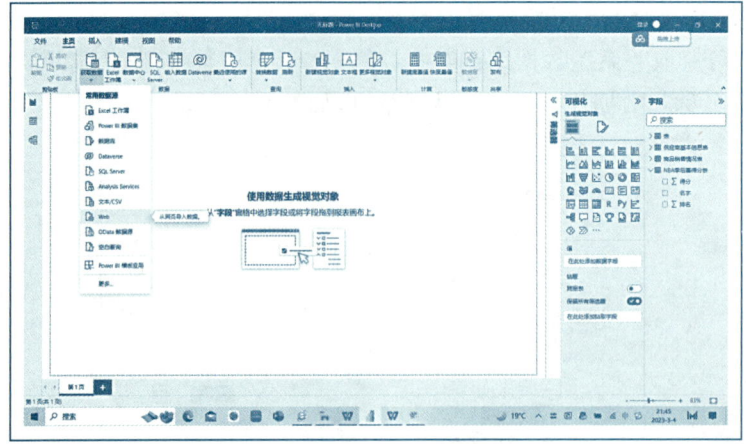

图 8-8 获取数据下拉列表

（3）在【从 Web】对话框中，选择【基本】选项，将打开的【2022 年报业绩大全数据中心东方财富网】网址复制粘贴到 URL 文本框中，单击"确定"按钮，如图 8-9 所示。

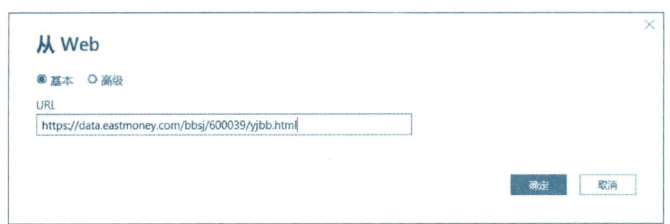

图 8-9 【从 web】对话框

（4）在弹出的【访问 Web 内容】对话框中，所有选项保持默认状态，单击"连接"按钮。

（5）弹出【导航器】对话框，在左侧列表中查看并选中所需【表 2】复选框，点击右下角的"加载"按钮，如图 8-10 所示。

图 8-10 【导航器】对话框

(6) 单击窗口左侧的【表格视图】,选择右侧【数据】中的"表 2",右键单击表名,选择【重命名】,重命名为【2022 年度业绩报表】。

(7) 单击窗口左侧的【表格视图】,点击【2022 年度业绩报表】,即可浏览该数据表。

提示:当连接 Web 数据源的内容发生了变化,可以通过【主页】选项卡的【查询栏】中【刷新】选项对数据进行刷新。刷新数据时需要注意,如果更改了数据源中的标题,同时 Power BI Desktop 中获取的数据也使用了相同的标题,那么在刷新数据时就会失败。因此,在刷新数据时,需要确保原有数据源的数据结构未发生变化,即数据源的文件名、文件位置、字段数量和字段名称未发生更改,只是行数或行记录有更新,这种情况下数据刷新才会成功。

二、清洗数据

Power BI 在获取数据源后,需要对所得数据进行整理,也就是去除不完整数据、重复数据、无用数据等,从而使数据符合数据分析要求,达到改善和提高数据质量的目的。

(一) 数据行列清洗

Power BI 获取的数据中,经过对数据行列的增加、删除、替换等操作,会得到符合数据分析要求的数据,并上载到数据模型中进行数据可视化。行清洗格式转换表、列清洗格式转换表分别如表 8-10、表 8-11 所示。

清洗数据

表 8-10 行清洗格式转换表

格式转换内容	具体含义
删除最前面几行	从此表中删除前 N 行
删除后面几行	从此表中删除最后的 N 行
删除间隔行	指示从特定行开始要重复取得和跳过的行数
删除重复项	删除当前选定列中包含重复值的行
删除空行	从此表中删除所有空行
删除错误	删除当前选定列中包含错误的行

表 8-11 列清洗格式转换表

格式转换内容	具体含义
删除列	从此表中删除当前选定的列
删除其他列	从此表中删除当前选定列以外的所有列

【例 8.4】 在 Power BI Desktop 窗口中,删除"2022 年度业绩报表"中不需要的行和相关列,同时,从表中删除空行。

操作步骤:

(1) 在【表格视图】中,打开"2022 年度业绩报表"。

(2) 在【主页】选项卡的【查询栏】中,单击【转换数据】,进入 Power Query 编辑器,从左侧选择"2022 年度业绩报表",如图 8-11 所示。

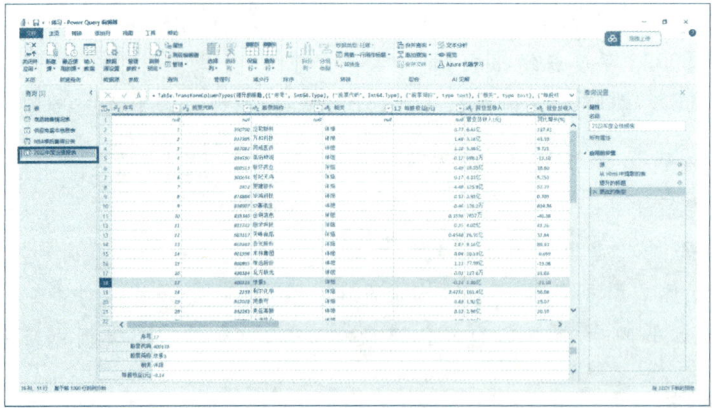

图 8-11　Power Query 编辑器中"2022 年度业绩报表"

(3) 选择【减少行】栏中的【删除行】下拉列表,单击【删除空行】。

(4) 选中要删除的相关列,单击【管理列】栏中的【删除列】,如图 8-12 所示。

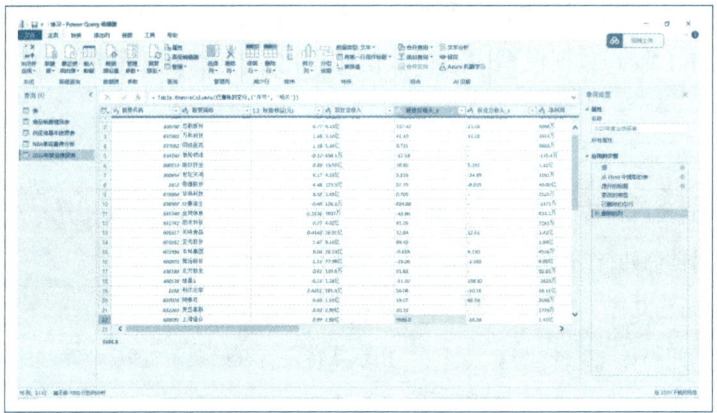

图 8-12　【删除列】窗口

(5) 得到所需数据表,点击"关闭"按钮,应用更改,退出 Power Query 编辑器,如图 8-13 所示。

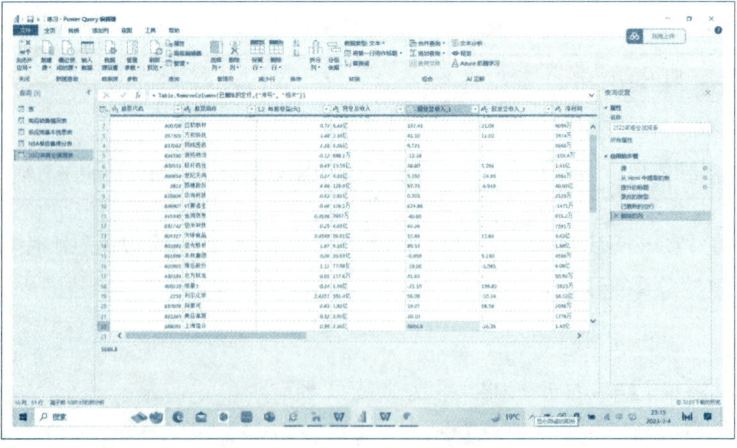

图 8-13　数据清洗结果界面

(二)更改数据类型

更改数据类型是将现有数据类型修改为使用于数据分析的形式的处理过程。Power BI 分析数据的逻辑是列式处理,所以要求每一列的数据类型都必须真实反映数据的情况。了解数据类型的改变,是清洗数据的重要一步。学习数据类型的及时转换,养成好的习惯。

Power BI 的数据类型包括文本型、数值型、日期型、任意型等。在数据建模前,需确认现有的数据类型是否与源表的数据类型有不同,有时在源表中属于数值型,导入 Power BI 后,已转化为文本型。因此,为了更好地进行数据分析,需要将其修改回数值型的数据类型。

【例 8.5】在 Power BI Desktop 窗口中,打开"2022 年度业绩报表",对其进行数据类型检查并修改【股票代码】的数据类型为"文本型"。

操作步骤:

(1) 在【表格视图】中,打开"2022 年度业绩报表"。

(2) 在【主页】选项卡的【查询栏】中,单击【转换数据】,进入 Power Query 编辑器,从左侧选择"2022 年度业绩报表",如图 8-14 所示。

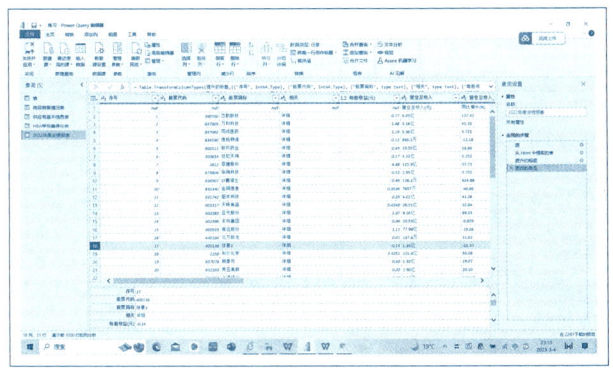

图 8-14　Power Query 编辑器中"2022 年度业绩报表"

(3) 选择要进行修改数据类型的列【股票代码】,在【主页】的【转换】栏中单击【数据类型】选项。

(4) 选择"文本型"的数据类型即可。【数据类型】下拉列表如图 8-15 所示。

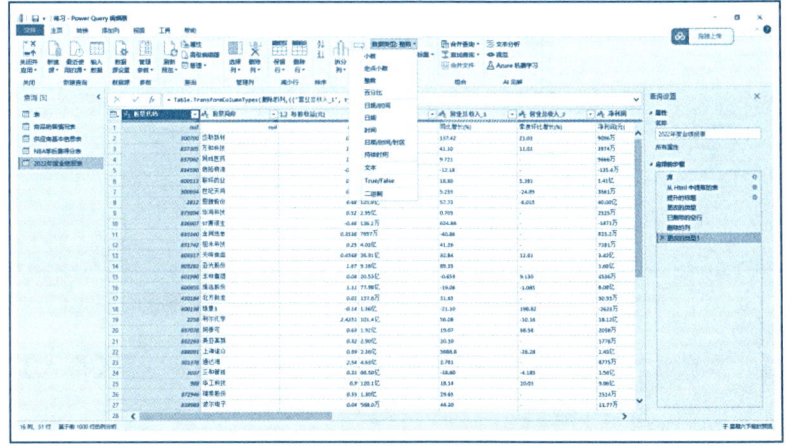

图 8-15　【数据类型】下拉列表

用户也可以直接在选中要修改数据类型的列，单击右键，选择【更改类型】下拉列表中要改变的数据类型即可。

（三）数据格式的转换

Excel 表中，有些数据的格式存在不规范的情况，如出现了合并单元格、单元格中有回车符、英文名字开头大小写不统一等，因此，在导入前应对此类数据格式加以规范处理。

数据格式转换的操作如表 8-12 所示。

表 8-12　数据格式转换的操作

格式转换内容	具体含义
小写	将所选列中的所有字母都转成小写字母
大写	将所选列中的所有字母都转成大写字母
每个字词首字母大写	将所选列中的每一个字词第一个字母转换成大写字母
修整	从所选列的每个单元格中删除前导空格和尾随空格
清除	删除所选列中的非打印字符
添加前缀	向所选列中的每个值开头添加指定的文本值
添加后缀	向所选列中的每个值末尾添加指定的文本值

【例 8.6】在【Power BI Desktop】窗口中，针对"2022 年度业绩报表"进行不规范数据格式检查并修改。

操作步骤：

（1）在【主页】选项卡的【查询栏】中，单击【转换数据】，进入 Power Query 编辑器，从左侧选择"2022 年度业绩报表"，如图 8-16 所示。

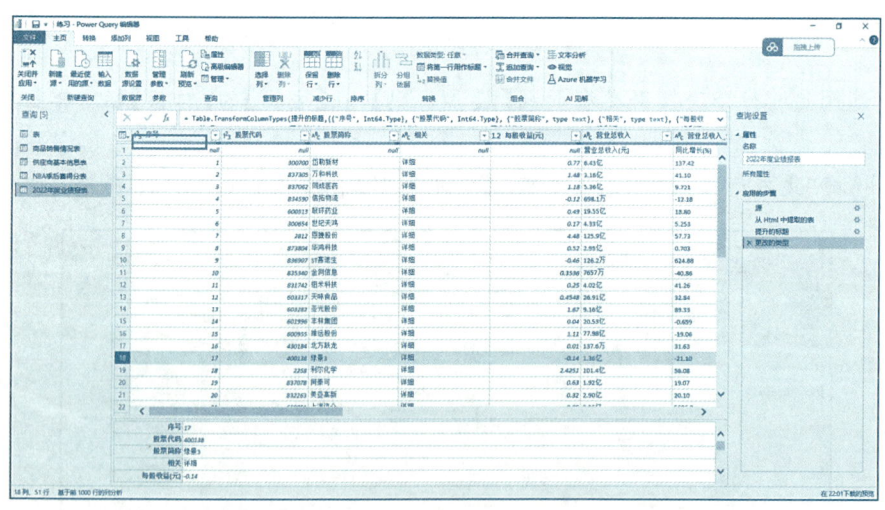

图 8-16　Power Query 编辑器中"2022 年度业绩报表"

（2）选中【股票代码】列，选择【转换】选项卡中的【文本列】栏中的【格式】下拉列表，如图 8-17 所示。

项目八 基于 Power BI 的数据分析流程 207

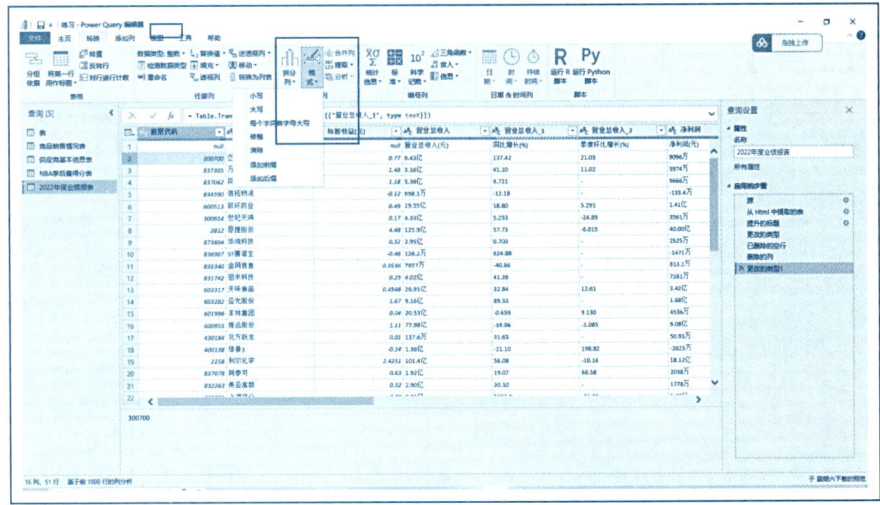

图 8-17 【格式】下拉列表

(3) 选择【修整】,可以删除【股票代码】列中每个单元格的前导空格和尾随空格。

(四) 数据列的拆分、提取和合并

在数据整理阶段,用户经常需要对数据列进行拆分、合并和提取。在 Power BI 中,只需要通过鼠标操作就可以高效地实现这些功能。

1. 数据列的合并

【例 8.7】将"供应商基本信息表"中的【公司地址】列和【公司名称】列进行合并。

操作步骤:

(1) 在【主页】选项卡的【查询栏】中,单击【转换数据】,进入 Power Query 编辑器,从左侧选择"供应商基本信息表",如图 8-18 所示。

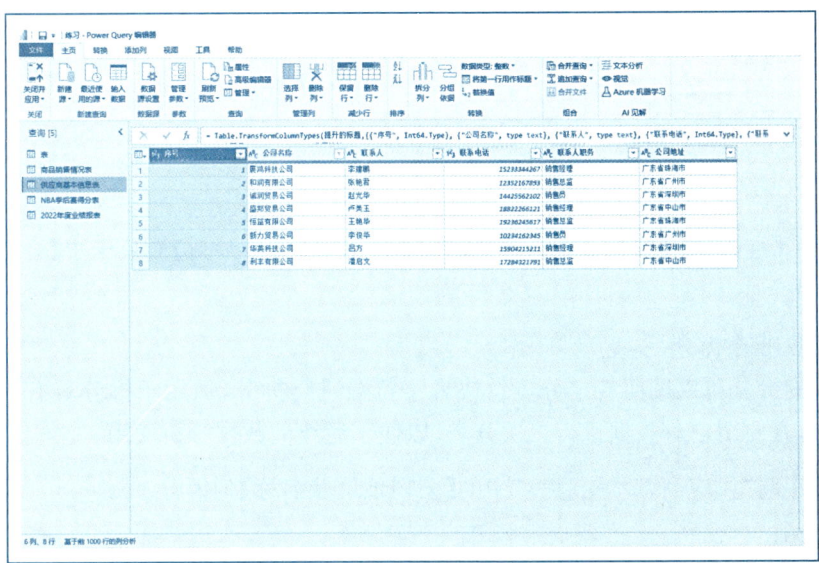

图 8-18 选择"供应商基本信息表"

(2)选中【公司地址】列和【公司名称】列(多列选择用 ctrl),选择【转换】选项卡中的【文本列】栏中【合并列】,如图 8-19 所示。

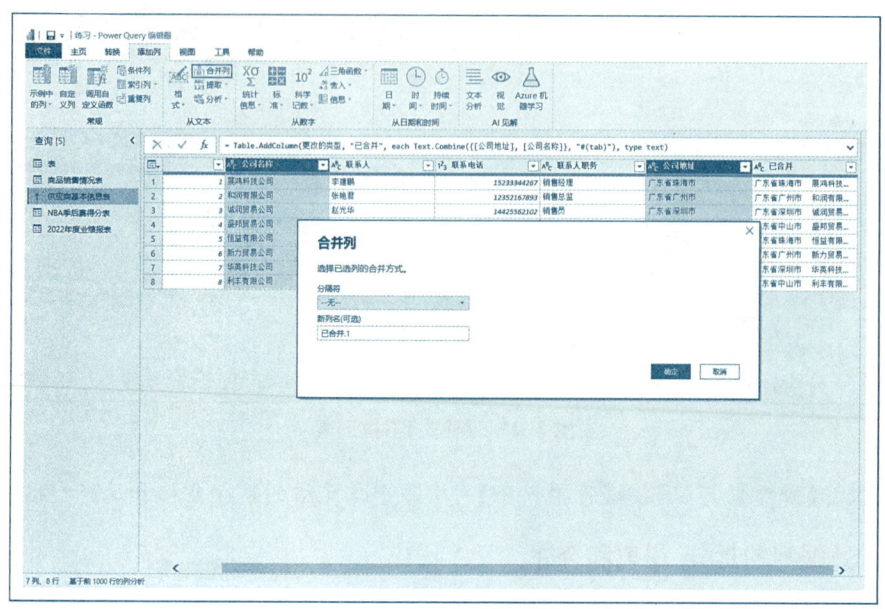

图 8-19 【合并列】对话框

(3)在打开的【合并列】对话框中,选择【已选列的合并方式】的分隔符为【制表符】,修改【新列名】为"公司地址及名称",点击"确定"按钮,完成数据的合并,如图 8-20 所示。

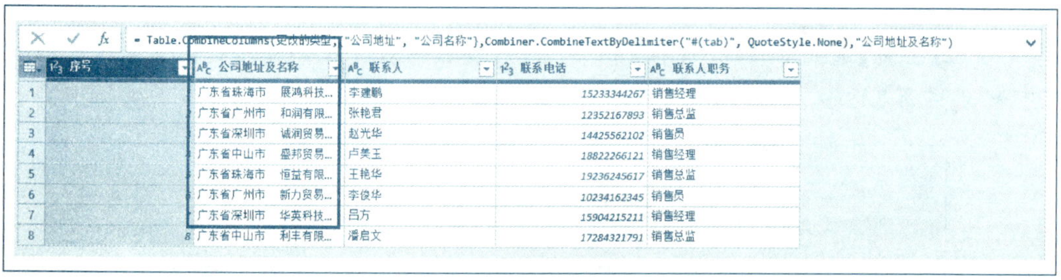

图 8-20 【合并列】结果

注意:如果在【转换】选项卡中合并列,原列被删除;在【添加列】选项卡中【合并列】,原列将保留。

2. 数据列的拆分

数据列的拆分可以按照特定分隔符或者字符数进行拆分,适用于拆分具有一定排列规律的字符串,方便用户对数据进行二次分类,以便于后续的数据分析使用。

【例 8.8】将"供应商基本信息表"中的【公司地址及名称】列拆分。

操作步骤:

(1)在【主页】选项卡的【查询栏】中,单击【转换数据】,进入 Power Query 编辑器,从左侧选择“供应商基本信息表”。

(2) 选中【公司地址及名称】列，选择【转换】选项卡中的【文本列】栏中【拆分列】下拉列表的【按分隔符】，打开【按分隔符拆分列】对话框，如图 8-21 所示。

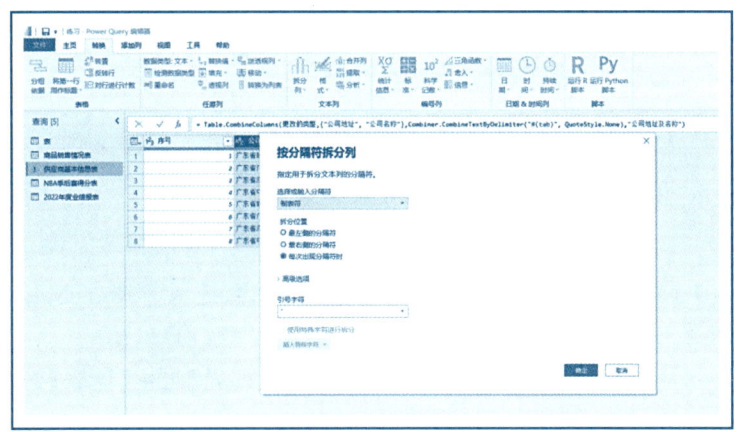

图 8-21　【按分隔符拆分列】对话框

(3) 在打开的【按分隔符拆分列】对话框中，选择【每次出现的分隔符时】，点击“确定”按钮，完成数据的拆分。

(4) 双击拆分列名称并分别修改列名为“公司地址”和“公司名称”，如图 8-22 所示。

	序号	公司地址	公司名称	联系人	联系电话	联系人职务
1	1	广东省珠海市	展鸿科技公司	李建鹏	15233344267	销售经理
2	2	广东省广州市	和润有限公司	张艳君	12352167893	销售总监
3	3	广东省深圳市	诚润贸易公司	赵光华	14425562102	销售员
4	4	广东省中山市	盛邦贸易公司	卢美玉	18822266121	销售经理
5	5	广东省珠海市	恒益有限公司	王艳华	19236245617	销售总监
6	6	广东省广州市	新力贸易公司	李俊华	10234162345	销售员
7	7	广东省深圳市	华英科技公司	吕方	15904215211	销售经理
8	8	广东省中山市	利丰有限公司	潘启文	17284321791	销售总监

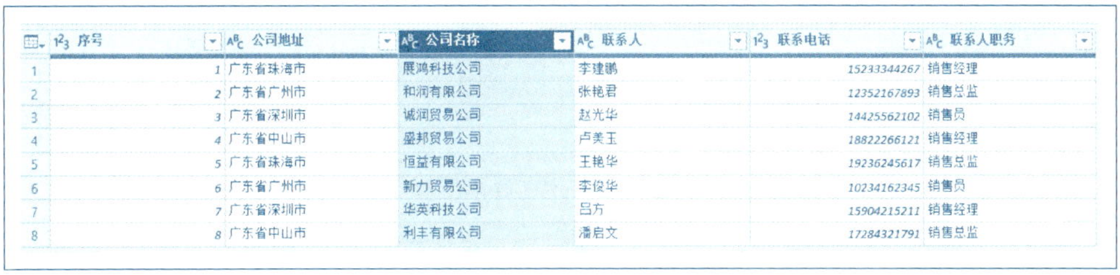

图 8-22　修改列名结果

3. 数据的提取

数据的提取是指从文本数据中提取某些需要的字符，用户可以按照长度、首字符、结尾字符、范围等方式来提取字符。

用户首先要检查数据类型是否是文本型数据，日期型数据是无法提取的。

常用的数据提取方式如表 8-13 所示。

表 8-13　数据提取方式

选择方式	具体含义
长度	返回所选列中文本的长度
首字符	从此列中每个值的开头返回指定数量的字符
结尾字符	从此列中每个值的结尾返回指定数量的字符

（续表）

选择方式	具体含义
范围	从指定索引开始，从此列中每个值返回指定数量的字符
分隔符之前的文本	返回分隔符之前出现的文本
分隔符之后的文本	返回分隔符之后出现的文本
分隔符之间的文本	返回两个分隔符之间出现的文本

【例 8.9】 提取"供应商基本信息表"中的【公司地址】列的省份。

操作步骤：

（1）在【主页】选项卡的【查询栏】中，单击【转换数据】，进入 Power Query 编辑器，从左侧选择"供应商基本信息表"。

（2）选中【公司地址】列，选择【转换】选项卡中的【文本列】栏中【提取】下拉列表的【首字符】，如图 8-23 所示。

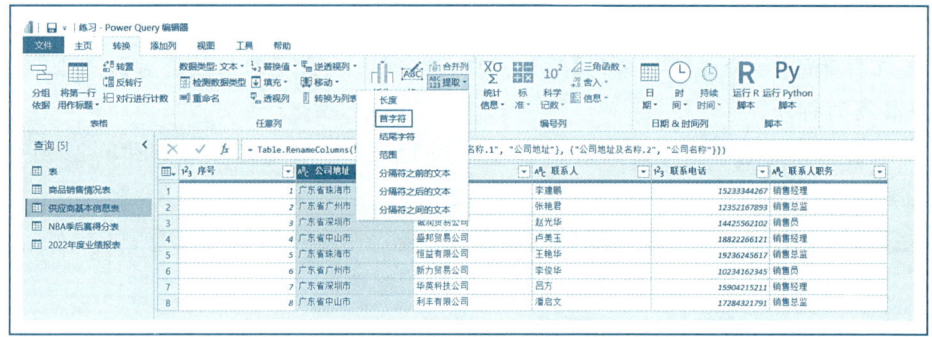

图 8-23 选择【首字符】

（3）在打开的【提取首字符】对话框中，如图 8-24 所示，在【计数】文本框中输入 3，点击"确定"按钮，完成数据的提取，提取结果如图 8-25 所示。

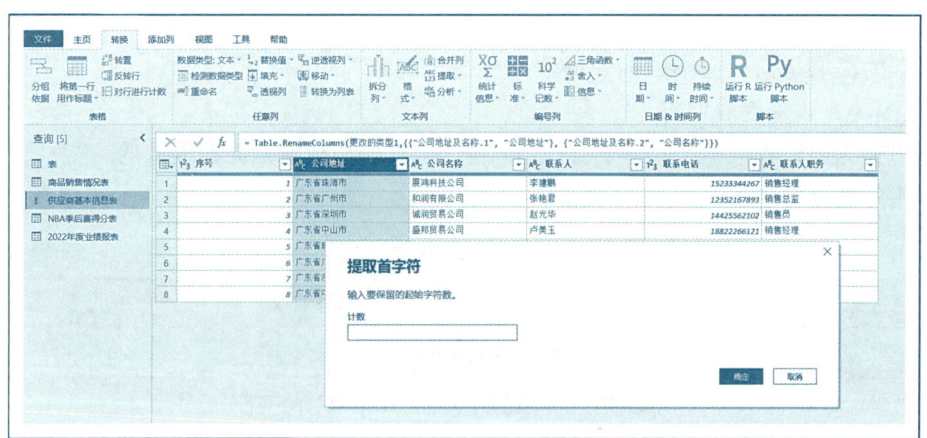

图 8-24 【提取首字符】对话框

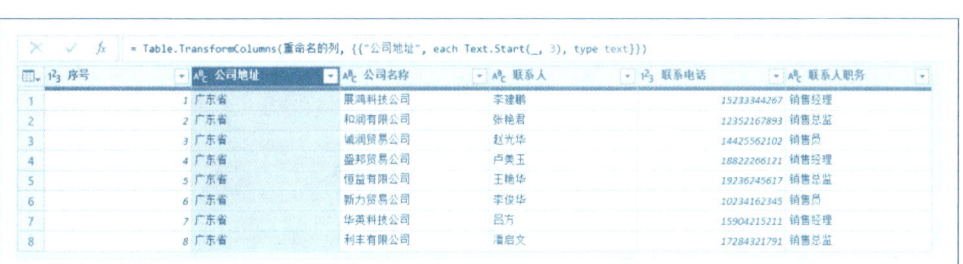

图 8-25　提取首字符的结果

（五）数据的透视与逆透视

数据的透视与逆透视是 Power Query 中非常核心的功能之一，本质上就是一维表和二维表之间的转化。

一维表适合分析，二维表适合阅读和展现。

数据的透视是将一维表转换为二维表，数据的逆透视是将二维表转换为一维表。

【例 8.10】 在"商品销售情况表"中，通过商品销售【数量】，进行数据的透视操作并查看结果。

操作步骤：

（1）在【主页】选项卡的【查询栏】中，单击【转换数据】，进入 Power Query 编辑器，从左侧选择"商品销售情况表"。

（2）选中【销售人员】列，选择【转换】选项卡中的【任意列】栏中【透视列】，如图 8-26 所示。

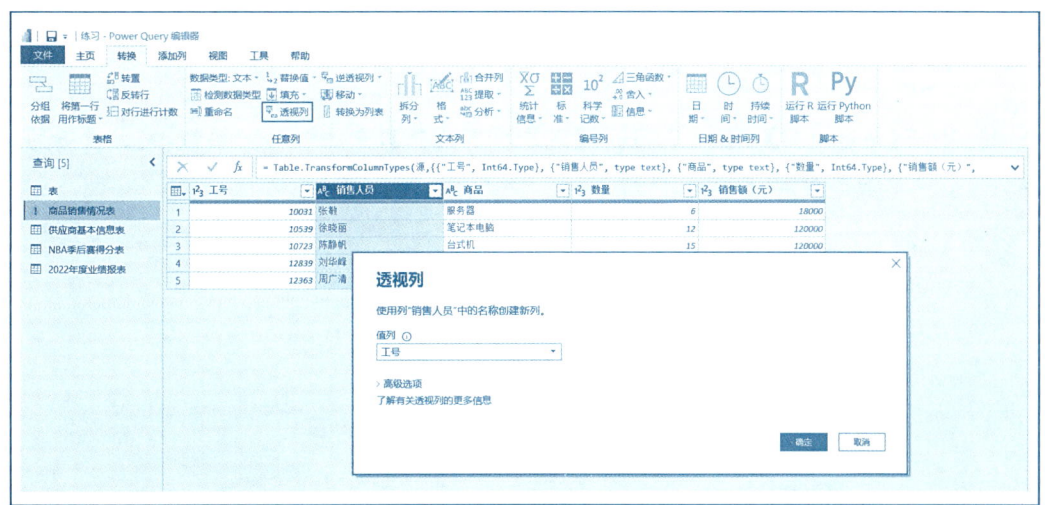

图 8-26　【透视列】对话框

（3）在打开的【透视列】对话框中，在【值列】列表框中选择【数量】，点击"确定"按钮，完成数据的透视，透视结果如图 8-27 所示。

反之，如果将二维表转换为一维表，就称为逆透视，它们两者的操作是相反的。

= Table.Pivot(更改的类型, List.Distinct(更改的类型[销售人员]), "销售人员", "数量", List.Sum)

	工号	商品	销售额（元）	张敏	徐晓丽	陈静帆	刘华峰	周广清
1	10031	服务器	18000	6	null	null	null	null
2	10539	笔记本电脑	120000	null	12	null	null	null
3	10723	台式机	120000	null	null	15	null	null
4	12363	服务器	18000	null	null	null	null	20
5	12839	笔记本电脑	24000	null	null	null	3	null

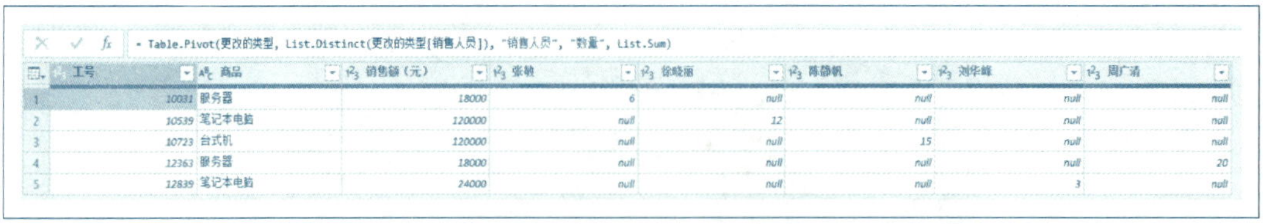

图 8-27　数据透视结果

【例 8.11】 在"产品区域销售表"中，通过产品销售"山东省、广东省、湖北省、湖南省"列，进行数据的逆透视操作并查看结果。

操作步骤：

(1) 导入"产品区域销售表.xlsx"，并重命名 sheet1 为"产品区域销售表"，在【主页】选项卡的【查询栏】中，单击【转换数据】，进入 Power Query 编辑器，从左侧选择"产品区域销售表"。

(2) 选中【产品名称】列，选择【转换】选项卡中的【任意列】栏中【逆透视列】，如图 8-28 所示。

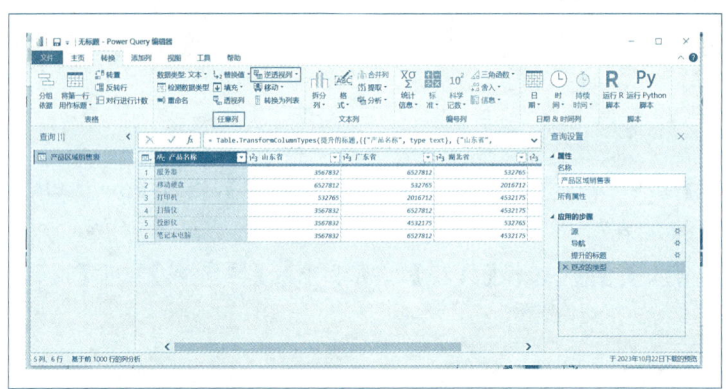

图 8-28　选中【逆透视列】界面

(3) 打开【逆透视列】下拉列表，选择【逆透视其他列】，点击"确定"按钮，完成数据的逆透视，提取结果如图 8-29 所示。

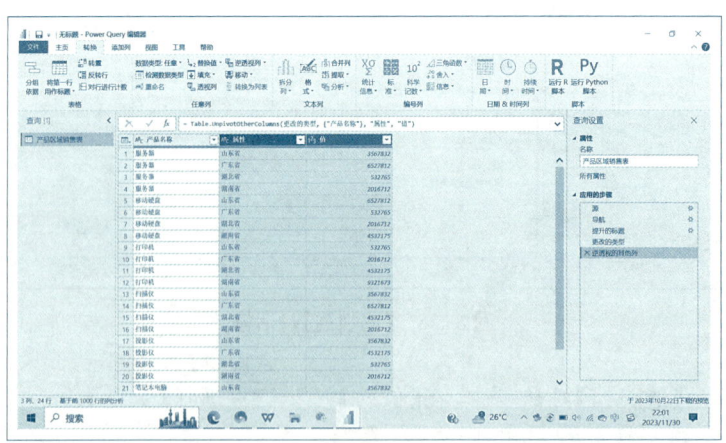

图 8-29　逆透视列提取的结果

(4) 如果是用户需要的结果，点击左上角"关闭"按钮，退出 Power Query 编辑器，同意应用更改；如果不是用户所需结果，不同意应用更改即可。

（六）分组依据功能

分组依据也是一种数据透视分析的功能。根据某一个维度的数据，进行分组统计，是很常见的做法。例如：Excel 中的分类汇总功能，可以按地区对客户进行分组，按商品名称进行商品销售额分组统计等。在 Power BI 中，这样的分组统计是可以在 Power Query 数据清洗中实现的。

【例 8.12】 在"商品销售情况表"中，通过分组依据功能，统计不同商品的总销售额。

操作步骤：

（1）在【主页】选项卡的【查询栏】中，单击【转换数据】，进入 Power Query 编辑器，从左侧选择"商品销售情况表"。

（2）选择【转换】选项卡中的【表格】栏中【分组依据】，如图 8-30 所示。

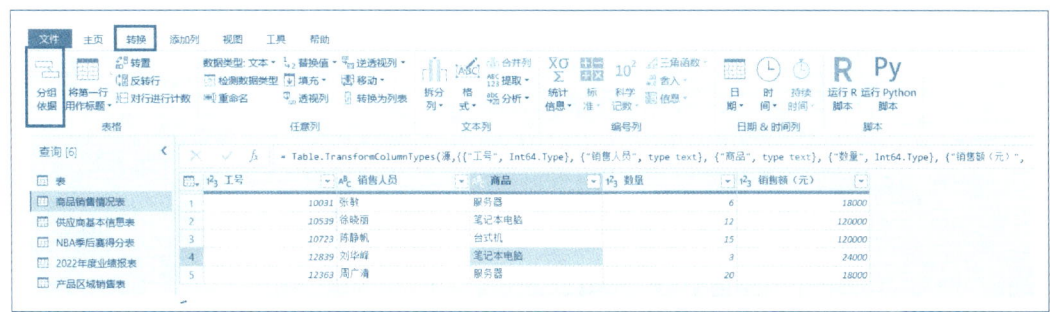

图 8-30　选择【分组依据】

（3）打开【分组依据】对话框，如图 8-31 所示，选择【基本】单选框，在下拉列表中选择"商品"，设置新列名为"总销售额"，操作位置选择"求和"，柱位置选择"销售额（元）"，点击"确定"按钮。

图 8-31　【分组依据】对话框

（4）完成数据的分组统计，分组后的表格，只留下"分组依据"的数据列"商品"和新建列"总销售额"，结果如图 8-32 所示。

	ABC 商品 ▼	1.2 总销售额 ▼
1	服务器	36000
2	笔记本电脑	144000
3	台式机	120000

图 8-32 分组统计的结果

此外,如果需要使用多个数据列作为分组列,可以选择【高级】单选框,操作方法与【基本】单选框相同。操作界面如图 8-33 所示。

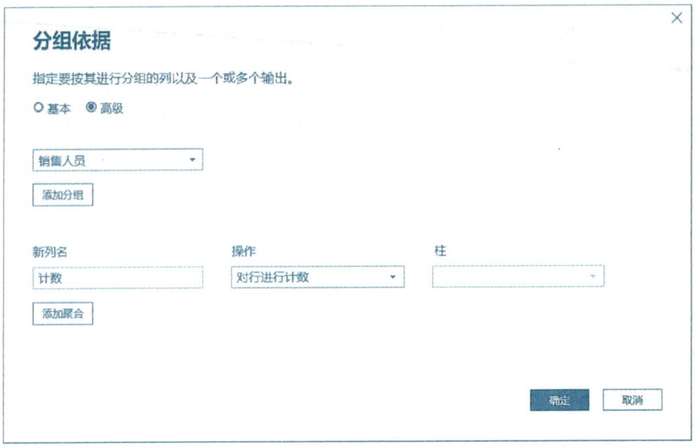

图 8-33 分组依据的高级分组方式界面

(七) 合并与追加查询功能

1. 合并查询

为了提高查询以及表数据计算的效率,有时会将多个有关系的表放入到同一表格中进行查询和分析,这样的查询又称合并查询,合并查询可避免后续数据建模时进行跨表的操作。

在两个有关联的表之间,通过关联字段,在其中一个表中,将另一个表的相关信息合并过来,使原数据源的列字段更完整。用户可以通过合并查询将多张表数据合并成一张新表。

合并查询中,表的链接关系有左外部、右外部、完全外部、内部、左反、右反共 6 种。

【例 8.13】在"超市销售数据分析"的"产品表"和"销售表"中,通过合并查询将销售表中的【数量】列合并到产品表中,产品表和销售表如图 8-34 和图 8-35 所示。

产品分类 ▼	产品分类名称 ▼	产品ID ▼	产品名称 ▼	单价 ▼
101	洗漱用品	1001	香皂	5
101	洗漱用品	1002	毛巾	15
101	洗漱用品	1003	洗发水	35
102	学习用品	2001	铅笔	1
102	学习用品	2002	错题本	2
103	餐饮用品	3001	保温杯	66
103	餐饮用品	3002	饭盒	33

图 8-34 产品表

订单号	订单日期	店铺ID	产品ID	会员ID	数量	单价	金额	销售数量	营业店铺数量	单店平均销售额
D2000001	2022年1月1日	1001	3002	3232	56	33	1848	395	4	4.68
D2000002	2022年1月1日	1002	3002	3425	63	33	2079	395	4	5.26
D2000003	2022年1月1日	1001	3002	2178	22	33	726	395	4	1.84
D2000004	2022年1月1日	1002	1001	7215	12	5	60	395	4	0.15
D2000005	2022年1月1日	1001	2002	6677	31	2	62	395	4	0.16
D2000006	2022年1月1日	1003	3002	7289	55	33	1815	395	4	4.59
D2000007	2022年1月1日	1003	2001	8121	69	1	69	395	4	0.17
D2000008	2022年1月1日	1004	2001	8219	87	1	87	395	4	0.22

图 8-35 销售表

操作步骤：

（1）在【主页】选项卡的【查询栏】中，单击【转换数据】，进入 Power Query 编辑器。

（2）选择【主页】选项卡中的【组合】栏中【合并】，选择下拉列表中的【将查询合并为新查询】，出现【合并】对话框，如图 8-36 所示。

图 8-36 【合并】对话框

（3）在【合并】对话框中，选择要合并的"产品表"和"销售表"，双击两表的产品 ID 字段，【链接种类】选择【左外部】，点击"确定"按钮，生成新的合并表，得到结果如图 8-37 所示。

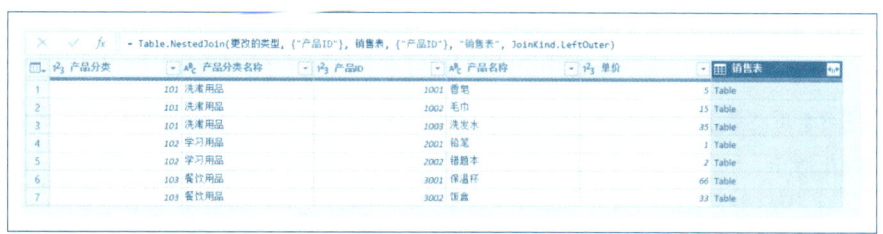

图 8-37 合并查询结果

（4）单击【销售表】右侧的 扩展选项按钮，选择【数量】字段，窗口出现扩展选项列表，列表中包括【展开】和【聚合】选项。其中，【展开】是表示要将嵌套数据中的内容提取出来以常规数据列额形式进行存放；【聚合】是在提取数据列时对其进行聚合计算(如求均值、最大值、最小值等)，然后将聚合结果作为返回值存储在主表中。本例中选择【数量】即可，点击"确定"按钮完成。扩展选项列表如图 8-38 所示。

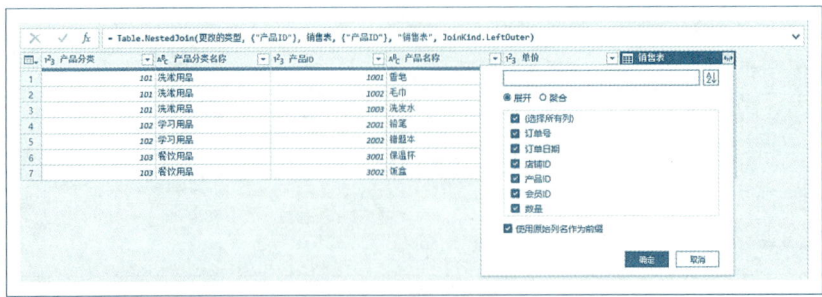

图 8-38　扩展选项列表

（5）完成后得到合并数量后的"合并 1"表。

2. 追加查询

追加查询也是一种将表数据进行整合的操作。追加查询可以理解为两张表按照上下方式进行整合。追加查询的前提是两个表相对应的数据列名称和类型尽可能相同，如果不同的话，将会出现不同字段数据单列的情况。

追加查询可以在源表上直接追加，也可以在新建表中完成追加，区别在于前者将替换源表，后者将保留源表。

【例 8.14】 请将"会信 2 班成绩表"数据追加至"会信 1 班成绩表"。

操作步骤：

（1）在【主页】选项卡的【查询栏】中，单击【转换数据】，进入 Power Query 编辑器。

（2）单击左侧的【会信 1 班成绩表】，选择【主页】选项卡中的【组合】栏中【追加查询】，选择下拉列表中的【追加】，打开【追加】对话框，如图 8-39 所示。

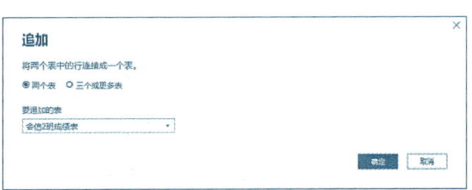

图 8-39　【追加】对话框

（3）选择【两个表】，再选择要追加的表为【会信 2 班成绩表】，单击"确定"按钮，所得结果如图 8-40 所示。

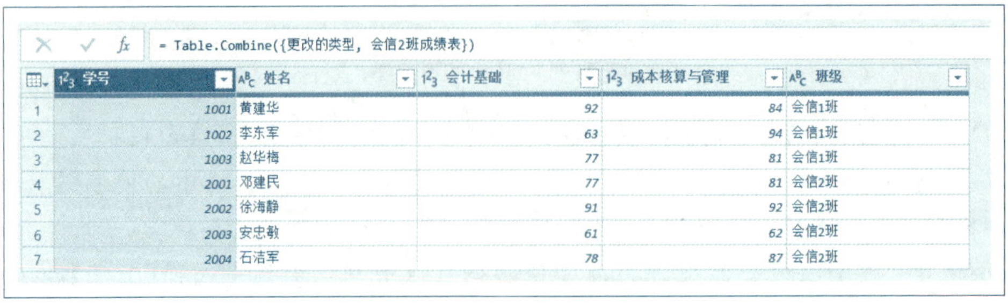

学号	姓名	会计基础	成本核算与管理	班级
1001	黄建华	92	84	会信1班
1002	李东军	63	94	会信1班
1003	赵华梅	77	81	会信1班
2001	邓建民	77	81	会信2班
2002	徐海静	91	92	会信2班
2003	安忠敏	61	62	会信2班
2004	石洁军	78	87	会信2班

图 8-40　追加查询的结果

在新建表中完成追加,可以选择的下拉列表选项如图 8-41 所示。

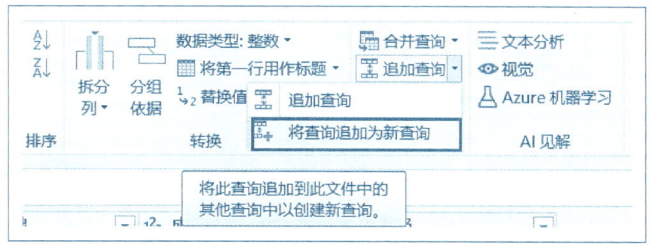

图 8-41 【将查询追加为新查询】选项

(八) 添加列

在导入外部源数据后,有时会根据数据分析的需要,需要增加一个辅助列,便于后续数据建模时使用。

Power Query 中【添加列】选项栏的主要类型有【自定义列】【条件列】【索引列】【重复列】,如图 8-42 所示。其中,添加【重复列】将在介绍【索引列】部分一并介绍。

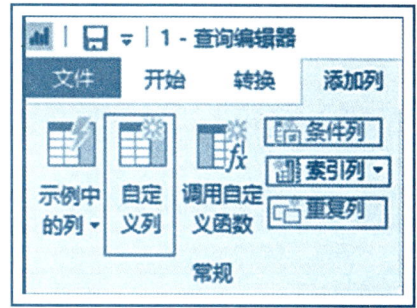

图 8-42 【添加列】选项栏选项

1. 自定义列

自定义列是通过公式创建新列。例如,根据价格和数量列,通过自定义列公式,创建新列:销售额。

【例 8.15】 在[例 8.13]中,所建的合并表"合并 1"中,利用自定义列方式生成"销售额"列。

操作步骤:

(1) 在【主页】选项卡的【查询栏】中,单击【转换数据】,进入 Power Query 编辑器。

(2) 选择左侧的【合并 1】表并展开,如图 8-43 所示。

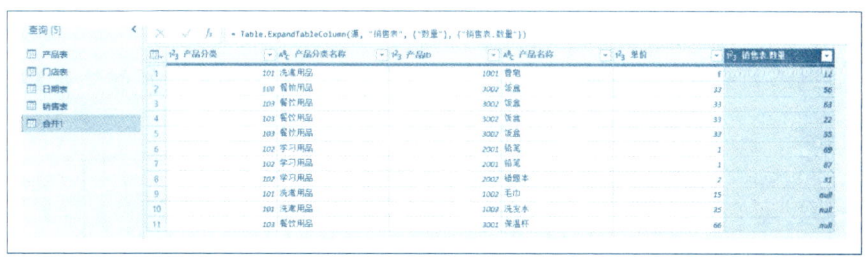

图 8-43 【合并 1】表界面

(3) 点击【添加列】选项卡中的【常规】栏中【自定义列】,打开【自定义列】对话框,如图 8-44 所示。

(4) 在【自定义列】对话框中,修改【新列名】为"销售额",在【自定义列公式】框中,在右侧选中字段名,双击要使用的字段名,加上运算符号,点击"确定"按钮。得到结果如图 8-45 所示。

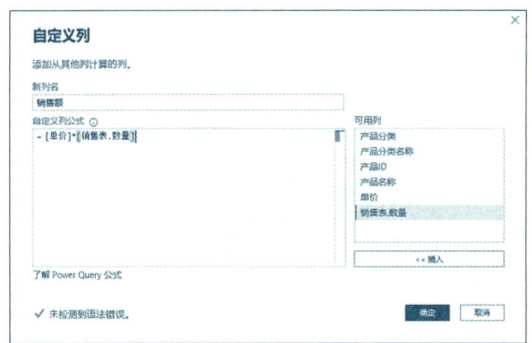

图 8-44 【自定义列】对话框

	类	产品分类名称	产品ID	产品名称	单价	销售表.数量	销售额
1	101	洗漱用品	1001	香皂	5	12	60
2	103	餐饮用品	3002	饭盒	33	56	1848
3	103	餐饮用品	3002	饭盒	33	63	2079
4	103	餐饮用品	3002	饭盒	33	22	726
5	103	餐饮用品	3002	饭盒	33	55	1815
6	102	学习用品	2001	铅笔	1	69	69
7	102	学习用品	2001	铅笔	1	87	87
8	102	学习用品	2002	错题本	2	31	62
9	101	洗漱用品	1002	毛巾	15	null	null
10	101	洗漱用品	1003	洗发水	35	null	null
11	103	餐饮用品	3001	保温杯	66	null	null

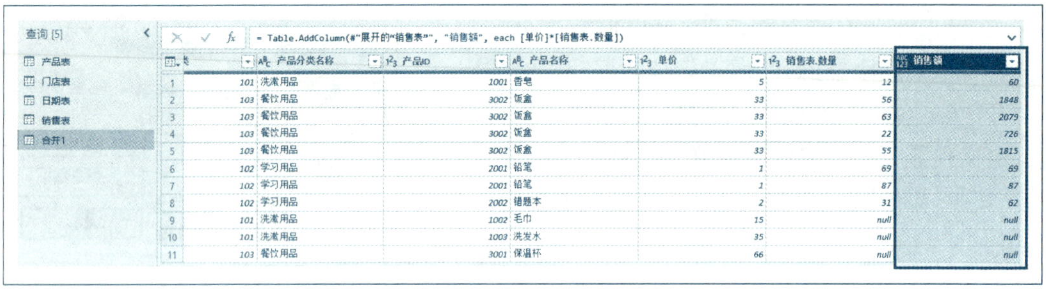

图 8-45 【自定义列】结果

2. 条件列

按照某条件创建新列，类似于 Excel 中的 IF 函数。

【例 8.16】 在[例 8.15]中“图 8-45”，如果大于或等于 1 000，返回“达标”，否则返回“不达标”。

操作步骤：

(1) 在【主页】选项卡的【查询栏】中，单击【转换数据】，进入 Power Query 编辑器。

(2) 选择左侧的【合并 1】表并展开。

(3) 点击【添加列】选项卡中的【常规】栏中【条件列】，打开【添加条件列】对话框，如图 8-46 所示。

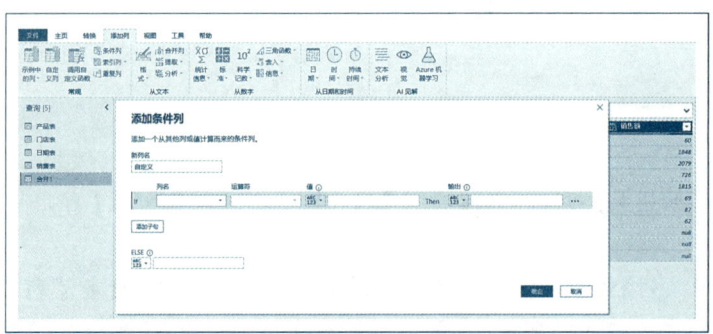

图 8-46 【添加条件列】对话框

(4) 在【添加条件列】对话框中,设置【新列名】为"级别",设置【列名】为"销售额",运算符为"大于或等于",值为 1 000,输出为"达标",在下方的【ELSE】文本框中,输入为"不达标",点击"确定"按钮,如图 8-47 所示。

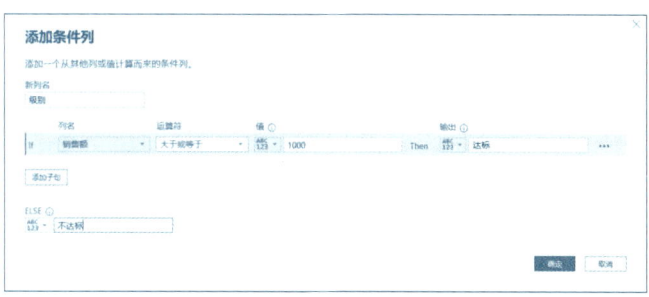

图 8-47 【添加条件列】对话框填写内容

(5) 最终结果如图 8-48 所示。

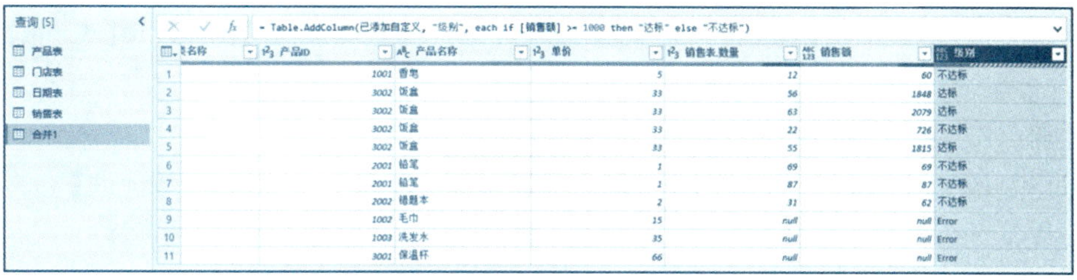

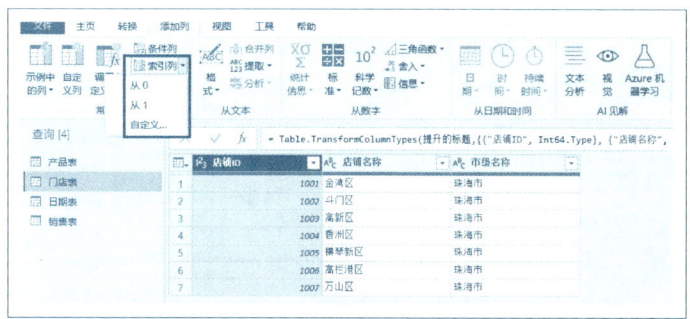

图 8-48 添加条件列的结果

3. 索引列

所谓索引,就是系统自动为我们生成的一列自增长数值,方便我们知道具体的数据在第几行。可以默认从 0 或者从 1 开始,也可以自定义从多少开始,还可以设置增量是多少。索引记录每一行所在的位置。

【例 8.17】为"超市销售数据"中的"门店表"添加索引列。

操作步骤:

(1) 在【主页】选项卡的【查询栏】中,单击【转换数据】,进入 Power Query 编辑器。

(2) 选择左侧的【门店表】,点击【添加列】选项卡中的【常规】栏中【索引列】,展开【索引列】下拉列表,如图 8-49 所示。

图 8-49 【索引列】下拉列表

(3)在下拉列表中,有 3 种选择:从 0 开始、从 1 开始、自定义。选择【从 1】选项,就可以看到"门店表"最后位置出现【索引】列,将索引字段名改为"店铺排序依据",结果如图 8-50 所示。

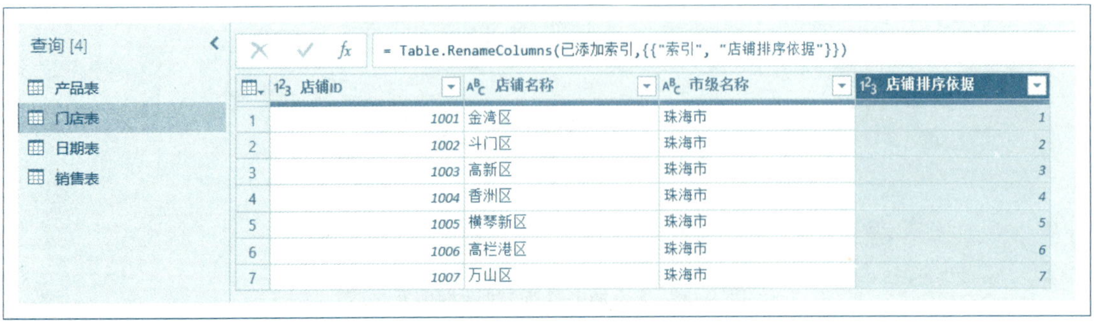

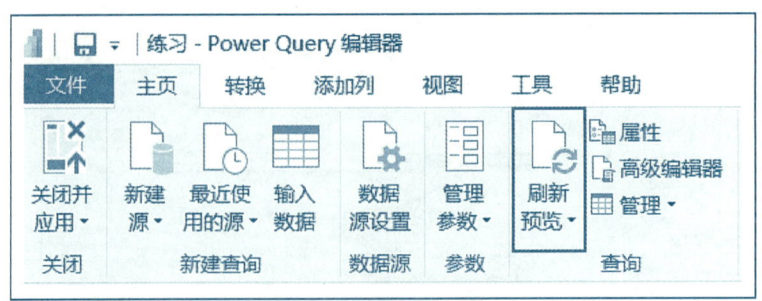

图 8-50 添加索引列的结果

(4)添加重复列,很简单,就是复制所选的列。只需选择要重复的列,由【添加列】|【重复列】即可实现。

注意:

(1)在 Power Query 编辑器中,所有的数据处理步骤都会被记录,可以点击【查询设置】选项查看每个步骤的数据处理结果,可以选择删除某个步骤,如图 8-51 所示。

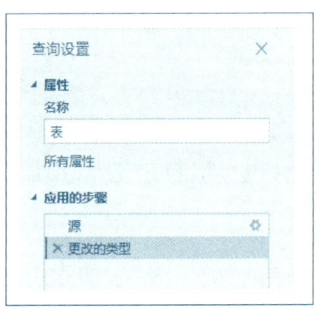

图 8-51 【查询设置】选项

(2)当数据源发生变动时,需要点击【刷新预览】选项即可同步处理操作步骤,实时更新查询处理结果,如图 8-52 所示。

图 8-52 【刷新预览】选项

三、数据建模

Power BI 数据模型是一系列相关的表格集合。简单的说，Power BI 可以从多个表格、多种来源的数据中，根据不同的维度、不同的逻辑来聚合分析数据。而分析数据的前提是要将这些数据表建立关系，这个建立关系的过程就是数据建模。

所以数据建模实际就是将数据表建立关系的过程。一个好的数据模型，可以提高数据的可理解性、提高相关流程和系统的性能、提高对变化的适应性。

数据建模是 Power BI 的核心和灵魂，其中 DAX 语言是 Power BI 数据建模的核心。

（一）创建表关系

在 Power BI 加载多个数据表时，系统会自动进行检测并创建表之间的部分关联，但在某些情况下，自动创建的关系也会出现不准确的情况，就需要手动创建关系。

创建表关系

【例8.18】在 Power BI 中导入"学生管理系统"工作簿中的 3 个工作表，并查看【模型视图】。

操作步骤：

（1）在【主页】选项卡的【数据】中，单击【Excel 工作簿】，在【打开】对话框中找到"学生管理系统"工作簿，点击"打开"按钮。

（2）加载 3 个工作表进入 Power BI 中，点击左侧"模型视图"按钮，看到系统自动为 3 个表创建了关系，如图 8-53 所示。

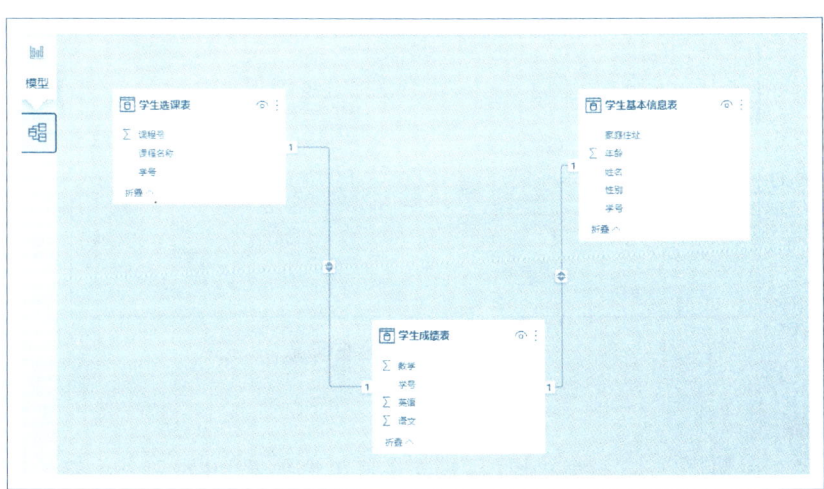

图 8-53　3 个表关系图

（3）点击左侧"模型视图"按钮后，在【主页】选项卡的【关系】中，单击【管理关系】，打开【管理关系】对话框，如图 8-54 所示，就看到有自动创建的两个关系，如果没有的话，可以点击下方【自动检测】进行检测核实，检测到后，点击"关闭"按钮即可。

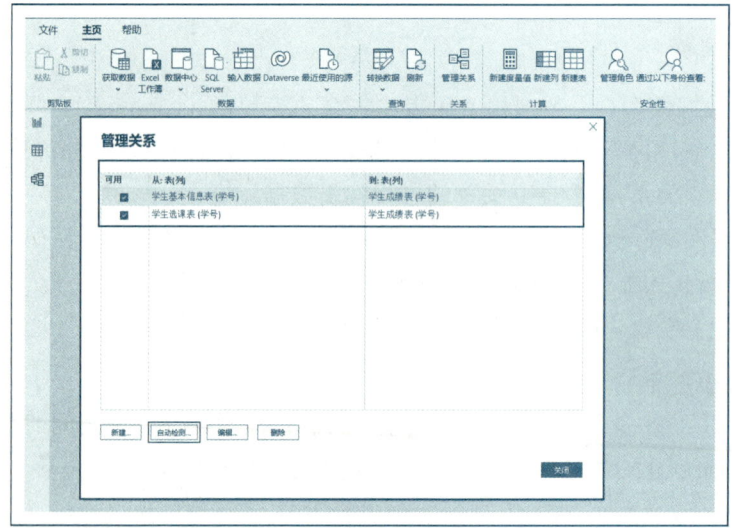

图 8-54 【管理关系】对话框

【例 8.19】在 Power BI 中,为"超市销售数据"手动创建关系,如图 8-55 所示。

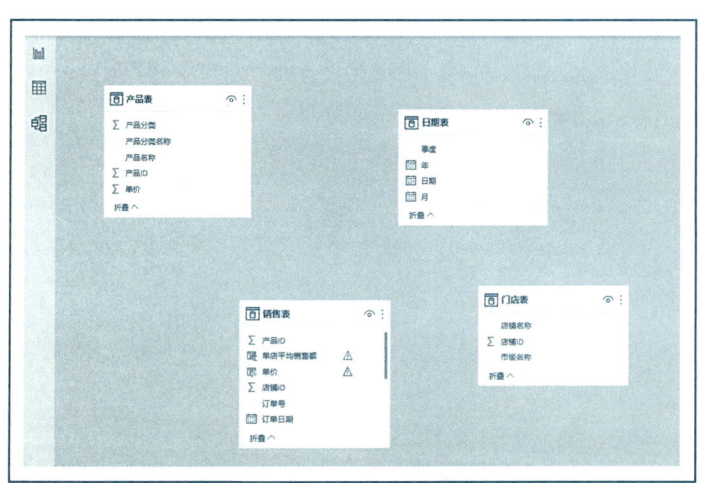

图 8-55 4 个表分布情况

操作步骤：

(1) 在左侧视图区点击"模型视图"按钮,"超市销售数据"中的 4 个表都在其中,分别找各表之间的关键字及外关键字。

(2) 将鼠标停留在"产品表"的【产品 ID】字段名上,拖动到"销售表"中的【产品 ID】字段名上,即可完成一个关系连接。

(3) 以此类推,将 4 个表之间的关系都连接好,做好数据分析的准备。双击关系连线,系统会弹出关系窗口,即可进行相关设置。结果如图 8-56 所示。

另外,也可以通过对话框方式完成关系创建,选择【主页】中的【管理关系】对话框,在【管理关系】对话框中新建关系即可。如图 8-57 所示。

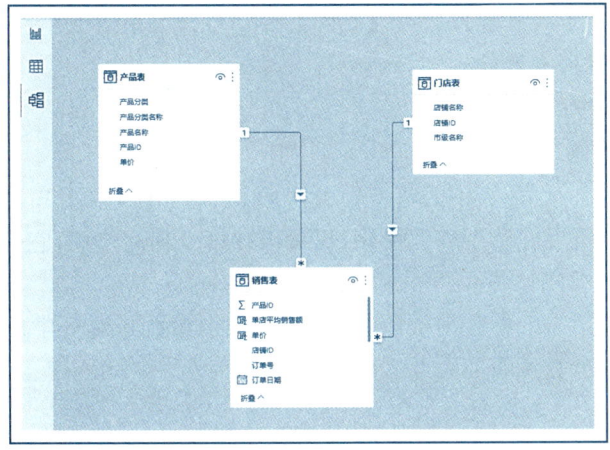

图 8-56 关联后的 3 个表

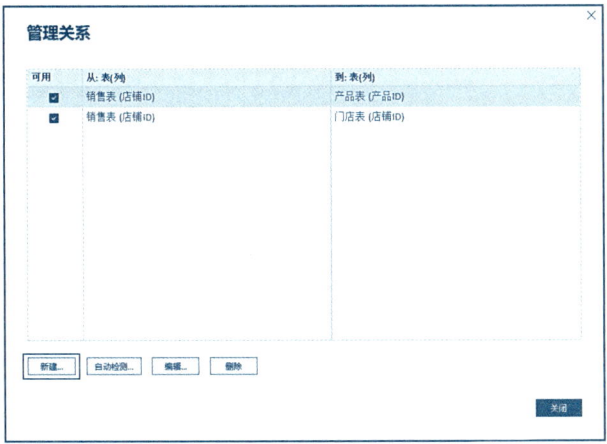

图 8-57 【管理关系】对话框

（二）管理关系

对已创建的关系，用户可以通过编辑关系进行修改，如图 8-58 所示。

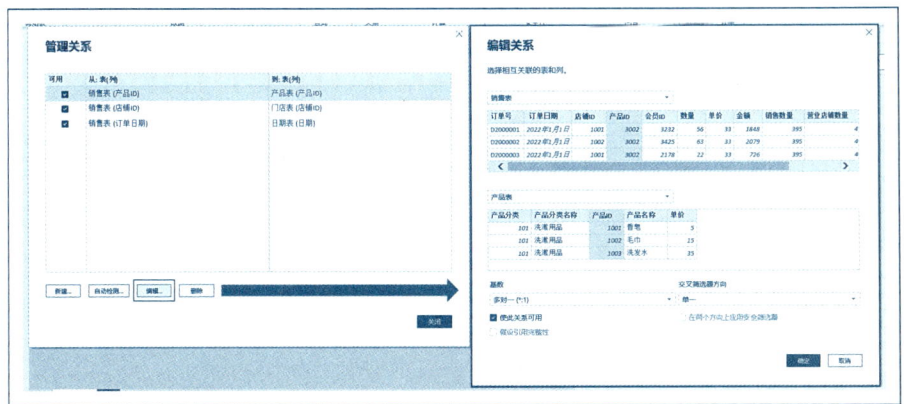

图 8-58 【编辑关系】对话框

用户也可以在【管理关系】对话框中【删除】关系,或在关系线上单击右键,在快捷菜单中选择【删除】,完成删除关系操作。

(三) DAX 语言中的函数使用

1. SUMX()函数

SUMX()函数

SUMX()函数的含义:为表中的每一行计算表达式的和后再求和,简单地说,是对列数据逐行求和。该函数可以在单个列上使用,也可以在多个列上使用,它仅对列中数字进行计算,空白、逻辑值和文本被忽略。

SUMX()函数中第一个参数为被运算的表,第二个参数是对表中的每一行计算的表达式。该函数的语法和参数说明如图 8-59 所示。

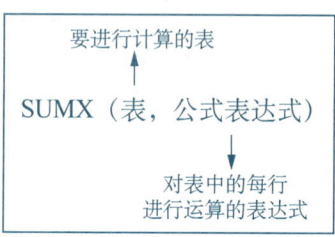

图 8-59　SUMX()函数的语法和参数说明

【例 8.20】打开"产品区域销售表",根据各省销售数据求总销售额。

操作步骤:

(1) 在【主页】选项卡的【计算】中,单击【新建度量值】,在【度量值】文本框中输入如下 SUMX()函数:

度量值= SUMX('产品区域销售表',[山东省]+[广东省]+[湖北省]+[湖南省])

将度量值修改为:【总销售额】,在输入公式时通过单引号和方括号启动智能感知,弹出可选的表和列,如图 8-60 所示。

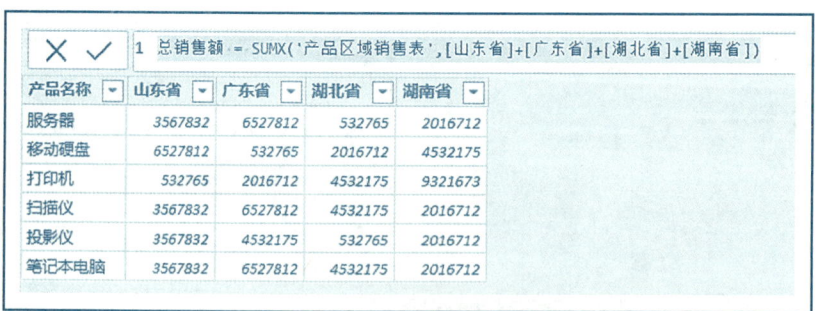

图 8-60　【度量值】文本框

(2) 点击回车键完成计算,然后转换到【报表视图】,插入卡片图,将【总销售额】字段拖动到卡片图中,可以看到总销售额,如图 8-61 所示。

图 8-61 【总销售额】卡片图

2. CALCULATE()函数

CALCULATE()函数是筛选器类型函数中最重要的一个函数,常常与聚合函数组合使用。它的功能直译过来是计算由指定筛选器修改的上下文中的表达式。其格式如下:

CALCULATE(<表达式>,<筛选器1>,<筛选器1>,……)

DAX 语言及函数(CALCULATE()函数)

其中,"表达式"是计算的表达式,受筛选参数的上下文影响。

该函数能够清除筛选器,在筛选器参数列表中,如果一个数据列上存在多个筛选器,那么该函数会清除前面的筛选器,而只用当前的筛选器。

该函数的语法和参数说明如图 8-62 所示。

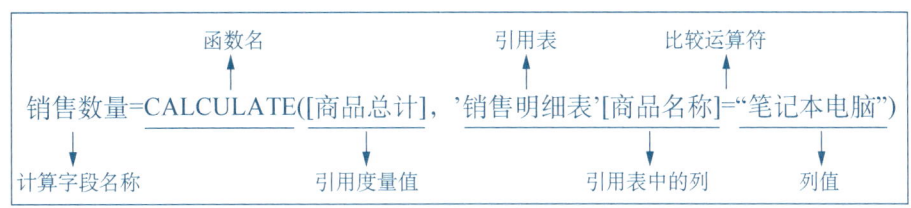

图 8-62 CALCULATE()函数的语法和参数说明

图 8-62 中的公式表明:
(1) 对销售明细表中的"商品名称"字段进行筛选,筛选条件是"笔记本电脑"。
(2) 对筛选出来的表执行"商品总计"计算。
(3) 将筛选后的商品总计度量值引用出来。

(四)创建度量值

创建度量值过程如[例 8.20]所示,这里不再详细说明。

(五)创建计算列

计算列不是通过加载数据得到的,计算列是通过引用其他列或其他列数据的计算结果而创建的新列,可转换或合并现有数据表中的两个或多个列,也可以使用 DAX 函数建立新列。

计算列与其他的任何列一样,都可以在矩阵和其他的报表中的行、列中来使用。对于表中的其他任何列的计算都只能返回当前行对应的列的数据,无法直接使用其他行的数据。

计算列是始终存在于表中,是用 DAX 公式创建的真实物理列,计算列计算时占用的是模型的加载时间而不是查询时间。计算列始终占用的计算的非常宝贵的内存。

创建度量值

【例 8.21】 打开"产品区域销售表",根据各省销售数据求各省销售总额。

操作步骤:

(1) 在【主页】选项卡的【计算】中,单击【新建列】,在【新建】文本框中输入以下公式:

> 销售总额 = [山东省]+[广东省]+[湖北省]+[湖南省]

(2) 点击回车键完成计算,可得到新建列内容,如图 8-63 所示。

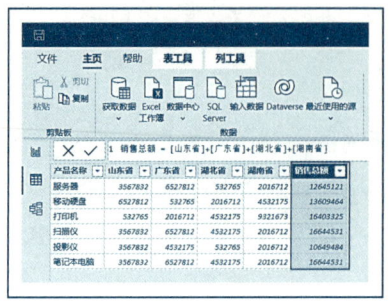

图 8-63 新建列结果

任务二　Power BI 数据可视化

任务说明

在完成数据查询编辑以及建模分析后,用户可以借助 Power BI 提供的可视化图形工具将数据进行可视化展现。

数据可视化是以图形来直观地呈现数据,帮助用户快速理解数据中蕴含的信息。在 Power BI Desktop 中,数据可视化主要是通过制作视觉对象来完成的。Power BI Desktop 中预置了十几种类型丰富的视觉对象,可以从不同的角度来展现数据。此外,用户还可以在微软的 AppSource 在线应用商店下载到上百种由微软或者微软认证的第三方公司提供的自定义可视化对象。这些工具能提供更多样化的数据分析视角、更炫酷的图形界面以及更方便的数据配置。

本任务以"产品区域销售表"为例,介绍数据可视化的相关知识。

相关知识

一、可视化设计的步骤

可视化设计的步骤如下:

(1) 明确通过可视化图表传达什么信息,确定哪种图表最能表达这种信息。
(2) 合理布局图表元素,通过设置标签、标题、颜色等更好地传达信息。
(3) Power BI 自带的可视化图表无法满足要求时,可下载第三方可视化图表。

二、可视化图表选择原则

可视化图表选择原则如下:
(1) 尽量选择使用常用图表。
(2) 图表色彩尽量丰富,最好同色系。
(3) 适当使用图表背景色并分隔图表。
(4) 图表要设置升序或降序,显得规整。
(5) 重点关注图表的应用场景和局限性。

三、可视化图表应用场景分类

可视化图表应用场景分类如表 8-14 所示。

表 8-14 可视化图表应用场景分类

对比分析	结构分析	描述性分析	KPI 分析	地图应用	相关分析
●柱形图	●饼图	●绘制表	●仪表	●气泡地图	●散点图
●条形图	●环形图	●绘制矩阵	转速表	●着色地图	●拆线图
▲雷达图	●瀑布图	●多行卡	▲KPI	▲热力地图	▲网络图
●漏斗图	●树状图	▲箱线图	▲子弹图	▲色块地图	
●拆线-柱形组合	▲华夫图	▲直方图	▲温度计图	▲散点地图	
▲信息图	▲旭日图	▲柏拉图	▲线性测量仪	▲注向地图	
▲气泡图	▲人物动画	▲文字云			
▲旋风图	▲象限图				
▲小拆线图					

注:●表示 Power BI 自带的内置图表,▲表示第三方图表。

任务实施

一、条形图

条形图是以宽度相等的条形长度的差异来显示统计指标数值大小的一种图形,它通常应用于比较分析,适用于维度分类较多的情景。

常见的条形图有堆积条形图、簇状条形图和百分比堆积条形图。

【例 8.22】为"产品区域销售表"制作堆积条形图。

创建条形图、柱形图

操作步骤：

(1) 点击【报表视图】，单击【可视化】窗格中的【堆积条形图】图标，在【数据】窗格中分别选中【产品名称】【广东省】【湖北省】【湖南省】【山东省】5个字段。

(2) 在【可视化】窗格中，点击【格式】列表，为堆积条形图设置不同的格式。【格式】列表如图 8-64 至图 8-66 所示。

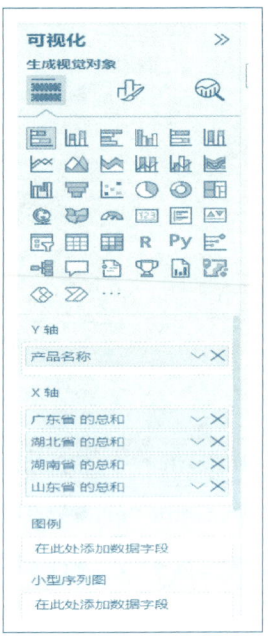

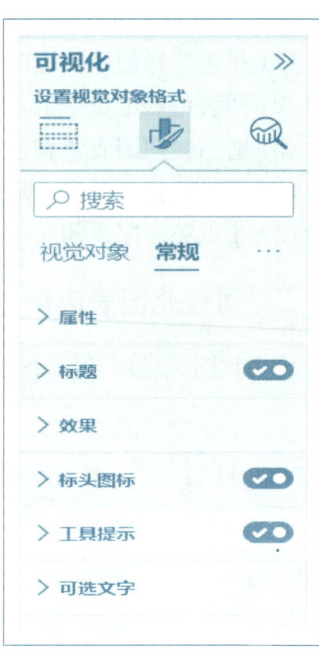

图 8-64 "生成视觉对象"　　　图 8-65 "视觉对象"格式　　　图 8-66 "常规"格式

(3) 生成条形图结果如图 8-67 所示。

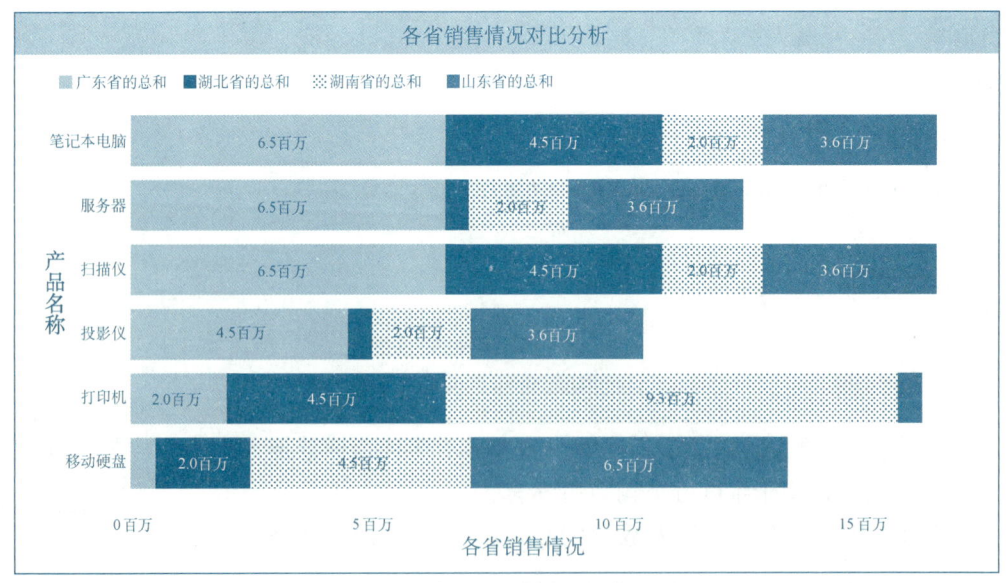

图 8-67　条形图结果

二、柱形图

柱形图能利用水平的柱子表示不同分类数据的大小。与之类似的是条形图，条形图就是竖的柱形图，或者说把柱形图顺时针转动 90 度就成了条形图，两者的使用以及作图方式类似。柱形图一般用于对比分析，能够显示一段时间内的数据变化或显示各项之间的比较情况。

常见的柱形图有堆积柱形图、簇状柱形图和百分比堆积柱形图。

【例 8.23】 为"产品区域销售表"制作簇状柱形图。

操作步骤：

（1）点击【报表视图】，单击【可视化】窗格中的【簇状柱形图】图标，在【数据】窗格中分别选中【产品名称】【广东省】【湖北省】【湖南省】【山东省】5 个字段。

（2）在【可视化】窗格中，点击【格式】列表，为簇状柱形图设置不同的格式。

（3）生成的柱状图结果如图 8-68 所示。

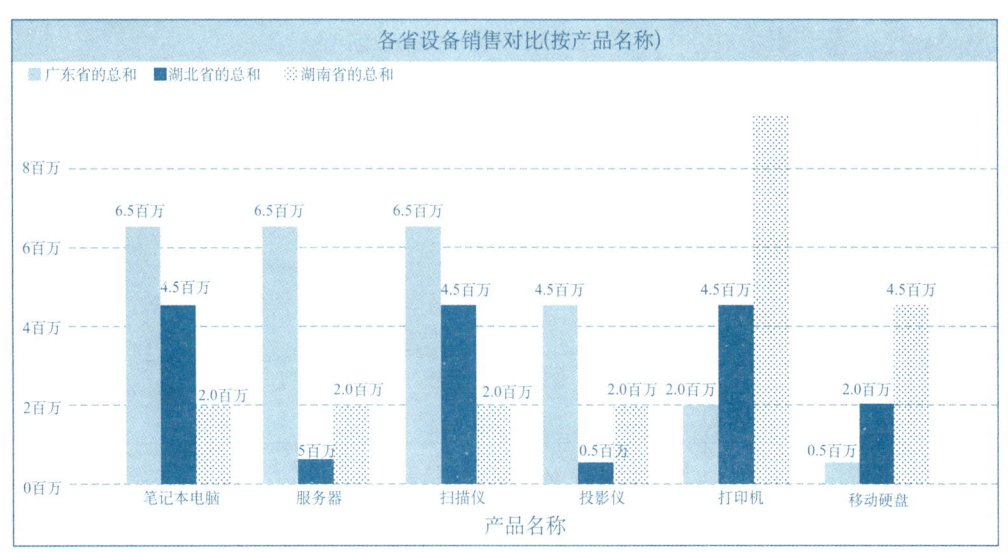

图 8-68　柱状图结果

用户应注意，可视化对象主要需要的配置如下：

轴（必填项）： X 轴数据，该字段只能使用原始数据列或计算列，不能使用度量值，如果想使用度量值生成的数据作为轴数据，需要先将度量值转换成计算列。"轴"内允许配置多个字段，以显示不同层次结构的数据内容。

值（必填项）： Y 轴数据，该字段可以是原始数据列、计算列或度量值，当"图例"配置项为空时，"值"内可以添加多个字段，否则值内只能添加一个字段。

图例（选填项）： 图例一般用于对 Y 轴数据进行细分类，与"轴"类似，用于配置"图例"的字段只能使用原始数据列或者计算列，不能使用度量值。当"值"配置项只有一个字段时，可以使用图例配置项对值中的数据进行详细说明。

创建折线图、卡片图

三、折线图

和柱形图一样,折线图也是最常用的一种图表类型,并且折线图和柱形图做时间序列分析时通常是可以互换的,但推荐使用折线图,折线图连接各个单独的数据点,更加简单、清晰的展现数据变化的趋势。

折线图用于展示一段时间内的趋势:如近一年股价的变化、用户的增长趋势等,也可与柱形图结合,提供多维度的序列分析。

【例8.24】 为"商品销售情况表"制作折线图。

操作步骤:

(1)点击【报表视图】,单击【可视化】窗格中的【折线图】图标,在【数据】窗格中,打开【商品销售情况表】分别选中【销售人员】和【销售额】2个字段。

(2)在【可视化】窗格中,点击【格式】列表,为折线图设置不同的格式。

(3)生成的折线图结果如图8-69所示。

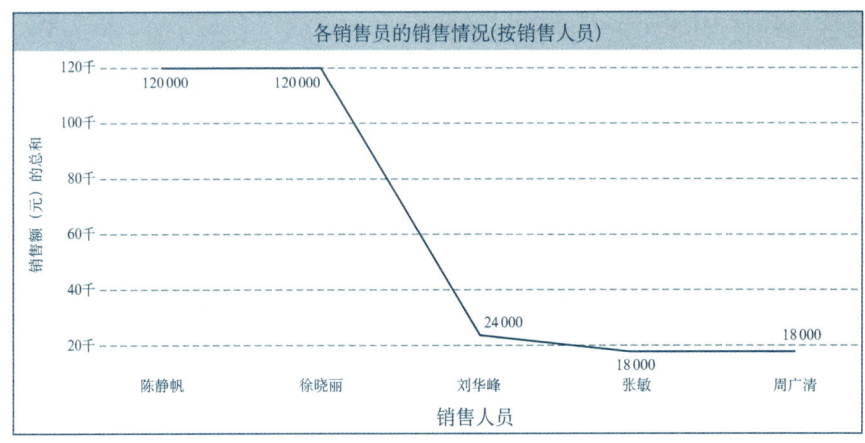

图8-69 折线图结果

四、环形图

环形图是由两个及两个以上大小不一的饼图叠在一起,挖去中间的部分所构成的图形。环形图与饼图类似,但又有区别。环形图中间有一个"空洞",每个样本用一个环来表示,样本中的每一部分数据用环中的一段表示。因此环形图可显示多个样本各部分所占的相应比例,从而有利于构成的比较研究。

环形图适合展示分类的占比情况,和饼图的适用范围类似。例如,可以用环形图来展示不同产品的数量占比。

【例8.25】 为"商品销售情况表"制作环形图。

操作步骤:

(1)点击【报表视图】,单击【可视化】窗格中的【环形图】图标,在【数据】窗格中,打开【商品销售情况表】分别选中【销售人员】和【销售额】2 个字段,【销售人员】需在【图例】处,【销售额】应在【值】处,并选择【销售额总和】。

(2) 在【可视化】窗格中,点击【格式】列表,为环形图设置不同的格式。

(3) 生成的环形图结果如图 8-70 所示。

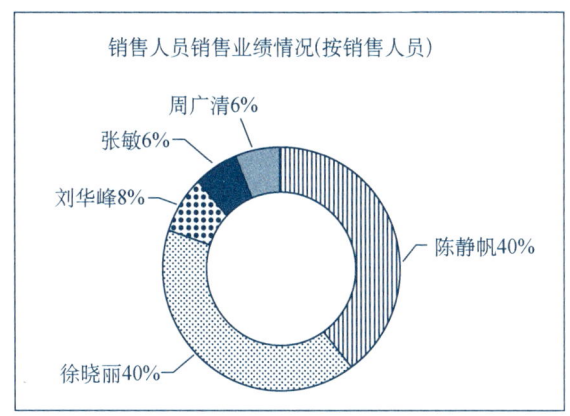

图 8-70　环形图结果

五、散点图

散点图主要是用来在回归分析中展示数据在直角坐标系上的分布情况,可以分析数据的总体发展趋势及分布走向。散点图上每个点所在的位置都是通过其所对应的 X 轴坐标和 Y 轴坐标来确定的,突出的是数据在两个变量之间的变化关系。

通常情况下,散点图适用于分析一个主体变量随两个具有相关性变量变化而变化的情况,适合较少维度数据间的比较。

注意:

详细信息:用于显示明细的字段。

图例:用于显示具有颜色的分类字段。

X 轴:需要放置于 X 轴的字段。

Y 轴:需要放置于 Y 轴的字段。

大小:用于确定值大小的字段。

播放轴:用于播放动画效果的字段。

【例 8.26】 为"NBA 季后赛得分表"制作散点图。

操作步骤:

(1) 点击【报表视图】,单击【可视化】窗格中的【散点图】图标,在【数据】窗格中,打开【NBA 季后赛得分表】分别选中【排名】【名字】【得分】3 个字段。

(2) 在【可视化】窗格中,点击【格式】列表,为散点图设置不同的格式。

(3) 生成的散点图结果如图 8-71 所示。

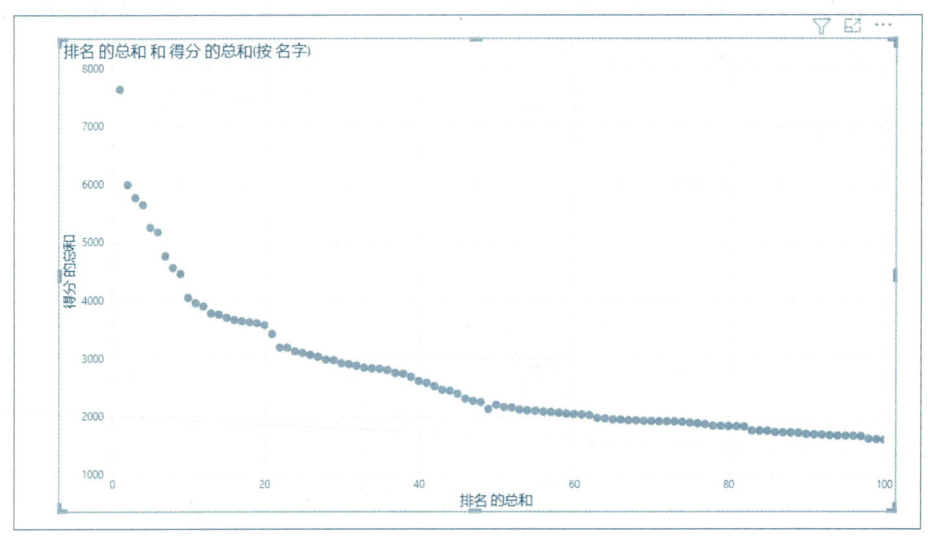

图 8-71　散点图结果

六、卡片图

卡片图也被称为大数字磁贴，用单一数据形式展示某一个值，常常用于展示或者检验单一重要指标。严格来说它不能算是一种图表，只是仪表板的一个组件而已。在仪表板或报表中需要跟踪和展示的最重要信息，有时只是一个数字，就可以用卡片图实现。

卡片图是展现某一个特定的重要的值，一般先要新建度量值，然后将度量值拖拽到卡片图字段中，也可以直接拖入某个字段到卡片图中。

【例8.27】为"产品区域销售表"制作"广东省"卡片图。

操作步骤：

(1) 点击【报表视图】，单击【可视化】窗格中的【卡片图】图标，在【数据】窗格中，打开【产品区域销售表】分别选中【广东省】字段。

(2) 在【可视化】窗格中，点击【格式】列表，为卡片图设置不同的格式。

(3) 生成的卡片图结果如图 8-72 所示。

图 8-72　卡片图结果

 **德技并修**

脚踏实地 行稳致远

《道德经》有言:"企者不立,跨者不行。"其大意是,踮着脚尖,虽然站得高,却站不稳;着急向前飞奔,看似迈的步子很大,后劲却难以持久。

数据清洗是数据科学中必不可少的一部分。数据往往不像我们所想象的那样干净、整洁。需要对数据进行仔细的检查、清理和处理,才能真正把数据转变成有用的信息。高质量的数据清洗能够使后续的数据建模和可视化分析事半功倍,而马虎对待数据清洗,在建模与可视化过程则可能磕磕碰碰,甚至得出错误的分析结论。

习近平总书记在党的二十大报告中寄语广大青年:"怀抱梦想又脚踏实地,敢想敢为又善作善成"。对青年人而言,这既是殷切勉励,又指明了逐梦圆梦的现实路径。怀抱梦想,方有行动目标;脚踏实地,一步一个脚印地稳扎稳打,才能行稳致远。

(资料来源:马祖云.追梦不止,踏实奋斗[EB/OL].(2023-06-12)[2023-09-22]. http://cpc.people.com.cn/n1/2023/0612/c64387-40011254.html.)

 项目训练

一、单选题

1. 下列选项中,不属于 Power BI 能获取的数据是( )。
   A. Excel 数据　　　B. 图像数据　　　C. Web 数据　　　D. JSON 数据
2. 将已经导入 Power BI 中的几张表纵向合并为一张表,所用到的操作是( )。
   A. 追加查询　　　B. 合并查询　　　C. 分组依据　　　D. 逆透视
3. DIVIDE 函数又叫作( )函数。
   A. 聚合　　　　　B. 安全除法　　　C. 分解　　　　　D. 时间智能

二、多选题

1. Power BI Desktop 中的查询编辑器的作用包括( )。
   A. 数据编辑与整理
   B. 让数据变得更加规范,为数据的可视化打好基础
   C. 只加载数据
   D. 以上说法都不对
2. 下列选项中,属于 Power BI Desktop 主界面组成部分的有( )。
   A. 快速访问工具栏　　　　　　　B. 功能区
   C. 画布　　　　　　　　　　　　D. 可视化功能区
3. 数据可视化的核心要素包括( )
   A. 数据变换　　　B. 数据呈现　　　C. 用户交互　　　D. 数据发布

项目九 财务信息综合应用案例

导学

本项目以综合案例为主线,介绍 Power BI 可视化分析的基本思路、步骤和方法,旨在引领学习者快速掌握可视化分析基本技能。

学习任务

1. 掌握不同行业领域的数据特征,并进行数据清洗、数据分析
2. 熟悉财务领域的典型业务场景
3. 掌握各种可视化图表对象的制作、布局、美化的技巧

知识描述

任务一 某电子商品销售数据可视化分析

任务说明

本任务的案例是某电子商品销售数据,分别保存在 3 个表中,通过 Power BI 生成可视化图表比较各种电子商品的销售额和占比情况,同时观察各地区每种产品的销售情况。该案例数据分析可视化的实现方法是数据获取及数据清洗、数据建模、可视化图表制作三个部分。

相关知识

数据作为一种新型生产要素,和土地、劳动力、资本、技术等并列,由此可见,随着互联网大数据时代的发展,数据已经成为企业重要的生产力之一。

企业经营中所产生的销售数据如何产生价值呢?答案就是数据分析。通过对销售数据的分析,可以帮助企业及时洞察市场动向,发现企业销售过程中的问题,调整营销战略。

一、销售数据分析思路

一般来说,企业分析销售数据主要有两个目的。一是对销售情况的整体把控,判断销售目标是否达成,通常看的就是销售日报或周报,监控数据异常以便及时发现问题。二是对特定性问题进行分析,如为了提升销售额做的产品对比分析、渠道对比分析、退货量对销售的影响等分析,通过数据分析来解决业务问题。

在数据分析前,我们要先了解销售数据的具体数据内容,再了解一些业务背景,最后做数据分析,销售数据分析主要就是从整体销售额/利润分析、产品线分析、价格体系分析这三个角度出发,具体如图 9-1 所示。

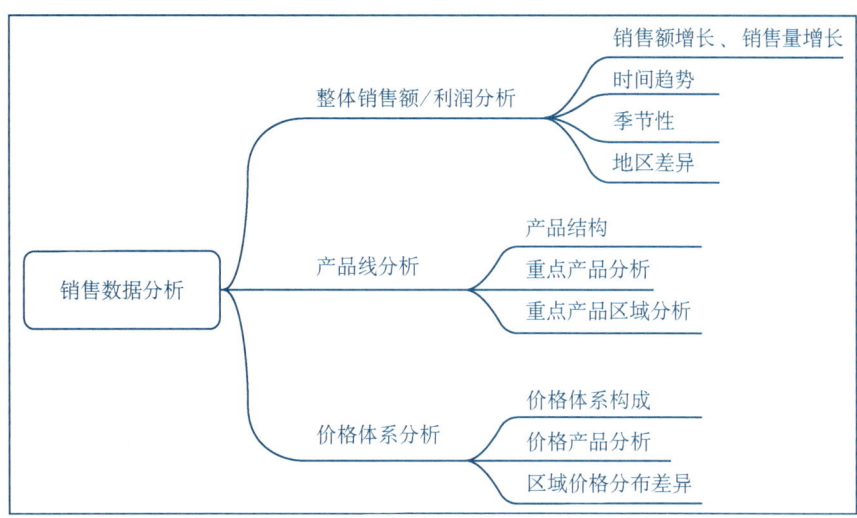

图 9-1　销售数据分析

二、销售数据分析指标

常见的销售数据分析指标如表 9-1 所示。

表 9-1　销售数据分析指标

指标分类	指标内容
销售效率指标	销售额或销售量、销售增长率、销售达成率
市场占有率指标	绝对市场占有率、相对市场占有率
盈利能力指标	吸收毛利率、净利率、费用率、成本费用率
营运能力指标	库存周转率、应收账款周转率、滞销库存比率
渠道客户指标	客户满意度、售后服务效率、滞销单品率等
辅助分析指标	人均销售、订单处理周期、同比增长率等
销售过程指标	员工满意度、新产品上货率等

任务实施

一、数据获取及数据清洗

（一）数据获取

操作步骤：

（1）启动 Power BI Desktop，在启动对话框中选择【获取数据】，打开【获取数据】对话框，选择左侧【数据库】，展开右侧数据库列表，选择【SQL Server 数据库】选项，点击"连接"按钮，如图 9-2 所示。

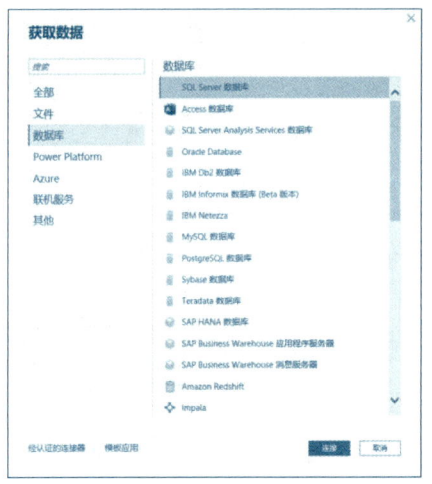

图 9-2 【获取数据】对话框

注意： 本例前提为本机已安装 SQL Server，并按照【项目三】进行【数据库创建】后才可获取数据。如无法从【SQL Server 数据库】获取数据，就请根据 Excel 表格获取数据进行数据分析。

（2）从本机 SQL Server Management Studio 启动对话框中复制服务器名称（不同主机、服务器名称不同），返回 Power BI Desktop 页面的【SQL Server 数据库】对话框，粘贴服务器名称到【服务器】文本框，选择【数据连接模式】为【导入】，点击"确定"按钮，如图 9-3 所示。

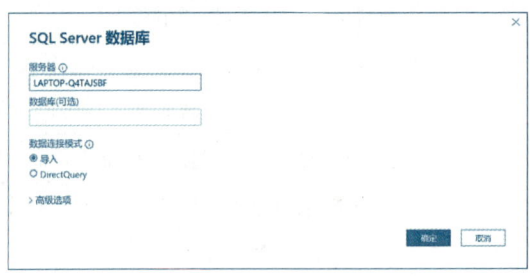

图 9-3 【SQL Server 数据库】对话框

(3) 在打开的【导航器】对话框中,展开左侧【eleproduct】数据库,选择表 CI、表 CS、表 GI 3 个表,单击"加载"按钮,数据获取成功,如图 9-4 所示。

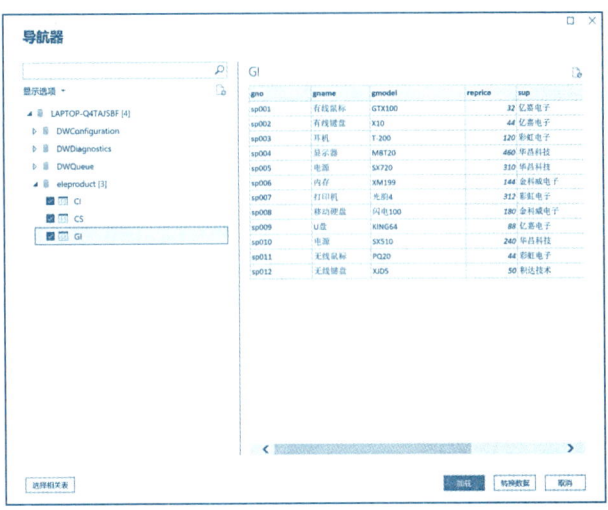

图 9-4 【导航器】对话框

(二) 数据清洗
操作步骤:

(1) 在 Power BI Desktop 界面中,选择【主页】,在【查询】选项栏中选择【转换数据】,打开【Power Query 编辑器】,选择左侧表 GI,如图 9-5 所示。

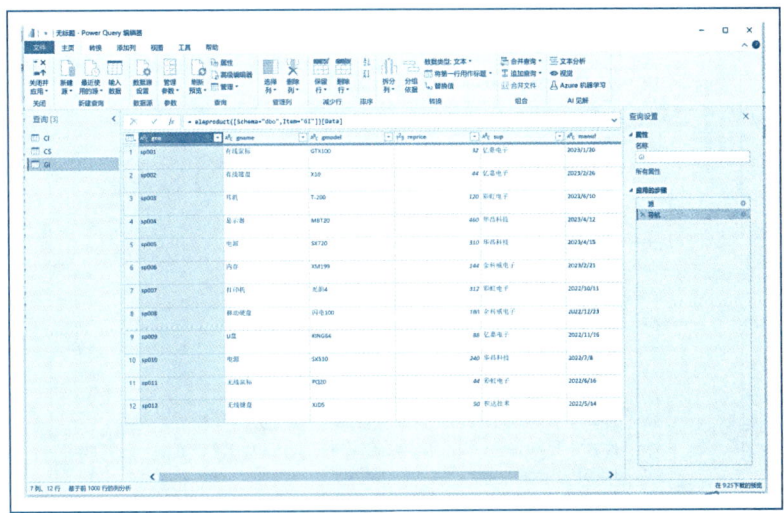

图 9-5 【Power Query 编辑器】界面

(2) 选择选项栏中的【组合】内【合并查询】下拉列表中的【合并查询】,打开【合并】对话框,在中间位置点击列表框展开,选择表 CS,分别在表 GI、表 CS 点击 gno,联接种类默认选项即可,点击"确定"按钮,如图 9-6 所示。

图 9-6 【合并】对话框

（3）点击 CS 列右侧双向箭头，选择【销售数量】和【销售金额】，点击"确定"按钮。然后在顶部菜单栏选择【主页】中的【关闭并应用】，整理好的数据就加载到了 Power BI Desktop 中，如图 9-7 所示。

图 9-7 合并后的数据

二、数据建模

数据清洗后，开始进行数据建模，需要根据单价和销售，创建一个销售额的计算列。

操作步骤：

(1) 切换到【表格视图】，选择【主页】中的【新建列】，输入“销售额=[单价]*[销售数量]”，创建了新列【销售额】，如图 9-8 所示。

```
1 销售额 = [reprice]*[CS.svolumes]
```

gno	gname	gmodel	reprice	sup	manuf	wrt	CS.svolumes	销售额
sp001	有线鼠标	GTX100	32	亿嘉电子	2023/1/20	1	120	3840
sp001	有线鼠标	GTX100	32	亿嘉电子	2023/1/20	1	150	4800
sp001	有线鼠标	GTX100	32	亿嘉电子	2023/1/20	1	88	2816
sp002	有线键盘	X10	44	亿嘉电子	2023/2/26	1	420	18480
sp002	有线键盘	X10	44	亿嘉电子	2023/2/26	1	400	17600
sp003	耳机	T-200	120	彩虹电子	2023/6/10	3	300	36000
sp003	耳机	T-200	120	彩虹电子	2023/6/10	3	380	45600
sp004	显示器	MBT20	460	华昌科技	2023/4/12	5	1000	460000
sp004	显示器	MBT20	460	华昌科技	2023/4/12	5	2556	1175760
sp005	电源	SX720	310	华昌科技	2023/4/15	5	1800	558000
sp006	内存	XM199	144	金科威电子	2023/2/21	3	356	51264
sp006	内存	XM199	144	金科威电子	2023/2/21	3	248	35712
sp006	内存	XM199	144	金科威电子	2023/2/21	3	799	115056
sp007	打印机	光韵4	312	彩虹电子	2022/10/11	5	365	113880
sp008	移动硬盘	闪电100	180	金科威电子	2022/12/23	1	734	132120
sp008	移动硬盘	闪电100	180	金科威电子	2022/12/23	1	890	160200
sp008	移动硬盘	闪电100	180	金科威电子	2022/12/23	1		
sp009	U盘	KING64	88	亿嘉电子	2022/11/16	1	824	72512
sp010	电源	SX510	240	华昌科技	2022/7/8	3	355	85200
sp011	无线鼠标	PQ20	44	彩虹电子	2022/6/16	1	155	6820
sp012	无线键盘	XJD5	50	积达技术	2022/5/14	1		

图 9-8　新增列后的数据

(2) 执行【文件】菜单中的【保存】或【另存为】选项，保存当前的 Power BI Desktop 文件，文件名后缀为. pbix，至此完成数据建模。

三、数据可视化

经过数据清洗和数据建模，所得数据可以直接用来创建可视化图表。

操作步骤：

(1) 创建柱形图，比较各类电子商品的销量。将界面切换到【报表视图】，在右侧【可视化】窗格中单击【簇状柱形图】图标，将【数据】窗格中的【商品名称】添加到“X 轴”区域，将“销售数量”字段添加到“Y 轴”区域。

(2) 选中簇状柱形图，在【可视化】窗格中切换到【格式】选项卡，根据自己的设计意图设置图表格式，如图 9-9 所示。

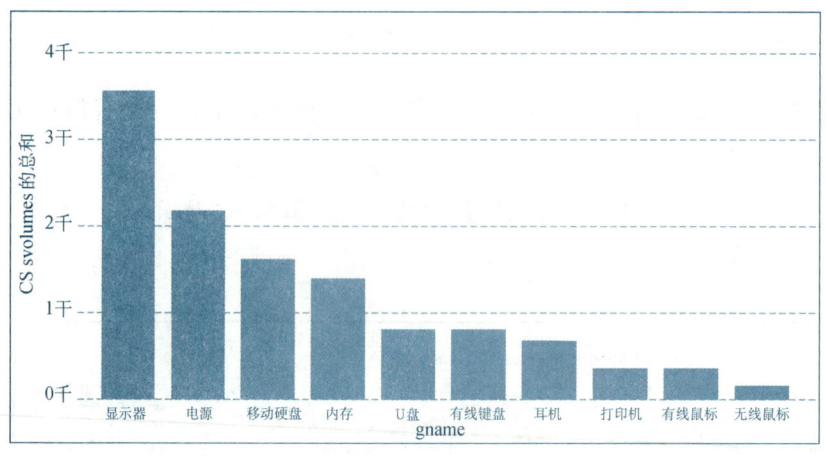

图 9-9　各类电子商品的销售情况簇状柱形图

（3）创建各类电子商品销售数量分析饼图，同以上操作，并进行图表格式设置，如图 9-10 所示。

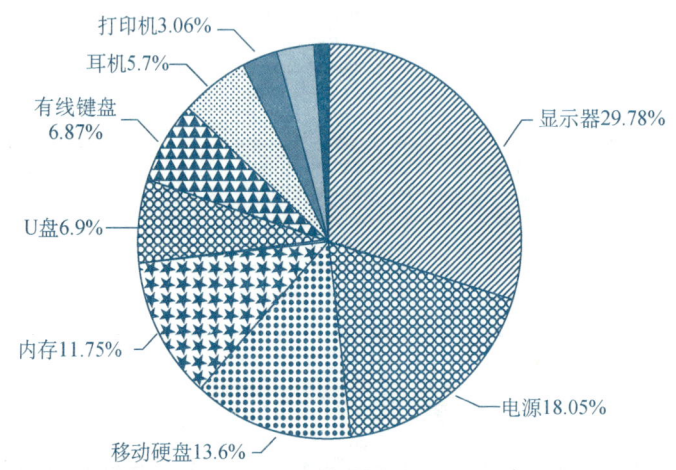

图 9-10　各类电子商品的销售数量分析饼图

任务二　某上市公司财务报表可视化分析

任务说明

上市公司的财务报表是企业展示其经营信息的重要途径之一，它的特点是具有完整性、准确性、及时性和能够标准化，它是企业进行经营决策、投资决策等各类决策的主要依据。通过 Power BI 分析财务报表，企业可以快速洞察财务数据背后的趋势和业务本质。简而言之，上市公司财务报表分析涉及对三大报表（资产负债表、利润表、现金流量表）和五大能力（偿债能力、营运能力、盈利能力、发展能力、市场价值）的分析。

本任务的案例以上市公司"某电子科技公司"的财务数据为基础，通过 Power BI 进行财务报表及各种财务能力可视化分析。

相关知识

一、财务报表分析概述

财务报表能够反映企业的财务状况、经营成果和现金流量情况。但是单纯从财务报表上的数据并不能直接说明企业经营状况的好坏和经营成果的高低，只有将企业的财务指标与有关的数据进行比较才能说明企业财务状况所处的地位。财务报表分析的主体众多，不同的主体与企业的利益关系不同，基于财务报表分析所要达到的目的也不尽相同，分析重点有所侧重，也有共同的要求。从企业总体来看，财务报表分析包含财务能力分析和财务综合分析。财务能力分析侧重于单项财务能力分析，主要包括偿债能力、营运能力和盈利能力；财务综合分析分为对单项财务指标的多重分解以及多指标综合分析，杜邦分析体系是重要的分析方法之一。

二、财务能力分析

（一）偿债能力分析

企业的偿债能力是指在一定期间内清偿各种到期债务的能力。偿债能力强弱是衡量经营绩效的重要指标，不仅关系到企业本身的生存和发展，同时也与债权人、投资者的利益密切相关。对短期偿债能力的考察更关注资产的流动性，也就是资产的变现能力；而长期偿债能力分析则更关注企业的资本结构、长期的财务风险和经营风险。偿债能力直接决定企业的信用能力，继而对其融资能力产生影响，偿债能力分析与财务风险分析、公司信用评估等息息相关。偿债能力分析体系如图 9-11 所示。

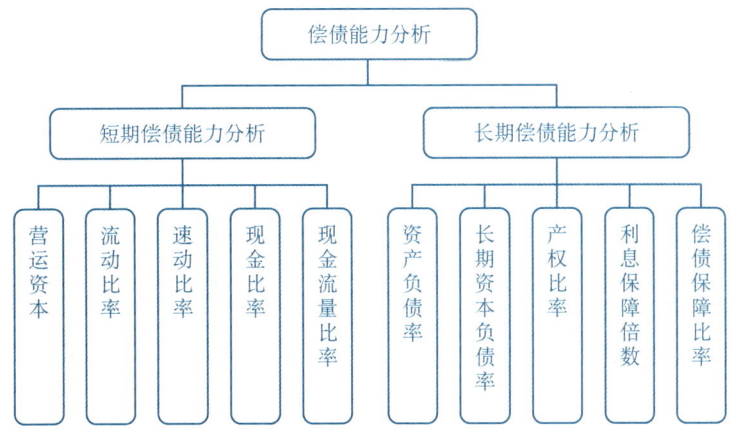

图 9-11 偿债能力分析体系

（二）营运能力分析

企业的营运能力是指企业充分利用现有资源创造社会财富的能力，表现为企业资产所占用资金的周转速度，反映企业的资金周转状况与资产管理水平，表明企业管理人员经营管理、运用资金的能力。企业的资产管理水平和营运能力最终会影响企业的盈利性。营运能力分析体系如图9-12所示。

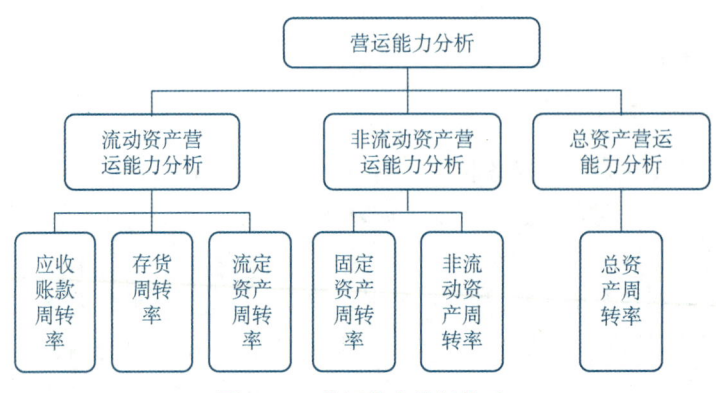

图9-12　营运能力分析体系

（三）盈利能力分析

企业的盈利能力是指公司赚取利润的能力。对于企业的所有者来说，企业盈利能力的强弱直接影响他们的权益；对于企业的债权人来说，企业的偿债能力大小最终取决于获利水平的高低；对于企业的经营者来说，盈利能力是公司财务结构和经营绩效的综合体现。按照不同的分析视角，盈利能力可以分为业务获利能力、资产获利能力与市场获利能力。盈利能力分析体系如图9-13所示。

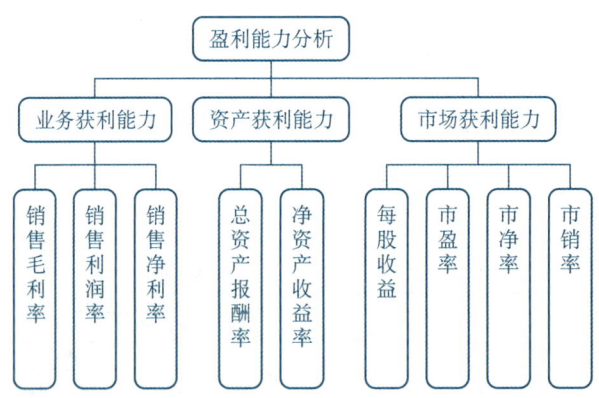

图9-13　盈利能力分析体系

以上三个方面的分析内容互相联系、互相补充，可以综合的描述出企业生产经营的财务状况、经营成果和现金流量情况，以满足不同使用者对会计信息的基本需要。

三、财务综合分析——杜邦分析法

杜邦分析法是利用相关财务比率的内在联系构建一个综合的指标体系，来考察企业整体财务状况和经营成果的一种分析方法。从所有者的角度出发,杜邦分析法将评价企业绩效最具综合性和代表性的指标——净资产收益率分解,有助于深入分析及比较公司的经营业绩,并为今后采取的改进措施提供了方向。杜邦分析体系如图 9-14 所示。

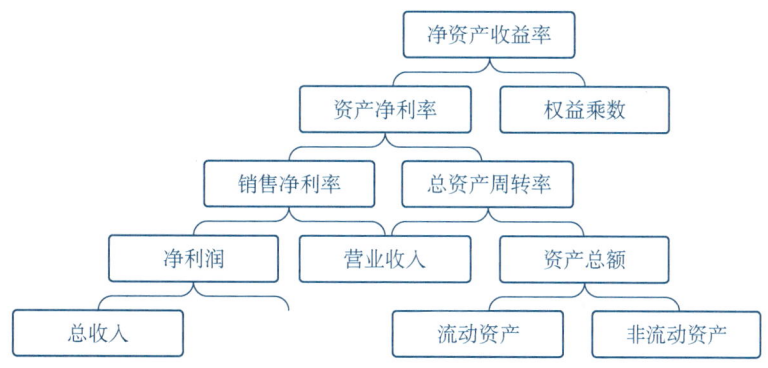

图 9-14　杜邦分析体系

杜邦分析法的基本思想是将企业净资产收益率逐级分解为三项关键财务比率的乘积:销售净利率、总资产周转率和权益乘数。其中,销售净利率反映盈利能力;总资产周转率反映资产使用效率,反映资产构成存量是否存在问题;权益乘数的高低,则反映负债程度,负债程度上升,风险提高。

任务实施

一、数据获取及数据整理

(一)数据获取
操作步骤:

(1)从案例库找到该公司的财务报表,找到对应的【资产负债表】【利润表】【现金流量表】,放入电子科技公司财务报表.xlsx。

(2)新建【新增年度】【现金流量表分类】【利润表索引】3 个维度表,维度表结构如图 9-15 所示。

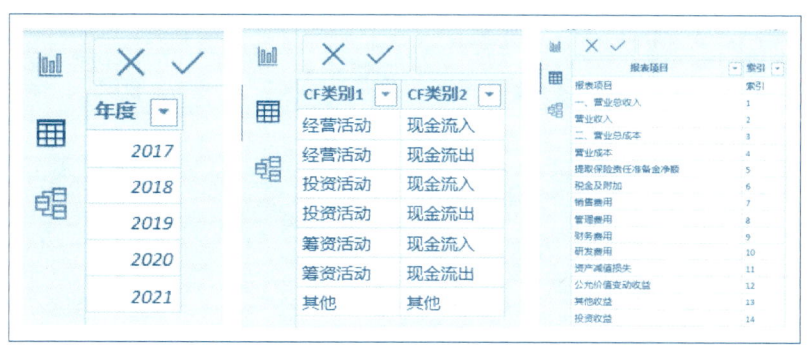

图 9-15　维度表结构

(3) 打开【资产负债表】,新增两列:BS类目1,BS类目2,并保留2017—2021年5年数据,也就是保留每年12月31日这一列日期的数据,字段标题改为各年年份。

(4) 整理利润表和现金流量表。用同样的方法操作,均只保留2017—2021年5年数据,在现金流量表中添加【CF类别1】【CF类别2】两列。

(5) 将整理好的电子科技公司财务报表.xlsx导入Power BI Desktop。

(二) 清洗数据

1. 提升标题行

操作步骤:

(1) 在【主页】选项卡的【查询栏】中,选择【转换数据】,进入Power Query编辑器,从左侧选择【资产负债表】。

(2) 选中【主页】列,选择【转换】选项卡中的【将第一行用作标题】。

(3) 同步处理【利润表】和【现金流量表】。整理好的3张报表结果如图9-16至图9-18所示。

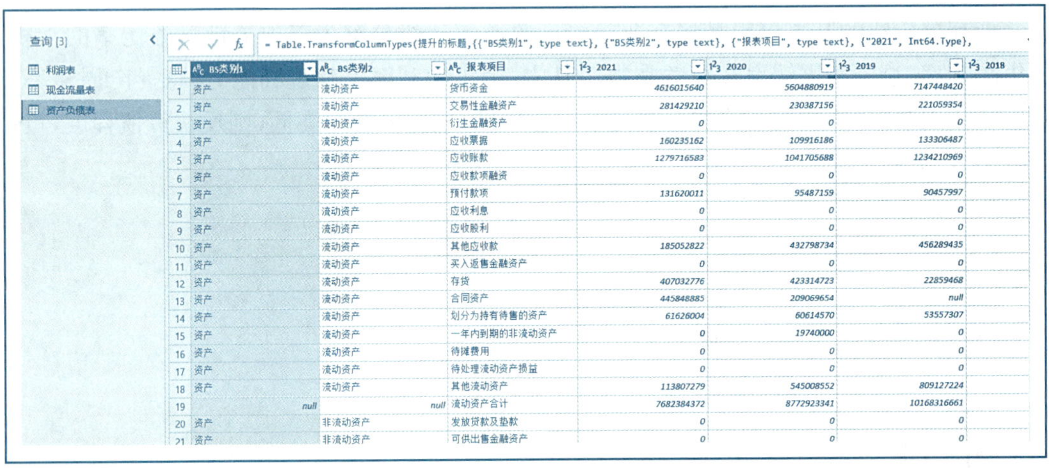

	BS类别1	BS类别2	报表项目	2021	2020	2019	2018
1	资产	流动资产	货币资金	4616015640	5604880919	7147448420	
2	资产	流动资产	交易性金融资产	281429210	230387156	221059354	
3	资产	流动资产	衍生金融资产	0	0	0	
4	资产	流动资产	应收票据	160235162	109916186	133306487	
5	资产	流动资产	应收账款	1279716583	1041705688	1234210969	
6	资产	流动资产	应收款项融资	0	0	0	
7	资产	流动资产	预付款项	131620011	95487159	90457997	
8	资产	流动资产	应收利息	0	0	0	
9	资产	流动资产	应收股利	0	0	0	
10	资产	流动资产	其他应收款	185052822	432798734	456289435	
11	资产	流动资产	买入返售金融资产	0	0	0	
12	资产	流动资产	存货	407032776	423314723	22859468	
13	资产	流动资产	合同资产	445848885	209069654	null	
14	资产	流动资产	划分为持有待售的资产	61626004	60614570	53557307	
15	资产	流动资产	一年内到期的非流动资产	0	19740000	0	
16	资产	流动资产	待摊费用	0	0	0	
17	资产	流动资产	待处理流动资产损益	0	0	0	
18	资产	流动资产	其他流动资产	113807279	545008552	809127224	
19	null	null	流动资产合计	7682384372	8772923341	10168316661	
20	资产	非流动资产	发放贷款及垫款	0	0	0	
21	资产	非流动资产	可供出售金融资产	0	0	0	

图9-16 资产负债表

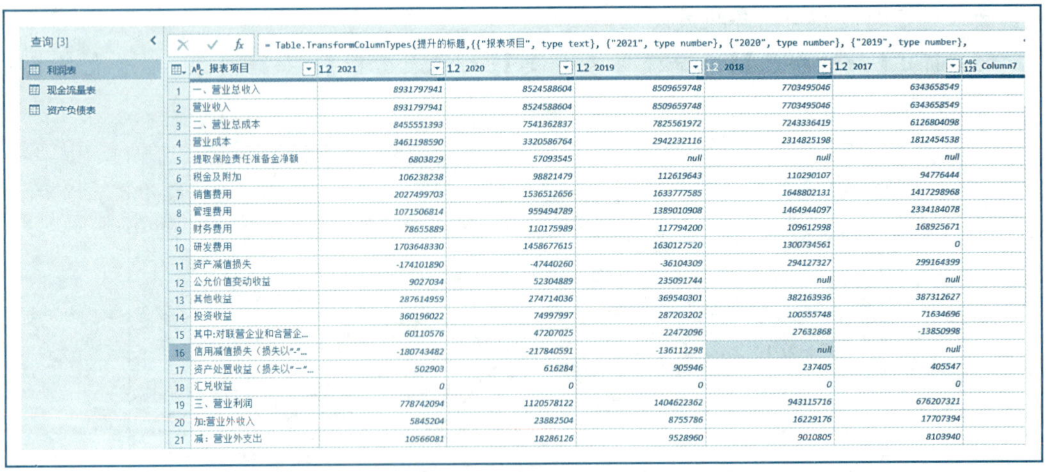

	报表项目	2021	2020	2019	2018	2017	Column7
1	一、营业总收入	8931797941	8524588604	8509659748	7703495046	6343658549	
2	营业收入	8931797941	8524588604	8509659748	7703495046	6343658549	
3	二、营业总成本	8455551393	7541362837	7825561972	7243336419	6126804098	
4	营业成本	3461198590	3320586764	2942232116	2314825198	1812454538	
5	提取保险责任准备金净额	6803829	57093545	null	null	null	
6	税金及附加	106238238	98821479	112619643	110290107	94776444	
7	销售费用	2027499703	1536512656	1633777585	1648802131	1417298968	
8	管理费用	1071506814	959494789	1389010908	1464944097	2334184078	
9	财务费用	78655889	110175989	117794200	109612998	168925671	
10	研发费用	1703648330	1458677615	1630127520	1300734561	0	
11	资产减值损失	-174101890	-47440260	-36104309	294127327	299164399	
12	公允价值变动收益	9027034	52304889	235091744	null	null	
13	其他收益	287614959	274714036	369540301	382163936	387312627	
14	投资收益	360196022	74997997	287203202	100555748	71634696	
15	其中:对联营企业和合营企...	60110576	47207025	22472096	27632868	-13850998	
16	信用减值损失(损失以"-"...	-180743482	-217840591	-136112298	null	null	
17	资产处置收益(损失以"-"...	502903	616284	905946	237405	405547	
18	汇兑收益	0	0	0	0	0	
19	三、营业利润	778742094	1120578122	1404622362	943115716	676207321	
20	加:营业外收入	5845204	23882504	8755786	16229176	17707394	
21	减:营业外支出	10566081	18286126	9528960	9010805	8103940	

图9-17 利润表

图 9-18　现金流量表

2. 数据逆透视

操作步骤:

(1) 在【主页】选项卡的【查询栏】中,选择【转换数据】,进入 Power Query 编辑器,从左侧选择【资产负债表】。

(2) 点击 shift 键,选中前三列即【BS 类别 1】【BS 类别 2】【报表项目】列,选择【转换】选项卡中的【任意列】栏中【逆透视列】。

(3) 打开【逆透视列】下拉列表,选择【逆透视其他列】,点击"确定"按钮,完成数据的逆透视,修改列名【属性】为【年度】,修改最后一列为【金额】,结果如图 9-19 所示。

图 9-19　资产负债表逆透视结果

(4) 对利润表和现金流量表进行类似操作,结果如图 9-20、图 9-21 所示。

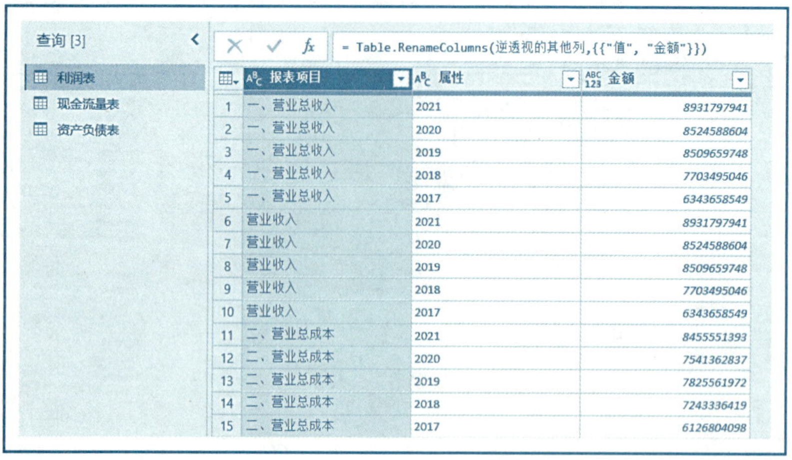

查询 [3]

利润表

现金流量表

资产负债表

= Table.RenameColumns(逆透视的其他列,{{"值", "金额"}})

	报表项目	属性	金额
1	一、营业总收入	2021	8931797941
2	一、营业总收入	2020	8524588604
3	一、营业总收入	2019	8509659748
4	一、营业总收入	2018	7703495046
5	一、营业总收入	2017	6343658549
6	营业收入	2021	8931797941
7	营业收入	2020	8524588604
8	营业收入	2019	8509659748
9	营业收入	2018	7703495046
10	营业收入	2017	6343658549
11	二、营业总成本	2021	8455551393
12	二、营业总成本	2020	7541362837
13	二、营业总成本	2019	7825561972
14	二、营业总成本	2018	7243336419
15	二、营业总成本	2017	6126804098

图 9-20 利润表逆透视结果

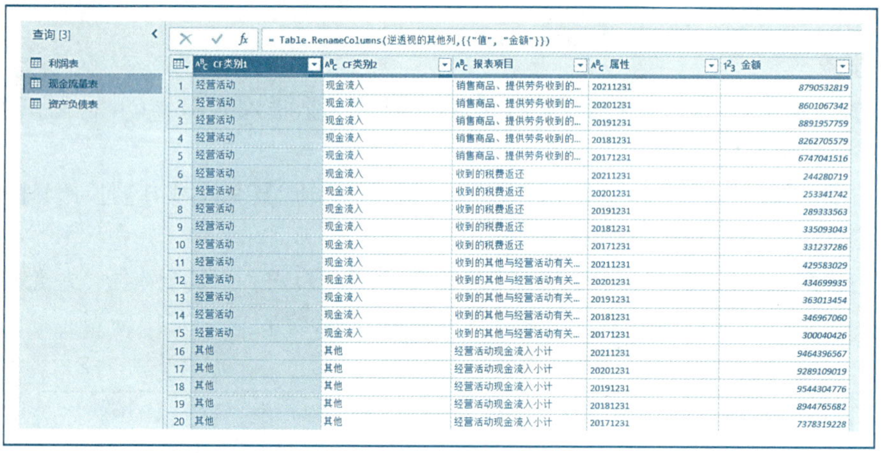

查询 [3]

利润表

现金流量表

资产负债表

= Table.RenameColumns(逆透视的其他列,{{"值", "金额"}})

	CF类别1	CF类别2	报表项目	属性	金额
1	经营活动	现金流入	销售商品、提供劳务收到的...	20211231	8790532819
2	经营活动	现金流入	销售商品、提供劳务收到的...	20201231	8601067342
3	经营活动	现金流入	销售商品、提供劳务收到的...	20191231	8891957759
4	经营活动	现金流入	销售商品、提供劳务收到的...	20181231	8262705579
5	经营活动	现金流入	销售商品、提供劳务收到的...	20171231	6747041516
6	经营活动	现金流入	收到的税费返还	20211231	244280719
7	经营活动	现金流入	收到的税费返还	20201231	253341742
8	经营活动	现金流入	收到的税费返还	20191231	289333563
9	经营活动	现金流入	收到的税费返还	20181231	335093043
10	经营活动	现金流入	收到的税费返还	20171231	331237286
11	经营活动	现金流入	收到的其他与经营活动有关...	20211231	429583029
12	经营活动	现金流入	收到的其他与经营活动有关...	20201231	434699935
13	经营活动	现金流入	收到的其他与经营活动有关...	20191231	363013454
14	经营活动	现金流入	收到的其他与经营活动有关...	20181231	346967060
15	经营活动	现金流入	收到的其他与经营活动有关...	20171231	300040426
16	其他	其他	经营活动现金流入小计	20211231	9464396567
17	其他	其他	经营活动现金流入小计	20201231	9289109019
18	其他	其他	经营活动现金流入小计	20191231	9544304776
19	其他	其他	经营活动现金流入小计	20181231	8944765682
20	其他	其他	经营活动现金流入小计	20171231	7378319228

图 9-21 现金流量表逆透视结果

3. 合并整理

将逆透视后的【利润表】和【利润表索引】建立合并查询，便于在利润表数据可视化时仍然按照利润表顺序显示。

操作步骤：

(1) 在【主页】选项卡的【查询栏】中，单击【转换数据】，进入 Power Query 编辑器。

(2) 选择【主页】选项卡中的【组合】栏中【合并查询】，选择下拉列表中的【合并查询】，出现【合并查询】对话框。

(3) 在【合并查询】对话框中，选择要合并的【利润表】和【利润表索引】，分别单击两表的【报表项目】，【链接种类】选择【左外部】，点击“确定”按钮，生成新的合并表。

(4) 单击【利润表索引】右侧的 扩展选项按钮，选择【索引】字段，点击“确定”按钮完成。

合并查询后的利润表如图 9-22 所示。

	报表项目	属性	金额	利润表索引.索引
1	一、营业总收入	2021	8931797941	1
2	一、营业总收入	2020	8524588604	1
3	一、营业总收入	2019	8509659748	1
4	一、营业总收入	2018	7703495046	1
5	一、营业总收入	2017	6343658549	1
6	营业收入	2021	8931797941	2
7	营业收入	2020	8524588604	2
8	营业收入	2019	8509659748	2
9	营业收入	2018	7703495046	2
10	营业收入	2017	6343658549	2
11	二、营业总成本	2021	8455551393	3
12	二、营业总成本	2020	7541362837	3
13	二、营业总成本	2019	7825561972	3
14	二、营业总成本	2018	7243336419	3
15	二、营业总成本	2017	6126804098	3
16	营业成本	2021	3461198590	4
17	营业成本	2020	3320586764	4
18	营业成本	2019	2942232116	4
19	营业成本	2018	2314825198	4
20	营业成本	2017	1812454538	4

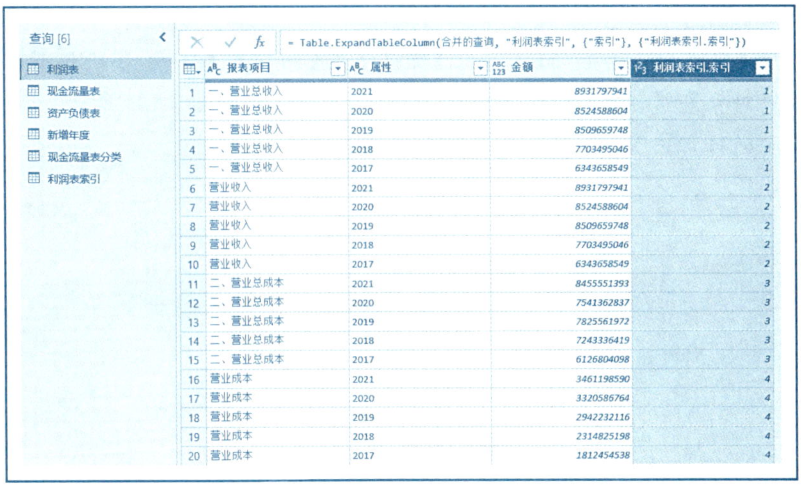

图 9-22　合并查询后的利润表

二、数据建模

隐藏利润表索引，切换到【关系视图】，将维度表与明细表构建一对多的关系，如图 9-23 所示。

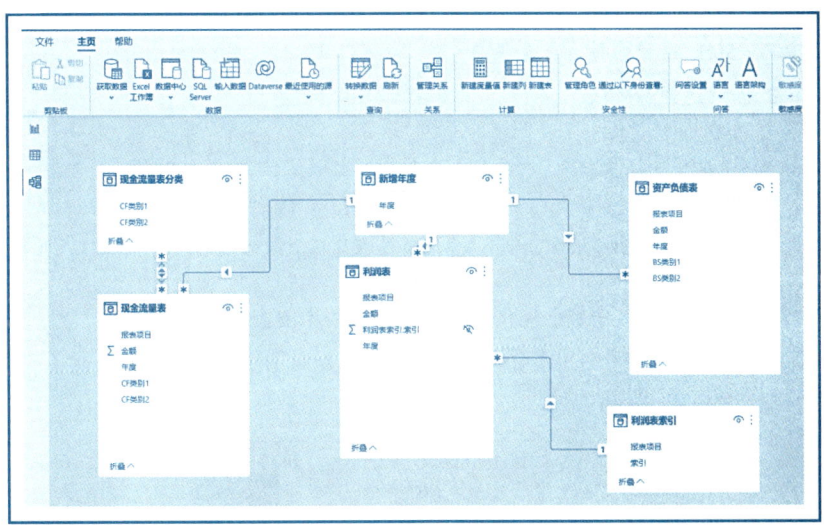

图 9-23　维度表与明细表的关系

三、资产负债表可视化分析

资产负债表是反映企业在特定会计期末的财务状况，能详细展示企业资产、负债及所有者权益情况的会计报表。在利用 PowerBI 进行资产负债表的可视化分析时，一项重要的注意事项是保持会计恒等式：资产＝负债＋所有者权益。这个恒等式是财务报告的基础，也是进行有效的财务分析的关键。

操作步骤:

(1) 切换到【报表视图】,单击【可视化】窗格下的【切片器】图标,字段选择【年度】,切片器格式下【视觉对象】里【切片器设置】中的【样式】为【磁贴】,如图 9-24 所示。调整编辑框为水平方向,生成的切片器如图 9-25 所示。

图 9-24 【可视化】窗格

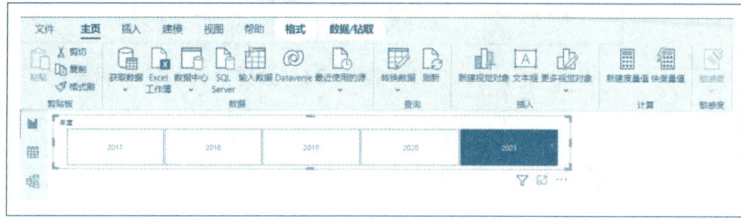

图 9-25 【切片器】生成结果

(2) 选择"资产负债表",在"主页"选项卡下选择【新建度量值】,在公式编辑窗口中,输入公式"报表金额= SUM('资产负债表'[金额])"。

(3) 同样分别新建度量值:

资产合计= CALCULATE([报表金额],'资产负债表'[报表项目]="资产总计")
负债合计= CALCULATE([报表金额],'资产负债表'[报表项目]="负债合计")
所有者权益合计= CALCULATE([报表金额],'资产负债表'[报表项目]="所有者权益(或股东权益)合计")

(4) 打开【报表视图】,单击【可视化】窗格中的【卡片图】图标。

(5) 分别在【数据】窗格中选中【资产合计】【负债合计】【所有者权益合计】三个字段拖放至卡片图,得到结果如图 9-26 所示。

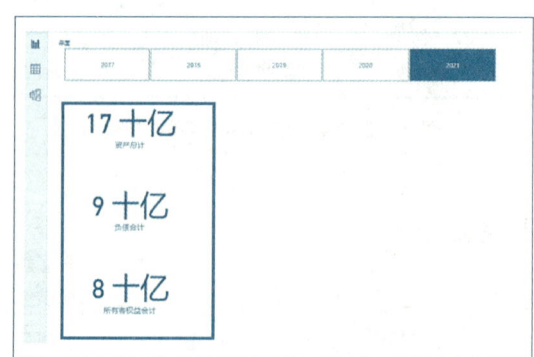

图 9-26 卡片图结果

项目九　财务信息综合应用案例 249

(6) 单击【可视化】窗格中的【圆环图】图标，先选择图例为【BS 类别 2】，再选择【数据】中的【流动资产】和【非流动资产】字段，设置图表属性。

(7) 同样方式设置【所有者权益与负债合计】【流动负债与非流动负债】圆环图。

(8) 单击【可视化】窗格中的【折线图】图标，反映不同年度总资产的变化趋势。单击【可视化】窗格下的【折线图】图标，选择相应字段，设置图表属性，结果如图 9-27 所示。

图 9-27　圆环图、折线图结果

综上，从资产负债表可视化分析总览（图 9-27）可以看出，该电子科技公司近 5 年的总资产自 2017—2019 年高速增长后，2020—2021 年的增幅相对稳定。

四、利润表可视化分析

利润表是反映企业在某一特定会计期间的经营成果。

实施利润表可视化分析的操作步骤如下。

操作步骤：

(1) 切换到【报表视图】，单击【可视化】窗格下的【切片器】图标，字段选择【年度】，切片器格式下【视觉对象】里【切片器设置】中的【样式】为【磁贴】，调整编辑框为水平方向，生成的切片器如图 9-28 所示。

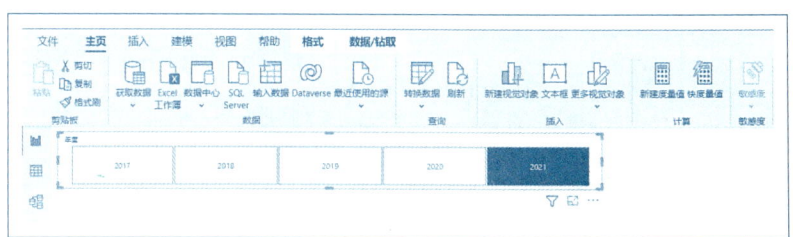

图 9-28　【切片器】生成结果

(2)选择【利润表】,在"主页"选项卡下选择【新建度量值】,在公式编辑窗口中,输入公式:

营业利润= CALCULATE（SUM('利润表'[金额]),'利润表'[报表项目]="三、营业利润")
利润总额= CALCULATE(SUM('利润表'[金额]),'利润表'[报表项目]="四、利润总额")
净利润= CALCULATE(SUM('利润表'[金额]),'利润表'[报表项目]="五、净利润")

(3)打开【报表视图】,单击【可视化】窗格中的【卡片图】图标。

(4)分别在【数据】窗格中选中【营业利润】【利润总额】【净利润】3个字段拖放至卡片图,得到结果如图9-29所示。

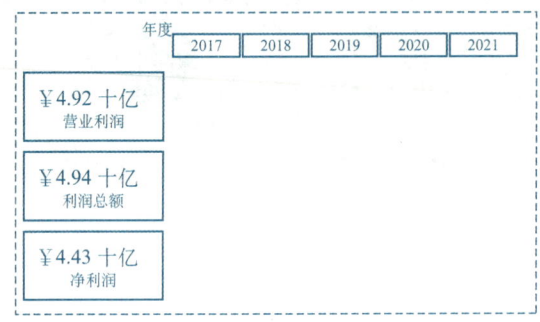

图9-29 卡片图结果

(5)选择【利润表】,在"主页"选项卡下选择【新建度量值】,在公式编辑窗口中,输入公式:

管理费用= CALCULATE(SUM('利润表'[金额]),'利润表'[报表项目]="管理费用")
销售费用= CALCULATE(SUM('利润表'[金额]),'利润表[报表项目]="销售费用")
财务费用= CALCULATE(SUM('利润表'[金额]),'利润表[报表项目]="财务费用")

(6)单击【可视化】窗格中的【圆环图】图标,选择【数据】中的【管理费用】【销售费用】【财务费用】字段,设置图表属性,显示管理费用、销售费用、财务费用三大期间费用的占比关系,结果如图9-30所示。

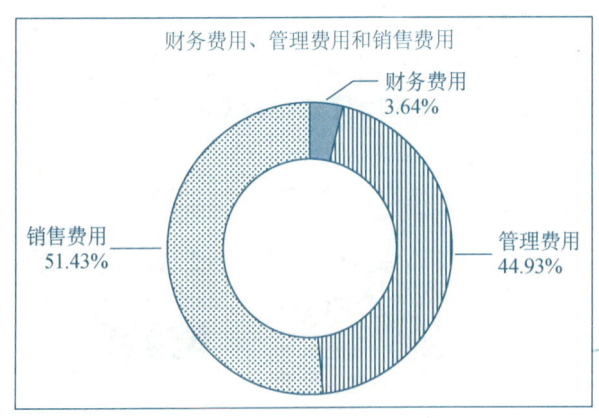

图9-30 圆环图结果

(7) 选择【利润表】，在"主页"选项卡下选择【新建度量值】，在公式编辑窗口中，输入公式：

所得税= CALCULATE(SUM('利润表'[金额]),'利润表'[报表项目]="减:所得税费用")

注意:【'利润表'[报表项目] ="减:所得税费用"】中的冒号是中文输入法状态。

(8) 单击【可视化】窗格中的【折线图】图标，选择【数据】中的【年度】和【所得税】字段，设置图表属性，反映不同年度所得税费用的变化趋势，结果如图 9-31 所示。

图 9-31　折线图结果

(9) 选择【利润表】，在"主页"选项卡下选择【新建度量值】，在公式编辑窗口中，输入公式：

营业总收入= CALCULATE(SUM('利润表'[金额]),'利润表'[报表项目]="一、营业总收入")
营业总成本= CALCULATE(SUM('利润表'[金额]),'利润表'[报表项目]="二、营业总成本")

(10) 单击【可视化】窗格中的【簇状柱形图】图标，选择【数据】中的【年度】【营业总收入】【营业总成本】字段，反映不同年度营业收入、营业成本、营业利润的增减变化趋势。设置图表属性，结果如图 9-32 所示。

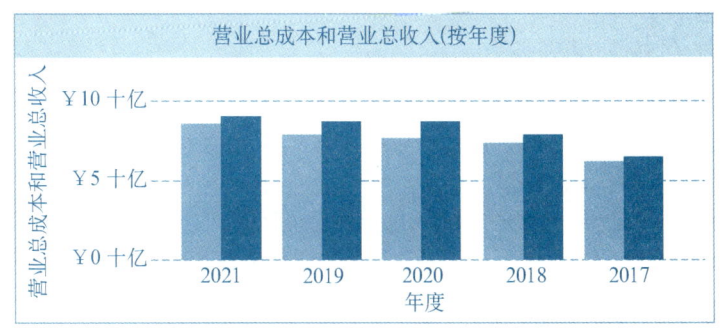

图 9-32　簇状柱形图结果

(11) 选择【利润表】，在"主页"选项卡下选择【新建度量值】，在公式编辑窗口中，输入公式：

```
去年金额= VAR LastYear =
SELECTEDVALUE( '利润表'[年度] )- 1
RETURN
CALCULATE( SUM('利润表'[金额] ),'利润表'[年度]= LastYear)
利润表同比= if ( SELECTEDVALUE('利润表'[年度] )> 2015,DIVIDE(SUM ('利润表'[金额] )-[去年金额],[去年金额] ) )
```

五、现金流量表可视化分析

现金流量表是反映企业在某一时期内企业经营活动、投资活动和筹资活动对其现金及现金等价物所产生影响的财务报表。

实施现金流量表可视化分析的操作步骤如下。

操作步骤：

（1）切换到【报表视图】，单击【可视化】窗格下的【切片器】图标，字段选择【年度】，切片器格式下【视觉对象】里【切片器设置】中的【样式】为【磁贴】，调整编辑框为水平方向，生成的切片器如图 9-33 所示。

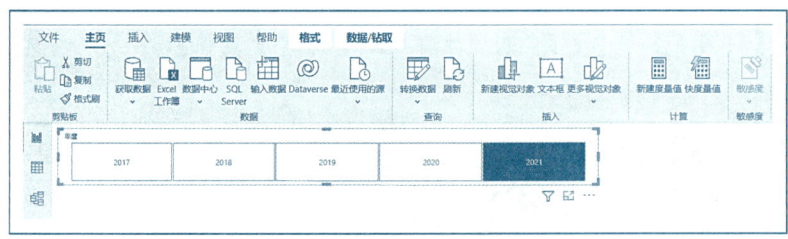

图 9-33 【切片器】生成结果

（2）选择【利润表】，在"主页"选项卡下选择【新建度量值】，在公式编辑窗口中，输入公式：

```
投资活动现金净流量 = CALCULATE(SUM('现金流量表'[金额] ),'现金流量表'[报表项目]="投资活动产生的现金流量净额")
经营活动现金净流量 = CALCULATE(SUM('现金流量表'[金额]),'现金流量表'[报表项目]="经营活动产生的现金流量净额")
筹资活动现金净流量 = CALCULATE(SUM('现金流量表'[金额]),'现金流量表'[报表项目]="筹资活动产生的现金流量净额")
```

（3）打开【报表视图】，单击【可视化】窗格中的【卡片图】图标。

（4）分别在【数据】窗格中选中【经营活动现金净流量】【投资活动现金净流量】【筹资活动现金净流量】三个字段拖放至卡片图，得到结果如图 9-34 所示。

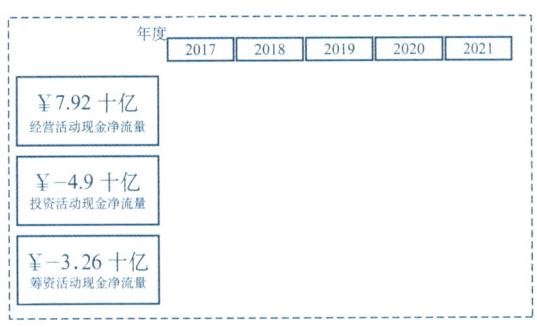

图 9-34　卡片图结果

(5) 选择【现金流量表】,在"主页"选项卡下选择【新建度量值】,在公式编辑窗口中,输入公式:

现金流入 = CALCULATE(SUM('现金流量表'[金额]),'现金流量表'[CF 类别 2]="现金流入")
现金流出 = CALCULATE(SUM('现金流量表'[金额]),'现金流量表'[CF 类别 2]="现金流出")

(6) 单击【可视化】窗格中的【圆环图】图标,选择【数据】中的【CF 类别 1】和【现金流入】字段,设置图表属性,显示不同活动的现金流入、现金流出状况,结果如图 9-35 所示。

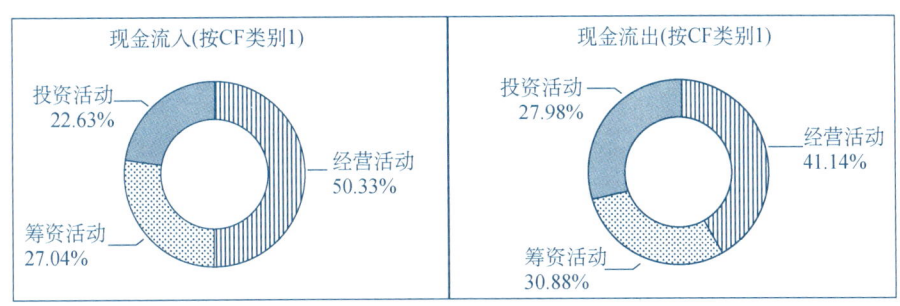

图 9-35　圆环图结果

(7) 选择【现金流量表】,在"主页"选项卡下选择【新建度量值】,在公式编辑窗口中,输入公式:

现金净流量 = CALCULATE(SUM('现金流量表'[金额]),'现金流量表'[报表项目]="五、现金及现金等价物净增加额")

(8) 单击【可视化】窗格中的【折线图】图标,选择【数据】中的【年度】和【现金净流量】字段,设置图表属性,反映不同年度现金净流量的变化趋势,如图 9-36 所示。

(9) 单击【可视化】窗格中的【簇状柱形图】图标,选择【数据】中的【年度】【经营活动现金净流量】【投资活动现金净流量】【筹资活动现金净流量】字段,反映不同年度经营活动、投资活动、筹资活动现金净流量的增减变化趋势。设置图表属性,结果如图 9-37 所示。

(10) 选择【现金流量表】,在"主页"选项卡下选择【新建度量值】,在公式编辑窗口中,输入以下公式:

项目金额= SUM('现金流量表'[金额])

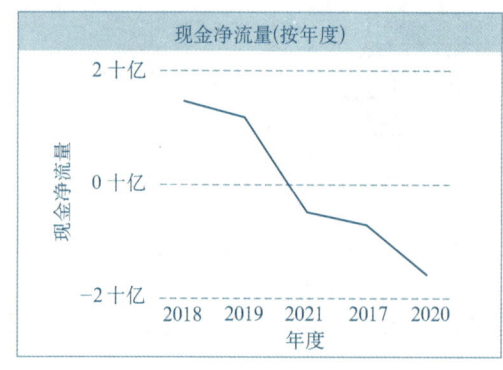

图 9-36　折线图结果

图 9-37　簇状柱形图结果

六、偿债能力可视化分析

偿债能力反映企业财务状况和经营能力，是检验企业生存和发展的关键。

实施偿债能力可视化分析的操作步骤如下。

操作步骤：

（1）切换到【报表视图】，单击【可视化】窗格下的【切片器】图标，字段选择【年度】，切片器格式下【视觉对象】里【切片器设置】中的【样式】为【磁贴】，调整编辑框为水平方向，生成的切片器如图 9-38 所示。

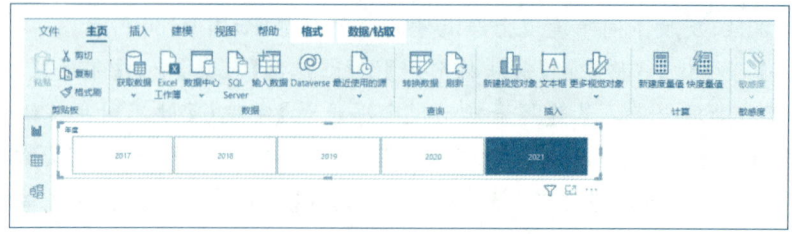

图 9-38　【切片器】生成结果

(2) 选择【资产负债表】，在"主页"选项卡下选择【新建度量值】，在公式编辑窗口中，输入公式：

```
流动资产合计= CALCULATE([报表金额],'资产负债表'[报表项目]="流动资产合计")
流动负债合计 = CALCULATE([报表金额],'资产负债表'[报表项目]="流动负债合计")
流动比率= DIVIDE('资产负债表'[流动资产合计],'资产负债表'[流动负债合计])
速动资产 = CALCULATE('资产负债表'[报表金额],'资产负债表'[报表项目]="货币资金"||'资产负债表'[报表项目]="应收票据"||'资产负债表'[报表项目]="应收账款"||'资产负债表'[报表项目]="预收账款"||'资产负债表'[报表项目]="其他应收款")
速动比率= DIVIDE('资产负债表'[速动资产],'资产负债表'[流动负债合计])
货币资金= CALCULATE('资产负债表'[报表金额],'利润表'[报表项目]="货币资金")
现金比率= DIVIDE('资产负债表'[货币资金],'资产负债表'[流动负债合计])
资产负债率= DIVIDE('资产负债表'[负债合计],'资产负债表'[资产总计])
产权比率= DIVIDE ('资产负债表'[负债合计],'资产负债表'[所有者权益合计])
权益乘数= DIVIDE ('资产负债表'[资产总计],'资产负债表'[所有者权益合计])
```

(3) 打开【报表视图】，单击【可视化】窗格中的【卡片图】图标，插入 6 个卡片图。

(4) 分别在【数据】窗格中选中【流动比率】【速动比率】【现金比率】三个字段拖放至左边 3 个卡片图，反映相关的短期偿债能力指标，所得结果如图 9-39 所示。

(5) 分别在【数据】窗格中选中【资产负债率】【产权比率】【权益乘数】三个字段拖放至右边 3 个卡片图，反映相关的长期偿债能力指标，所得结果如图 9-39 所示。

图 9-39　6 个卡片图结果

(6) 单击【可视化】窗格中的【折线图】图标，选择【数据】中的【流动比率】【现金比率】【资产负债率】【产权比率】字段，设置图表属性，反映不同年度流动比率、现金比率、资产负债率、产权比率的变化趋势，结果如图 9-40 所示。

图 9-40　4 个折线图结果

七、营运能力可视化分析

营运能力反映企业营运资产的效率和效益,效率指资产的周转率,效益指企业产出与资占用的比率。

实施营运能力可视化分析的操作步骤如下。

操作步骤:

(1)切换到【报表视图】,单击【可视化】窗格下的【切片器】图标,字段选择【年度】,切片器格式下【视觉对象】里【切片器设置】中的【样式】为【磁贴】,调整编辑框为水平方向,生成的切片器如图 9-41 所示。

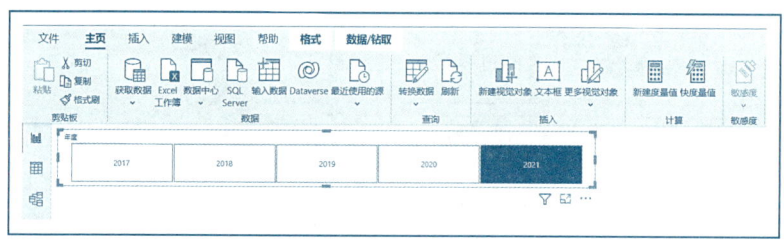

图 9-41　【切片器】生成结果

(2)选择【资产负债表】,在"主页"选项卡下选择【新建度量值】,在公式编辑窗口中,输入公式:

```
应收账款周转率 =
VAR A = [营业总收入]
VAR B = CALCULATE('资产负债表'[报表金额],'资产负债表'[报表项目]="应收账款")
VAR C = DIVIDE(A,B)
RETURN C
存货周转率 =
VAR A = [营业总成本]
VAR B = CALCULATE('资产负债表'[报表金额],'资产负债表'[报表项目]="存货")
VAR C = DIVIDE(A,B)
RETURN C
```

```
流动资产周转率 =
VAR A = [营业总收入]
VAR B = CALCULATE('资产负债表'[报表金额],'资产负债表'[报表项目]="流动资产合计")
VAR C = DIVIDE(A,B)
RETURN C
```

(3)打开【报表视图】,单击【可视化】窗格中的【卡片图】图标,插入3个卡片图。

(4)分别在【数据】窗格中选中【应收账款周转率】【存货周转率】【流动资产周转率】三个字段拖放至3个卡片图,效果如图9-42所示。

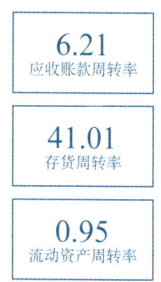

图9-42 卡片图结果

(5)插入2个折线图,反映不同年度的应收账款周转率、流动资产周转率的变化情况。结果如图9-43所示。

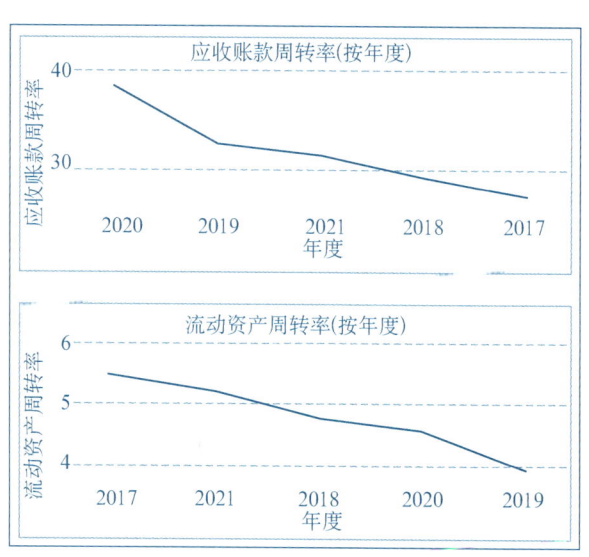

图9-43 2个折线图结果

八、盈利能力可视化分析

盈利能力反映企业获取利润的能力,企业的核心使命就是创造利润,盈利能力是经营部和股东最关心的问题。

实施盈利能力可视化分析的操作步骤如下。

操作步骤：

（1）切换到【报表视图】，单击【可视化】窗格下的【切片器】图标，字段选择【年度】，切片器格式下【视觉对象】里【切片器设置】中的【样式】为【磁贴】，调整编辑框为水平方向，生成的切片器如图 9-44 所示。

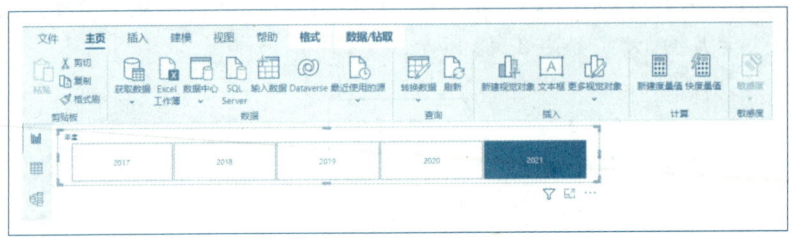

图 9-44 【切片器】生成结果

（2）选择【资产负债表】，在"主页"选项卡下选择【新建度量值】，在公式编辑窗口中，输入公式：

```
营业毛利率 =
VAR A = [营业总收入]
VAR B = [营业总收入]-[营业总成本]
VAR C = DIVIDE(B,A)
RETURN C
营业利润率 = DIVIDE([营业利润],[营业总收入])
营业净利率 = DIVIDE([净利润],[营业总收入])
总资产利润率 = DIVIDE([利润总额],[资产总计])
总资产净利率 = DIVIDE([净利润],[资产总计])
权益净利率 = [总资产净利率]*[权益乘数]
```

（3）打开【报表视图】，单击【可视化】窗格中的【卡片图】图标，插入 6 个卡片图。

（4）分别在【数据】窗格中选中【营业毛利率】【营业利润率】【营业净利率】【总资产利润率】【总资产净利率】【权益净利率】6 个字段拖放至卡片图，反映营业毛利率、营业利润率、营业净利率等企业日常营业获取利润的能力指标，同时反映总资产利润率、总资产净利率、权益净利率等资产和权益获取利润的能力指标，效果如图 9-45 所示。

图 9-45 6 个卡片图结果

(5)插入 4 个折线图,反映不同年度营业毛利率、营业净利率、总资产净利率、权益净利率等指标的变化情况。结果如图 9-46 所示。

图 9-46 4 个折线图结果

本案例从财务的三大报表出发,通过四项能力分析,对上市公司各项财务状况进行全方位、多维度洞察分析,可以从总体上判断企业的经营状况和未来的发展趋势,为经营决策和投资决策等提供判断依据。

 **德技并修**

学以致用学用相长

"用"是学习的最终目的。我国自古以来就有"学以致用"的优良传统。宋代学者朱熹曾说:"为学之实,固在践履。苟徒知而不行,诚与不学无异。"其大意是,学习的目的在于实践,如果只是知道而不去做,那么学与不学就没有什么区别了。

绝大部分人都只能用其中一只手写出工整的字迹,但无论左手还是右手,写字的方法其实都是一样的——握住笔,然后按照正确的笔顺书写。虽然这种方法早就深深地刻在我们大脑中,但是因为缺少大量的练习,没有让大脑和手达成协调,导致另一只手写出来的字迹总是歪歪斜斜。掌握知识却无法学以致用,很大程度是因为缺少了刻意的练习。学以致用,从来不是依靠单纯的知识堆砌就可以完成的。学习任何一项技能都需要在储备知识的基础上进行无数次地练习。熟记规则却不操作,就永远无法真正掌握这个数据分析工具。用户只有真正进行数据清洗和建模,应用不同的可视化图表,编出一个完整的报告,反复经历这个过程,将每一个知识点都反复打磨,才能真正学以致用。

项目训练

一、单选题

1. 下列各项中,属于衡量企业短期偿债能力的指标是(　　)。
   A. 资产负债率　　　　　　　　　　B. 流动比率
   C. 流动比率销售利润率　　　　　　D. 应收账款周转率
2. 财务分析的对象是(　　)。
   A. 财务报表　　B. 财务报告　　C. 财务活动　　D. 财务效率
3. 企业资产经营的效率主要反映企业的(　　)。
   A. 盈利能力　　B. 偿债能力　　C. 营运能力　　D. 增长能力
4. 财务分析最初应用于(　　)。
   A. 投资领域　　B. 铁路行业　　C. 金融领域　　D. 企业评价

二、多选题

1. 现代财务分析的应用领域包括(　　)。
   A. 企业重组　　B. 技术决策　　C. 企业价值评估　　D. 资本市场
2. 商品销售数据分析指标包括(　　)。
   A. 销售增长率　　B. 净利率　　C. 库存周转率　　D. 销售完成率
3. Power BI 可以通过(　　)数据库获取数据库数据。
   A. SQL Server　　B. MySQL　　C. Access　　D. IBM Db2